Elmar Brähler · Hildegard Felder (Hrsg.)

Weiblichkeit, Männlichkeit und Gesundheit

D1935908

Elmar Brähler · Hildegard Felder (Hrsg.)

Weiblichkeit, Männlichkeit und Gesundheit

Medizinpsychologische und psychosomatische Untersuchungen

Westdeutscher Verlag

Der Westdeutsche Verlag ist ein Unternehmen der Verlagsgruppe Bertelsmann International.

Alle Rechte vorbehalten
© 1992 Westdeutscher Verlag GmbH, Opladen

Das Werk einschließlich aller seiner Teile ist urheberrechtlich geschützt. Jede Verwertung außerhalb der engen Grenzen des Urheberrechtsgesetzes ist ohne Zustimmung des Verlags unzulässig und strafbar. Das gilt insbesondere für Vervielfältigungen, Übersetzungen, Mikroverfilmungen und die Einspeicherung und Verarbeitung in elektronischen Systemen.

Umschlaggestaltung: Horst Dieter Bürkle, Darmstadt
Druck und buchbinderische Verarbeitung: Langelüddecke, Braunschweig
Gedruckt auf säurefreiem Papier
Printed in Germany

ISBN 3-531-12295-9

Vorwort

Im Gegensatz zu den USA, wo der Geschlechterfrage im Gesundheitsbereich schon lange eine große Bedeutung zugemessen wird, entwickelt sich in Deutschland erst in jüngerer Zeit ausgehend von der Frauenforschung ein spezifisches Interesse an diesem Thema. Mit der Herausgabe dieses Bandes wollen wir der geschlechtsspezifischen Perspektive von Gesundheits- und Krankheitsproblemen Rechnung tragen. Charakteristisch scheint es dabei, daß sich diesem Thema vor allem AutorInnen annehmen, die im sozialwissenschaftlichen Sektor arbeiten, hier meist PsychologInnen und SoziologInnen. Entsprechend der historischen Entwicklung dieses Forschungsthemas ist es nicht verwunderlich- wohl aber bedauerlich- daß lediglich in dem Beitrag von Hollstein die spezifische Rolle des Mannes und der damit verbundenen gesundheitlichen Gegebenheiten angesprochen wird.

Die Auseinandersetzung mit der Geschlechterperspektive bezüglich Gesundheit und Krankheit kann bisher unter folgenden Aspekten zusammengefaßt werden:

Den Ausgangspunkt bildete der mit der Untersuchung von Brovermann geprägte Begriff des Doppelstandards psychischer Gesundheit für Frauen und Männer, wobei sie sich auf die Fremdattribuierung der im Gesundheitsbereich Tätigen bezog. Hier setzt die Arbeit von Born an, die sich unter Ausschaltung methodischer Mängel der Brovermannschen Untersuchung mit psychischen Gesundheitskonzepten von PsychologInnen befaßt. Anderson und Leuschner konnten bei Frauen und Männern in Abhängigkeit von unterschiedlichen Attributionsstilen eine selbstwertstabilisierende bzw. -mindernde Einschätzung der eigenen psychischen Gesundheit feststellen, so daß von einer Internalisierung der Fremdattribuierungen ausgegangen werden könnte.

Ein weiterer Auseinandersetzungspunkt ist die Kontroverse um die Ursache der Geschlechtsunterschiede. Wirth und Brähler stärken durch ihre kultur- und zeitübergreifende Vergleiche der psychischen Befindlichkeit die These der gesellschaftlichen Formung von Geschlechtsunterschieden. Schepank stellt anhand einer großen epidemiologischen Untersuchung manifeste Geschlechtsunterschiede bei einer großen Anzahl von psychischen Störungen fest und verweist bei dem spezifischen Krankheitsbild der Anorexia nervosa auf eine ausgeprägte genetische Komponente der Erkrankungsmanifestation. Kupfer et al. können mit der Befragung von Kindern und Jugendlichen die zeitliche Veränderung von Beschwerden aufzeigen und diskutieren Zusammenhänge zur geschlechtsspezifischen Sozialisation, aber auch zur unterschiedlichen biologischen Reifung von Mädchen und Jungen.

Die Relevanz der mit der Geschlechtsrolle verbundenen Implikationen für Gesundheit und Krankheit beleuchten Gavranidou für die Frauen und Hollstein für die Männer. Bei beiden Autoren steht die Erwerbstätigkeit im Mittelpunkt des Interesses. Erweist sich jedoch für Frauen eine befriedigende Erwerbstätigkeit als gesundheitsfördernd, so bewirkt eine Fixierung der Männer auf ihr berufliches Fortkommen einen schlechten gesundheitlichen Zustand.

Nach der Etablierung des Forschungsthemas wurden zunehmend Arbeiten über methodische Probleme der bisherigen Untersuchungen publiziert, die darauf hinweisen, daß ein großer Teil der festgestellten Geschlechtsunterschiede weniger real nachweisbar sein dürften, sondern vielmehr Ergebnis des Geschlechtsbias der Untersuchungsinstrumente darstellen. Born und Maschewsky-Schneider et al. reflektieren unter dieser Perspektive über die bisherigen Befunde und versuchen durch verbesserte Untersuchungsinstrumente methodische Artefakte auszuschalten.

Sieverding geht der Frage nach dem Zusammenhang von psychologischen Charakteristika und psychischer Gesundheit nach. Wenn Born die besondere Bedeutung von Maskulinitätswerten für die psychische Gesundheit nachweist, so belegt Sieverding die Wichtigkeit der Instrumentalitätswerte.

Geschlechtsunterschieden bei somatischen Krankheiten ist kein gesondertes Kapitel gewidmet. Dazu liegen vor allem epidemiologische Untersuchungen vor, die eine größere Krankheitsprävalenz bei Männern betonen. Hinsichtlich der Erklärung dieser Unterschiede liefert Hollstein amerikanische Forscher zitierend, einige Hypothesen, die jedoch einer empirischen Absicherung bedürfen.

Die Beiträge dieses Bandes sollen deutlich machen, daß es verschiedene Näherungsmöglichkeiten zum Thema gibt und die Standpunkte kontrovers sind. Hinsichtlich Forschungsmethodik und - praxis zeigt sich eine große Streuung.

Die Beiträge sind hinsichtlich ihres Anspruches und des Umfangs der eigenen empirischen Untersuchung sehr heterogen. Grundlegende Darstellungen, historische Überblicke, wertende Einschätzungen und eigene empirische Untersuchungen sind vertreten. Wir wollen damit LeserInnen mit den breiten Spektrum des Gebietes bekannt machen und die Debatte um das Thema anregen.

Am Ende bleibt uns noch, allen AutorInnen zu danken, die zum Zustandekommen dieses Bandes beigetragen haben.

Wir widmen den Band Horst-Eberhard Richter zur Emeritierung. Seine Überlegungen zur Geschlechtsrolle von Frau und Mann haben unser Interesse am Thema mitgeprägt. Wir danken, daß es uns in seinem Hause möglich war, eigenen wissenschaftlichen Interessen nachzugehen.

Gießen, im März 1992

Elmar Brähler
Hildegard Felder

Inhalt

Weiblichkeit, Männlichkeit und Gesundheit

Hildegard Felder, Elmar Brähler

Nähert man sich dem Thema Gesundheit und Krankheit im Zusammenhang mit der Geschlechterfrage, so läuft man Gefahr, sofort in eine hochbrisante und hochemotionalisierte Debatte einzugreifen und einer bestimmten Sichtweise zugeordnet zu werden. Seit in der Frauenbewegung das Thema Gesundheit und Krankheit unter der Geschlechterperspektive betrachtet wird - und hier liegt auch ihr großes Verdienst - werden empirische Ergebnisse zu Geschlechtsdifferenzen nicht mehr wertneutral betrachtet, und sie werden in politischen Debatten verwandt. Ergebnisse, die die schlechtere körperliche und psychische Verfassung von Frauen dokumentieren, werden genutzt, um u.a. Geschlechterbias im Medizinsystem zu belegen, die Benachteiligung von Frauen in der medizinischen Versorgung nachzuweisen, die objektiv größere Belastung im Alltag der Frauen auszudrücken oder die Existenz von Geschlechtsrollenstereotypen im Gesundheitssystem herauszuarbeiten. Dabei werden Geschlechtsunterschiede bzw. -differenzen implizit gleichgesetzt mit Diskriminierung. 'Geschlechtsunterschied' ist somit kein neutraler Begriff. Dient die Veröffentlichung von empirischen Ergebnissen zu Geschlechtsunterschieden in Gesundheit und Krankheit in populärwissenschaftlichen Publikationen als Beleg eigener Thesen, so ist in wissenschaftlichen Fachzeitschriften generell eher die Veröffentlichung von Ergebnissen, die Differenzen bekunden, zu erwarten im Sinne der Zurückweisung der postulierten Nullhypothese. Ergebnisse, die keine Unterschiede zwischen den Geschlechtern belegen, werden hingegen als nicht publikationswürdig verschwiegen (Rudinger und Bierhoff-Alfermann 1979).

Forschung nach Unterschieden zwischen den Geschlechtern impliziert zwei Perspektiven:

- die Suche nach quantitativen Unterschieden - mehr oder weniger. Frauen und Männer haben die gleichen Beschwerden, die sich nur quantitativ unterschiedlich ausgeprägt zeigen. Damit ist die Vorstellung eingeschlossen, der weibliche und männliche Körper reagierten ähnlich.

Die Suche nach qualitativen Unterschieden - anders sein - beinhaltet die grundlegende Annahme der Verschiedenartigkeit des weiblichen und männlichen Körpers und der beobachtbaren krankhaften Veränderungen. Hier werden meist die unterschiedlichen Reproduktionsfunktionen mit den verschiedenen Geschlechtsorganen als Argumente angeführt.

Bei beiden Perspektiven besteht die Gefahr, daß der Stellenwert der körperlichen und psychischen Symptome für die betroffenen Individuen nicht beachtet wird.

Inzwischen sieht man sich einer unübersehbaren Fülle von Befunden zu Geschlechtsunterschieden in Gesundheit und Krankheit gegenüber, da es mittlerweile zum wissenschaftlichen Standard bei Untersuchungen gehört, neben dem Alter und dem sozialen Status das Geschlecht als "Kontrollvariable" zu berücksichtigen. Obwohl Vogt (1987) postuliert, die Klinische Psychologie und Medizin hätten die Geschlechterperspektive bisher ausgeklammert, so wird doch zwischen Frauen und Männern bei der Betrachtung der Häufigkeit von Krankheiten und Beschwerden gelegentlich unterschieden (Brähler und Möhring 1986).

Gerade in letzter Zeit gerät zunehmend der Mann ins Blickfeld. Waren lange Zeit die Frauen mit dem Nachweis ihrer spezifischen Lage in Gesundheit und Krankheit in den Schlagzeilen, so hat es den Anschein, daß sich die Männer langsam aus deren Windschatten herauswagen und die eigene Gesundheit und Krankheit thematisieren (Fine 1990, Harrison 1987, Hollstein 1990). Aber es sind auch vor allem Frauen, die sich mit der Gesundheit und Krankheit von Männern beschäftigen (Halper 1988, Swanson und Forrest 1987).

Das Thema 'Weiblichkeit, Männlichkeit und Gesundheit' schließt die Auseinandersetzung mit dem Begriff der Gesundheit ein. Neben der Beschäftigung mit Krankheiten und Beschwerden bei beiden Geschlechtern ist dies ein umfassenderer Ansatz, da Gesundheit entsprechend der Definition der WHO (1946) mehr als die Abwesenheit von Krankheit und Gebrechen bedeutet. Die Kritik an dieser Definition als zu vage, unkonkret und idealistisch (Becker 1982, Schaefer 1980) darf die positiven Implikationen nicht außer acht lassen: immerhin wird mit dieser Definition ein subjektiver Zustand des Wohlbefindens beschrieben frei von Expertendefinition und Professionellenurteil. Das Monopol der Ärzte über Gesundheit und Krankheit zu entscheiden, wird damit in Frage gestellt. Gesundheit ist Bewegung, eine "permanente Auseinandersetzung mit unserem Körper, mit unserem Empfinden und Erleben, mit der Umgebung", wie Franke (1985, S. 19) es ausdrückt.

Eine ähnliche Tendenz zeigt sich in der Forschung darin, daß neben den 'objektiv' nachweisbaren körperlichen Störungen zunehmend mehr Gewicht gelegt wird auf die subjektive Beschreibung von Beschwerden durch die Patienten (vgl. die verschiedenen Beschwerdelisten, die Anwendung finden im Medizinalltag und in der Forschung; vgl. Westhoff 1992).

Mit den Begriffen 'Weiblichkeit' und 'Männlichkeit' wird über das reale Geschlecht 'Frau' und 'Mann' hinausgegangen. Die Selbst- und Fremdzuschreibung zum Frau- und Mannsein setzen Vorstellungen voraus, was dies für die Einzelnen bedeutet. Wir bewegen uns damit auf dem Feld der Ausgestaltung der 'objektiven' Rolle als Frau und Mann und der Stereotypenbildung.

1. Zur Rolle des Gesundheitssystems

Die geschlechtsspezifische Perspektive im Gesundheitssystem wird u.a. dadurch, daß in der ehemaligen BRD 80% der niedergelassenen Ärzte männlichen Geschlechts sind (Sichrovsky 1984), deutlich. Der Zugang zur medizinischen Versorgung ist somit geschlechtstypisch gestaltet. Im Verhältnis Ärztin/Arzt und Patientin/Patient stellen sich die Fragen: Wer wird wie versorgt? Wer leidet wie? Wem gilt die Aufmerksamkeit? Unabhängig von den Erwartungen, die Frauen und Männer an das ärztliche Handeln herantragen und die damit die Interaktion mitbeeinflussen, ist die prägende Rolle der Ärzte bei der Gestaltung der Arzt-Patient-Beziehung zu thematisieren. Die Betrachtung der Arzt-Patient-Beziehung im sozialen Kontext läßt eine Übertragung der gesellschaftlich existierenden Rollenstereotypen über Frauen und Männer auf die Arzt-Patient-Beziehung erwarten. Diese Beziehung strukturiert sich nicht abgeschirmt von sonstigen kulturellen Werten. Das Wirken von gesellschaftlichen Geschlechtsrollenstereotypen in den ärztlichen Kontakten mit Frauen und Männern wird in der Literatur oft konstatiert. Die Debatten drehen sich dabei um die Art der Diagnose bei gleicher Symptomatik und um die Quantität und Qualität der Behandlung und Therapie, wobei die Ursache für die unterschiedlichen Ergebnisse in der Forschung kontrovers diskutiert werden.

a) Diagnose bei gleicher Symptomatik bei Frauen und Männer

Die unterschiedlichen Vorstellungen der Ärzte über Frauen und Männer wirken bei der Diagnosestellung mit. Eine Interpretation der von Frauen genannten Symptome als eher psychogen konnte nachgewiesen werden (Bernstein und Kane 1981, Bullough und Bullough 1975, Cooperstock 1978, Ehrenreich 1974, Fidell 1980, Gerhardt und Klimitz 1983, Lennane und Lennane 1973, Marshall und Gregorio 1982, Mechanic 1978, Stephens 1977, Vogt 1983). Frauen werden von Ärzten als Patientinnen mit expressiven Forderungen, mit psychosomatischen Beschwerden und emotionalen Problemen wahrgenommen (Bernstein und Kane 1981, Fidell 1980). Symptome, die im Zusammenhang mit Reproduktionsfunktionen stehen, werden als psychogen diagnostiziert (Fidell 1980, Lennane und Lennane 1973, Mechanic 1978), womit mangelndes Wissen auf seiten der Ärzte einhergeht. Stephens (1977) weist auf den modifizierenden Einfluß des Geschlechtes des Arztes bei der Diagnosestellung hin. Während z.B. männliche Ärzte keine Unterschiede bei der Diagnose von Kopfschmerz bei weiblichen und männlichen Patienten machen, diagnostizieren weibliche Ärzte bei männlichen Patienten in 8% der Fälle den Kopfschmerz als psychogen, aber in 36% der Fälle, wenn es sich um eine Patientin handelt.

Die Einflußmöglichkeiten der pharmazeutischen Industrie bei der Diagnosestellung der Ärzte wird weiterhin als intervenierende Variable thematisiert. Da viele Ärzte ihr Wissen über die Wirkungsweise von Medikamenten aus Anzeigen in Ärztezeitschriften ergänzen, kann die Art der Werbung sich auf die Verschreibungspraxis auswirken. Prather und Fidell (1975) analysierten die Medikamentenanzeigen in Zeitschriften und fanden eine Zuordnung des psychogenen Bereichs zu den Frauen; Symptome von Frauen werden in Metaphern ausgedrückt, während Symptome von Männern klar und prägnant benannt werden. Die Frauen werden dieser Untersuchung zufolge so dargestellt, als hätten sie weniger organische Krankheiten.

Gegen eine psychosomatische Sichtweise von Krankheiten ist primär nichts einzuwenden, wenn damit nicht eine Stigmatisierung der Patienten und eine schlechtere Diagnostik einhergeht.

b) Quantität und Qualität der medizinischen Behandlung

Die Bewertung von körperlichen Symptomen der Patienten ist die Basis für die Entscheidung des Arztes über die Art und den Umfang der nötigen Therapie. Geschlechtsspezifische Unterschiede wurden nachgewiesen. Suchman (1965) stellte fest, daß Frauen doppelt so oft zum Arzt gehen müssen, damit ihre Symptome ernst genommen werden. Unterschiede in der Anordnung weiterer diagnostischer Maßnahmen bei Männern und Frauen, z.B. durch Überweisung an einen Facharzt oder in eine Klinik, fanden Marshall und Gregorio (1982) bei einer vorliegenden Krebsdiagnose.

In Allgemeinpraxen werden nach Scheifelbein (1980) Frauen nicht ausreichend untersucht. Zwar werden Herz und Lunge abgehört, doch in den seltensten Fällen wird auch die Brust abgetastet. In einer Untersuchung von 9 Allgemeinärzten, die 52 verheiratete Paare behandelten, wiesen Armitage et al. (1979) für die männlichen Patienten mehr ärztliche Maßnahmen nach, vor allem bei Rückenschmerzen und Kopfschmerzen. Ebenso werden bei Männern mehr inhaltlich unterschiedliche Maßnahmen durchgeführt.

Verbrugge und Steiner (1981) kritisieren bei der kritischen Beurteilung der Geschlechtsstereotype von Ärzten den Mangel an empirischen Untersuchungen und bei den empirischen Untersuchungen selbst die Art der Datenerhebung und die Vielzahl der nicht kontrollierten Variablen. Sie selbst kommen zu dem Ergebnis, daß den Frauen mehr Therapie und die teurere Behandlung zugute kommt. Frauen werden oft aufgefordert, noch einmal zum Arzt zu kommen, während Männer häufiger an Spezialisten überwiesen werden. Wenn geschlechtsspezifische Unterschiede in Art und Umfang therapeutischer Maßnahmen nachgewiesen würden, so in der Weise, daß nach Verbrugge und Steiner (1981) die Frauen besser behandelt werden (vgl. auch Clearly et al. 1982).

Bezüglich der Information der Patienten über Diagnose und anstehende Therapie fand Stephens (1977) vor allem bei weiblichen Ärzten einen unterschiedlichen Umgang mit weiblichen und männlichen Patienten. Weibliche Ärzte neigten dazu, bei weiblichen Patienten mehr Widerstand dagegen zu entwickeln, ihnen die nötige Information zukommen zu lassen.

c) Frauen als Patientinnen aus der Sicht der Ärzte

Traditionelle Geschlechtsrollenstereotypen für Frauen sind z.T. identisch mit Merkmalen, die zur Patientenrolle gehören. Abhängigkeit, Unterordnung, Hilflosigkeit, Ängstlichkeit und Depressivität als Charakteristika treffen für beide Rollenkonzepte zu. Es stellt sich die Frage, inwieweit durch das medizinische System und die Ärzteschaft eine Vermischung beider Rollenvorstellungen gefördert wird. Ist die konstatierte Identität der Rollenmerkmale Folge des Zuschreibungsprozesses durch die Ärzte, oder haben die Frauen von sich aus in ihrer sonstigen Realität die weiblichen Rollenmerkmale schon so internalisiert, daß sich die Übernahme der Patientenmerkmale im Arztkontakt als naheliegend anbietet, selbst wenn keine Krankheit vorliegt (Schwarz 1983)?

Die iatrogene Fixierung der Frauen in der Patientenrolle durch die Ärzte ist zunächst Gegenstand der weiteren Ausführungen.

Zur Ökonomisierung des Wahrnehmungsprozesses von Personen ist es notwendig, die Wahrnehmung zu vereinfachen und zu vereinheitlichen, was u.a. über Prozesse der zeitlichen Ausdehnung, der analogen Schlußfolgerung oder der Kategorisierung geschieht (Mann 1972). Es werden bestimmte wahrgenommene Eigenschaften gruppiert, und diese bilden somit die Grundlage für eine hypothesenbildende 'implizite' Persönlichkeitstheorie. Auch Ärzte strukturieren ihre Wahrnehmung nach solchen Prinzipien, wobei als Informationsquelle für ihre Urteilsbildung das klinische Setting, ihre eigenen Eigenschaften sowie bestimmte Stereotypen dienen (Blaser 1977). Die Rollenanforderungen an die Ärzte bedingen eine Informationsentnahme aus schriftlichen Krankendaten. Eine nachträgliche Relativierung bereits gebildeter Meinungen im persönlichen Kontakt ist schwierig. Das Bild von der Frau als Patientin beeinflußt die erste Interaktion. Blaser (1977) konnte nachweisen, daß festgelegte Beurteilungen sich bei einer Zweitbeurteilung kaum noch ändern. Ärzte schreiben Patientinnen bestimmte Eigenschaften zu, um eine stabile interpersonelle Beziehung zu ermöglichen. Diese Zuschreibungen erfolgen im Medizinsystem immer unter einem Machtgefälle.

Nach Beckmann (1968) lassen sich Urteile von Psychotherapeuten über ihre Patienten auf vier Faktoren gruppieren. Eine Patientengruppe wird z.B. als unsympathisch, trotzig, eigensinnig und verschlossen beschrieben, verbunden mit weiblicher Passivität, oraler Unersättlichkeit und unsicherer Geschlechtsidentität. Auch Koch (1972) konnte in einer empirischen Studie Aussagen von Ärzten über Patienten ordnen, wobei Weiblichkeit und Männlichkeit als Eigenschaft jeweils verschiedenen Typen angehören.

Die Darstellung der Frau in der Medizin als gebrechlich und schwach hat nach Cloward und Piven (1979) ideologischen Charakter. Die Definition der Belastungsart für Frauen als psychisch, individuell und körperlich erlaubt Interventionen von seiten der Medizin; die Frau gilt als perfekte Konsumentin der Medizin (Rosenbladt 1983, Todd 1983). Da Ärzte Befindlichkeitsstörungen von Frauen im

Kontext deren Biologie verstehen, konservieren sie das repressive weibliche Rollenklischee (Franssen 1981). Die Stigmatisierung der kranken Frauen korrespondiert mit einem geringeren Wissen der Ärzte über die weibliche Physiologie und einer schlechteren medizinischen Versorgung von Frauen (Howell 1974, Ruzek 1980).

Die impliziten Vorstellungen der Ärzte über weibliche Patienten beschreiben Bernstein und Kane (1981): In einer Fragebogenuntersuchung legten sie 225 männlichen und 28 weiblichen Allgemeinärzten die gleichen Fallgeschichten vor und gaben jeweils zur Hälfte an, daß es sich um einen weiblichen bzw. männlichen Patienten handele. Die Beschwerden von weiblichen Patienten wurden unabhängig vom Geschlecht des Arztes eher psychosomatisch interpretiert, obwohl Frauen oft keine emotionalen Probleme dem Arzt gegenüber angeben (Lennane und Lennane 1973, Kaiser und Kaiser 1974).

Aus der Sicht der Ärzte sind die Frauen auf den ärztlichen Rat angewiesen, was zur Infantilisierung der Frauen führt, denen keine eigenständige Entscheidungsmöglichkeit zugestanden wird (Nadelson und Notman 1972, 1974). Frauen werden abhängig gemacht von Ärzten, die zudem die Frauen bei Krankheit nicht aus den Rollenverpflichtungen entlassen (Vogt 1985).

Nach Parsons und Fox (1952) gehört es zu der Arbeit der Frau Krankenpflege zu leisten. Sie entwickeln aber kein Modell für den Fall, daß die Frau erkrankt. Vielmehr haben sie die Krankenrolle beschrieben, wie sie auf berufstätige Männer paßt (Vogt 1985). Die Besonderheit der Krankenrolle von Hausfrauen wurde nicht untersucht. Kann es sich eine Frau schon kaum leisten, die Hausfrauenrolle mit dem Krankenstatus in Einklang zu bringen, so ist dies noch besonders prekär, wenn sich kein 'objektivierbarer' Befund finden läßt. Frauen wird in diesem Fall Wehleidigkeit und Willenschwäche unterstellt, sie werden nicht von ihren Rollenverpflichtungen entbunden. Frauen suchen durch die Einnahme von Medikamenten möglichst schnell wieder 'auf die Beine zu kommen', wobei das Einnehmen von Medikamenten ihnen wiederum zum Fallstrick wird, da dies ebenfalls als "Zeichen moralischer Schwäche" gewertet wird (Balter et al. 1974). Gehen Frauen bei Beschwerden ohne organischen Befund zum Arzt, geraten sie in Abhängigkeiten; ihnen werden Psychopharmaka verschrieben, die sie in der passiven Frauenrolle fixieren und die Ärzte in der Kontrollfunktion belassen.

d) Der Mann als Patient

Männer haben im Medizinsystem keinen spezifischen Arzt, der sich der Probleme annimmt, die mit dem 'Mannsein' verknüpft sind. Die zunehmende Spezialisierung innerhalb der Medizin hat zwar Urologen und Andrologen hervorgebracht, doch keinen Facharzt, der sich den spezifischen Belangen und Problemen des Mannes widmet, die zu den sexuellen und reproduktiven Funktionsbereichen gehören oder den geschlechtsspezifischen Einflüssen auf Gesundheit, Lebensweise und der nötigen Aufklärung. De Hoff und Forrest (1987) führen als weitere Faktoren im Medizinsystem, die zu Gesundheitsproblemen beim Mann führen, finanzielle Aspekte an. Männern stehen weniger routinemäßige Vorsorgeleistungen zu. Ihnen werden für Aufklärung, Beratung und Prävention weniger Versicherungsleistungen gewährt im Vergleich zu Interventionen bei akuten Erkrankungen. Die Art der Organisation des Medizinalltags überschneidet sich mit den Arbeitszeiten berufstätiger Männer. Beschäftigungsbedingte Pflichten tragen dazu bei, daß Männer bei Erkrankungen weniger den Arzt aufsuchen (Marcus und Siegel 1982), abgesehen von den Einkommenseinbußen bzw. von dem Verlust an Urlaubstagen durch die Zeit für Arztbesuche. Clearly et al. (1982) nennen in einer epidemiologischen Studie die größere Flexibilität der Frauen in der zeitlichen Planung ihres Alltags und die Verfügbarkeit über mehr Freizeit als Grund für die vermehrte Inanspruchnahme ärztlicher Hilfe im Vergleich zu den Männern. (vgl. auch Mechanic 1976, Verbrugge 1976). Das Risiko, bei häufigen Arztbesuchen als 'unmännlich', d.h. nicht stark und auf andere angewiesen, zu gelten bzw. als weniger zuverlässig eingeschätzt zu werden, mag weiterhin Männer davon abhalten, einen Arzt zu konsultieren. Die Geschlechtsrollenstereotypisierung innerhalb des Gesundheitswesens beeinflußt zudem den Kontakt zwischen männlichem Arzt und Patient. Obwohl inzwischen die Zahl der weiblichen Ärzte anstieg, ist die Medizin weiterhin ein ausgesprochen 'männliches' Fach. Es mag für Männer leichter sein, sich von Männern untersuchen zu lassen, bzw. Männer zu untersuchen, doch über tiefere Schichten spricht man auch hier unter Männern nicht (vgl. auch Hollstein 1990). Weiblichen Ärzten gegenüber dürfte es männlichen Patienten schwer fallen, sich in die Rolle des Ratsuchenden zu begeben, zumindest wenn es sich um sexuelle Probleme handelt. Die generelle Schwierigkeit von Männern, sich sexuelle und emotionale Probleme zuzugestehen, wird hier durch das Gesundheitssystem potenziert. Zudem wird dem Aspekt der Sexualität und Reproduktion in der Medizinerausbildung nur wenig Bedeutung zugemessen. Über Einflüsse der Sexualrollen auf Gesundheit und Verhaltensweisen erfahren auch heutige Medizinstudenten lediglich wenig am Rande ihres übrigen Lehrplanes.

Die männliche Geschlechtsrollenstereotypisierung macht es zudem dem einzelnen Mann nicht leicht, bei vorliegenden Beschwerden oder Krankheiten Hilfe in Anspruch zu nehmen. Sozialisiert mit dem Satz 'Jungen weinen nicht', müssen erwachsene Männer diese verdrängten Wahrnehmungen von Schmerz und Leid erst wieder frei legen, um damit dann bei kompetenten Fachkräften um Unterstützung nachzufragen. Innerhalb der Debatte um die Geschlechtsunterschiede in Gesundheit und Krankheit nimmt daher die Frage der unterschiedlichen Sensibilität gegenüber körperlichen Veränderungen bei Frauen und Männern großen Raum ein. Zum männlichen Stereotyp gehört, daß Mißbehagen und Unpäßlichkeiten ertragen werden müssen (Vogt 1985). Nach Phillips und Segal (1969) ist die Ethik der Gesundheit männlich geprägt. Richter (1973) fokussiert seinen Blick auf das Gesundheitsideal der Ärzte: das der maximalen Frustrationstoleranz in Abgrenzung zur unerwünschten Wehleidigkeit und mangelhaften Selbstbeherrschung der

Frauen. Die chronischen Überbelastungsschäden der Männer, die Folgen der ihnen anerzogenen 'Unfähigkeit zu leiden' sind, müssen die Ärzte zu einer Revision ihres Urteil über das Verhalten von Frauen bewegen. Darüber hinaus wird das unterschiedliche Hilfesuchverhalten bei Frauen und Männern diskutiert (Böhm 1987, Vogt 1985). Die Kenntnisse der Frauen, die in der Familie für das gesundheitliche Wohl der Familienmitglieder zuständig sind, über Symptome und deren Bedeutung sowie über die Notwendigkeit einer professionellen Behandlung, führen zu häufigeren Arztbesuchen bei den Frauen (Mechanic 1976).

e) Einschränkende Bemerkungen

Einen Zusammenhang zwischen dem Geschlecht der Patienten und dem Behandlungsplan der Ärzte konnten Bernstein und Kane (1981) bei der Befragung der Ärzte nicht feststellen. Einen generellen Mangel an empirischen Untersuchungen über den Umgang von Ärzten mit weiblichen und männlichen Patienten bemerkt Verbrugge (1978) und führt dies auf den Umstand zurück, daß Ärzte sich nicht gerne untersuchen lassen. Die unterschiedliche Behandlungsart von Frauen und Männern im Sinne einer ausführlicheren Diagnostik und Therapie bei Männern diskutieren Armitage et al. (1982) im Zusammenhang mit der Anzahl der Arztkontakte. Da Frauen öfter zum Arzt gingen, braucht der Arzt zur Diagnose weniger Zeit und kann die Therapie im Kontext seines schon vorhandenen Wissens über die Frau anordnen. Ein Vergleich der diagnostischen und therapeutischen Maßnahmen bei Frauen und Männern, die jeweils das erste Mal die ärztliche Sprechstunde aufsuchen und die gleichen Symptome zeigen, kann Aufschluß geben über die eventuell unterschiedliche Behandlung von Frauen und Männern. Geschlechtsspezifische Unterschiede im Umgang mit weiblichen und männlichen Patienten stellten Gebhardt und Klimitz (1983) nicht mehr fest, wenn Patienten beim Arzt vorstellig seien. Unterschiede beruhen auf dem differenten Arztaufsuchverhalten.

Die häufigere Verschreibung von Psychopharmaka bei Frauen steht nach Stephens (1977) im Zusammenhang mit den Wünschen der Frauen, die auch häufiger danach verlangten. Ein Eingehen auf die Wünsche der Frauen impliziert ein Ernstnehmen der Frauen durch den Arzt und ein Nichtinfragestellen ihrer Bedürfnisse.

Grundsätzlich ist an dieser Stelle zu diskutieren, inwieweit eine Gleichbehandlung von Frauen und Männern bei gleicher Symptomatik Indiz für das Fehlen von Geschlechtsrollenstereotypen und damit erstrebenswert ist. Mediziner haben neben Kenntnissen der Symptombedeutung auch ein Wissen über Risikofaktoren, physiologische Grundlagen sowie Auftretenswahrscheinlichkeiten von Krankheiten bei Frauen und Männern. Gleiche Symptome können insofern verschiedene Gesundheitsprobleme repräsentieren und damit verschiedene Behandlungsarten erfordern (Verbrugge und Steiner 1981). Eine Einbeziehung des sozialen Hintergrundes der Patienten mit gleicher Symptomatik nivelliert diagnostische Unterschiede (Fidell 1980). Daß gleiche Symptome und gleiches Verhalten von Personen andere Toleranzen und Handlungsweisen des Gegenüber hervorrufen, diskutieren Phillips und Segal (1969). Kranksein und Hilfesuchen sind nicht nur durch die Symptomwahrnehmnung, sondern auch durch die Bewertung von Rollenvorschriften und der Verpflichtung in sozialen Situationen mitbestimmt (Mechanic 1978). Insofern können unterschiedliches Verhalten der Ärzte gegenüber gleicher Symptomatik bei Frauen und Männern das Resultat einer umfassenderen Wahrnehmung der Patienten im psychosozialen Kontext sein.

2. Unterschiedliche Lebensphasen von Frauen und Männern

Bedingt durch die unterschiedlichen Aufgaben im reproduktiven Bereich für Frauen und Männer sind diese in verschiedenen lebensgeschichtlichen Abschnitten unterschiedlichen Belastungen ausgesetzt, die sich in Beschwerden und Krankheiten äußern können. Traditionell schließt sich in der Entwicklung der Mädchen nach der Jugendphase die Phase der Mutterschaft an, in der die junge Frau sich mit ihren Lebensentwürfen auseinandersetzen muß. Will sie eigene Kinder haben, so sind Entscheidungen zu fällen hinsichtlich der zeitlichen Planung. Haben Frauen - wie es inzwischen üblich ist - einen Beruf erlernt, so kollidieren Interessen an Berufstätigkeit mit Interessen an eigenen Kindern. Aus der Streßforschung ist bekannt, daß solche nur schwer miteinander zu vereinbarende Interessen den Streß erhöhen und damit auf das psychovegetative System wirken. Es wäre also zu erwarten, daß Frauen in dieser Zeit häufiger an Beschwerden leiden und erkranken. Becker und Minsel (1986) konnten zumindest für seelische Erkrankungen eine höhere Rate an Erkrankungen für Frauen feststellen. Sie haben in bestimmten Lebensphasen weniger Möglichkeiten zur Selbstverwirklichung, sind einem 'stress of caring' ausgesetzt, ihr Leben verläuft diskontinuierlicher als das der Männer. Frauen werden zudem öfters unter- aber auch überfordert.

Jüngere Personen und Frauen leiden vermehrt an 'leichtem Erröten', ältere Personen und Frauen an Beschwerden aus dem Bereich des Erschöpfungssyndroms und dem muskulär-motorischen Bereich (Brähler und Scheer 1983). Shorter (1987), der die Morbiditäts- und Mortalitätsraten im historischen Vergleich betrachtete, fand, daß mehr Frauen im jüngeren Alter starben als Männer, wobei er dieses Faktum in einen Zusammenhang mit der Gefährlichkeit von Schwangerschaft und Geburt bringt. Erst im 1.Viertel des 20. Jahrhunderts ist diese gesundheitliche Gefährdung der Frauen eingeschränkt worden. Die höheren Mortalitätsraten der Männer werden mit der vermehrten Belastung durch den beruflichen Alltag erklärt, der Männer kontinuierlicher ausgesetzt sind (Waldron & Johnson 1976). Anhand der vergleichenden Untersuchung der psychischen Gesundheit von unverheirateten und verheirateten Frauen und Männer wurde festgestellt, daß die

Ehe für die Männer eine gute prophylaktische Wirkung hat, während verheiratete Frauen kränker sind im Vergleich zu nicht verheirateten Frauen und verheirateten Männern (Böhm 1987).

3. Bilder von Weiblichkeit und Männlichkeit

Nach Platon sind Frauen und Männer unvollständige Resultate der Teilung des Kugelmenschen, was bedeutet, daß beiden zur Vollkommenheit etwas fehlt und daß sie einander bedürfen (vgl. Brückner 1988). Betrachtet man sich die Diskussion um den Geschlechterkonflikt, so gewinnt man den Eindruck, als ginge es darum, festzustellen, wer von beiden mehr an Vollkommenheit hat bzw. zur Vervollkommnung bessere Ressourcen mobilisieren kann und damit ungerechtfertigterweise im Vorteil ist.

Die Vorstellung des bei der Frau vorhandenen Penisneides resultiert aus dem Wunsch der Aufhebung der Zweigeschlechtlichkeit und der Abwehr des Gewahrwerden der Geschlechtlichkeit (De Sotelo 1989). Es scheint, als sei das Gewahrwerdens der eigenen Männlichkeit so erschreckend, daß dieses nur durch gleichzeitige Abwertung des Weiblichen ertragen werden kann. Männlichkeit wird definiert als Ausgrenzung der Weiblichkeit, weg von der Frau hin zum Penis. Männlichkeit ist damit primär negativ formuliert - als 'nicht weiblich' - und geht mit einer Verachtung der Frauen, sprich der Mutter, einher (Chodorow 1985). Der Knabe muß, um autonom werden zu können, die Zuneigung zur Mutter und die Identifikation mit ihr leugnen (Ohlmeier 1989). Männlichkeit ist gleichzeitig so schwer faßbar, daß die Abwertung der Frauen und die Zuordnung bestimmter sozialer Fertigkeiten, die höher bewertet werden, zu Männern für das eigene Selbstwertgefühl unabdingbar sind. Die für beide Geschlechter vorhandenen negativen Gefühle der Mutter gegenüber in der ödipalen Phase sind beim Jungen mit Abwertung und Verachtung getönt, bei dem Mädchen eher durch Angst und Feindseligkeit gekennzeichnet. Verachtet der Junge die Mutter und das Weibliche, so verachtet er damit auch das Weibliche in sich. Hinter dieser Verachtung vermutet Horney (1932) eine tieferliegende Angst vor der allmächtigen Mutter, die verleugnet werden müsse. Hier treffen sich die Phantasien der Frauen mit denen der Männer: das Ausgerichtetsein der Frau an dem Begehren des Mannes, der zu ihrer Vervollkommnung beiträgt - ihr den Penis gibt - beinhaltet eine Selbstverkleinerung und Selbstentwertung der Frauen und Idealisierung des männlichen Geschlechtes, die die Phantasie der grenzenlosen Macht, der mütterlichen Allmacht verdecken (Flaake 1989). Die Auswirkung dieses Verhaltens auf die Gesundheit wird später beleuchtet. Hier ist es zunächst wichtig, daß die gemeinsame Verleugnung der Ambivalenz gegenüber dem mütterlichen Objekt bei Frauen und Männern eine realistische Einschätzung von Frauen unmöglich macht. Frauen werden entweder idealisiert oder verachtet. Da das Bild der 'Heiligen' entkörperlicht scheint und somit zur Klärung von Krankheitsverläufen wenig beitragen kann,

wenden wir uns hier vor allem dem Bild der Hexe zu. Hexen waren zum einen wissende Frauen, Wissende über ihren Körper und dessen Vorgänge. Daneben waren sie aber vor allem körperliche Frauen mit Leidenschaften und Lebendigkeit, quasi die Verkörperlichung des Sexualtriebes. Hexen wurden gegen Männer begangener Sexualverbrechen bezichtigt, ihnen wurde eigentlich allein die weibliche Sexualität vorgeworfen, sie wurden beschuldigt, sich organisiert zu haben und über magische Kräfte zu verfügen und damit in bezug auf Gesundheit schädigend oder heilend eingreifen zu können (Ehrenreich und English 1973). Aspekte der mütterlichen Allmacht scheinen hier durch. Reichten diese Eigenschaften der Hexen im 15. bis 17. Jahrhundert aus, Frauen auf den Scheiterhaufen zu verbrennen, so fanden die gleichen Eigenschaften im 19. Jahrhundert enorme Bewunderung und Aufwertung in Gestalt der 'Carmen'. Carmen ist das Sinnbild der positiven Einschätzung der unbändigen, der Leidenschaft ergebenen Frau. Parallel dazu gestaltete sich das Bild des 'Don Juan' um, der im 16. Jahrhundert als Eroberer Bewunderung fand, im 19. und 20 Jahrhundert jedoch zunehmend als Schwächling und Versager im Bett gesehen wurde. Im Don Juan der neueren Zeit verflüchtigte sich das Männliche, es wird der Lächerlichkeit preisgegeben. Dieser Typus des Don Juan wurde vor allem durch Künstler und Schriftsteller der Romantik dargestellt (Novalis), gezeichnet als Inkarnation des versagenden Mannes, als Absage des Mannes an Heldentum und Kraftmeierei, der Gebrechlichkeit und Vergeistigung zugewandt. Den Bildern der weiblichen Leidenschaft und Körperlichkeit bzw. der männlichen Vergeistigung und Gebrechlichkeit stehen Beschreibungen der Frauen ohne Geschlechtstrieb und die Betonung der männlichen Potenz und Körperlichkeit (Freud, Darwin, Möbius) gegenüber. v.Braun (1989) bringt diese verwirrende Fülle und widersprüchlichen Bilder von Geschlechtsrollen in Zusammenhang mit der Vermischung mythischer Vorstellungen mit dem realen Leben. Anhand der Betrachtung der männlichen Hysterie im geschichtlichen Kontext kommt sie zu dem Schluß, daß diese den Anspruch des Mannes auf weibliche Symptombildung ausdrückt. In der Lust an der Kränklichkeit, der Schwäche, zeigt sich die eigene Weiblichkeit, durch seine Impotenz wird der Mann zur Frau. Diese Hinwendung zur Weiblichkeit darf nun aber nicht als Hinwendung zur Frau verstanden werden. Vielmehr dient sie eher der Eliminierung der Frau über die Aufwertung der männlichen Weiblichkeit. Prototypisch ist die Mona Lisa des Leonardo da Vinci als Darstellung der eigenen Weiblichkeit auf der Leinwand, d.h. Männer gestalten in ihren Werken die Weiblichkeit, ohne sich mit den realen Frauen auseinanderzusetzen. Ihnen ist es damit aber unmöglich, sich auf Beziehungen zu realen Frauen einzulassen, da diesen das eigene Frausein im Wege steht.
Frauen haben auf diese Vereinnahmung durch die Männer auf zwei Ebenen reagiert. Über die Symptombildung der Magersucht wird der Versuch unternommen, ein eigenes Bild von Weiblichkeit zu entwickeln. Mit dem Kampf um die freie Liebe und die Teilnahme am öffentlichen Leben (Stimmrecht) sucht die Frau sich dem Bild des Mannes von Weiblichkeit zu entziehen. Die vielfältigen Verschachtelungen von realem und imaginiertem Leben machten es den Frauen schwer, zwischen Selbstbild und der Projektion männlicher Weiblichkeit zu unterscheiden.

Die am häufigsten stärker den Frauen zugeschriebenen Eigenschaften ergeben dieses widersprüchliche Bild: Ängstlichkeit (84,6%), Fähigkeit im Umgang mit kleinen Kindern (73,1%), Zärtlichkeit (65,4%), Gefühlswärme (61,2%), Eitelkeit (59,2%), Bedrücktheit (57,7%), Anhänglichkeit (53,0%) Nachgiebigkeit (46,5%), Freude am Reden (44,8%) und Einfühlungsfähigkeit (44,3%) (Beckmann et al. 1975). Männer lernen bei diesem Prozeß nicht die weibliche Seite kennen (Eckart 1988), sondern schaffen sich etwas, was sie darunter verstehen. Brannon (1976) hat bei ihrer Charakterisierung des männlichen Leitbildes eine Kategorie 'nur nichts weibisches ' genannt: Der Knabe und Mann müsse alles vermeiden, was den Anschein des Mädchenhaften und Weiblichen habe. Seine Identität erreiche er nur durch die klare Abgrenzung vom anderen Geschlecht. Sämtliche Leitbilder - 'der große Macher', 'die starke Eiche' und 'denen zeig ich's' - basieren auf der Abgrenzung vom Anderen, der Gewaltanwendung als Mittel, auf Kosten anderer etwas zu erreichen, und auf der Schaffung von Distanz bzgl. gegenseitiger Abhängigkeit.

Die Einhaltung der männlichen Rolle steht mit elementaren menschlichen Bedürfnissen wie Verstehen, Anlehnung und Anerkennung im Widerspruch. Von Männern wird Ehrgeiz, Verschlossenheit, Egozentrismus und Leistung erwartet. Dieser Widerspruch birgt die Gefahr emotionaler Störungen. Verstärkt werden die Gefahren durch die Ausbildung kompensatorischer Maskulinität, durch destruktive Verhaltensweisen wie Rauchen, Unfälle, Gewaltanwendungen und durch die Anforderungen der beruflichen Rolle. Der Preis, den die Männer dafür zahlen, besteht in der kürzeren Lebenspanne (Harrison 1987). Richter (1974) sieht so in der Herzinfarktpersönlichkeit das Ideal des supermännlichen Mannes verkörpert. Nach Flaake (1989) leben die Männer über ihre inneren Verhältnisse. Ihre augenscheinliche Größe basiert auf der Unterstützung von Frauen, die im Hintergrund bleiben. In dem Verweis auf das eigene Leiden appellieren die Männer wiederum an die verstehende Frau, wodurch die Abhängigkeit verstärkt wird (Richter 1978). Männer brauchen die Hilfe der Frauen, um ihr "eigenes beängstigend angewachsenes Defizit an seelisch-emotionaler Reife" zu reduzieren.

4. Empirische Ergebnisse zu Weiblichkeit, Männlichkeit und Gesundheit

4.1 Vorbemerkungen

a) Signifikanz versus Bedeutsamkeit der Unterschiede

Bei Untersuchungen, die die Geschlechterperspektive mit der Gesundheitsfrage verknüpfen, rückt die Bedeutung von Unterschieden in den Mittelpunkt, während Probleme, die für beide Geschlechter relevant sind, in den Hintergrund treten. Bei der Unterschiedsdebatte wird dabei auf die "Signifikanz" der Unterschiede rekurriert. Dies geschieht, um dem Einwand entgegenzutreten, eventuell auftretende Unterschiede seien vielleicht gar nicht wichtig, sondern träten zufällig auf. Aber die Signifikanz der Differenzen ist kein Maß für die Bedeutsamkeit von Unterschieden. Zum einen muß die Stichprobengröße mitbedacht werden, da große Stichproben, die miteinander verglichen werden, selbst kleine Unterschiede signifikant werden lassen. Außerdem wird der Inhalt, um den sich die Unterschiede drehen, negiert. Es ist zynisch, bei nicht signifikanten Unterschieden hinsichtlich der Morbidität und Mortalität zwischen Frauen und Männern, den Ergebnissen eine Relevanz absprechen zu wollen. Gerade im Gesundheitsbereich können kleinste Unterschiede für das Leben des Einzelnen und für die Lebensqualität von entscheidender Bedeutung sein und große Folgen nach sich ziehen.

b) Biogenetische versus psychosoziale Perspektive

Eine Kontroverse rankt sich um die Entscheidung, ob beobachtbare Differenzen eher auf genetische Ursachen zurückzuführen (Montague 1953) oder Folge psychosozialer Umstände (Jourard 1971) seien. Man kann nun diskutieren, welche Relevanz eine solche Unterscheidung hat. Es entsteht der Eindruck, als diene das Argument der Biologie dazu, die Verantwortung für die Folgen der Unterschiede abzulehnen mit der Begründung, "wenn es genetisch ist, kann man daran nichts ändern". Für den einzelnen Erkrankten ist es zunächst sekundär, welche Gründe zur seiner Erkrankung führten; er sucht auf jeden Fall Hilfe. Oft gerät zudem die psychosoziale Argumentationslinie in den Geruch der Schuldzuschreibung (jeder ist seines Glückes/seiner Gesundheit Schmied), während biologische und genetische Ursachen den Patienten daraus zu entlassen scheinen. Aus der Sicht der Frauen mag zumindest die Erklärung für ihre schlechtere Gesundheit mit biologischen Faktoren wie ein Legitimationszweck im Dienste des Patriarchats anmuten (Sichtermann 1989).

c) Somatische versus psychosomatische und psychische Erkrankungen

In die Argumentationslinie paßt auch die Unterscheidung " somatisch versus psychisch". Man kann in der Literatur verfolgen, daß zwar Frauen die größere Inzidenzrate für psychische Erkrankungen zugestanden wird, die Männer aber gleichzeitig als objektiv kränker angesehen werden, da sie die bedrohlicheren somatischen Krankheiten aufweisen können (vgl. dazu Richter 1973, Rodenstein 1980). Die Klagsamkeit der Frauen wird als Argument benutzt, eine genauere Analyse der Ursachen der Unterschiede zu vermeiden. Im Vordergrund scheint die Frage zu stehen, wer leidet mehr, wer ist mehr oder schlimmer krank, so als würde auf diesem Gebiet auch ein Stück Geschlechterkampf ausgetragen, der eigentlich eher auf politischer Ebene abgehandelt gehört. Wissenschaftlich ist die Frage des Mehr oder Weniger uninteressant, interessant sind vielmehr die Ursachen der Unterschiede sowie das Verstehen der Andersartigkeit des Krankseins von Frauen und Männern. Des weiteren verbirgt sich hinter dem Argument der psychischen Erkrankungsbereitschaft die Tendenz, psychosoziale Konflikte, die vor allem bisher von Frauen thematisiert wurden, zu pathologisieren (Vogt 1985).

d) Differenzen versus Artefakte

Nachdem lange Zeit in der Forschung nach dem Nachweis der unterschiedlichen Erkrankungshäufigkeiten beider Geschlechter gesucht wurde und für die gefundenen Differenzen biologische und psychosoziale Argumentationslinien aufgebaut wurden, weist die neuere Forschung vor allem methodenkritische Arbeiten auf. Es scheint, als ob erst nach der Etablierung der Geschlechterperspektive als legitimer Untersuchungsgegenstand, Forscherinnen und Forscher sich allmählich kritisch mit dem eigenen Tun auseinandersetzen konnten. So wurde z.B. lange der Sex Stereotype Questionaire oder das Sex Role Inventory routinemäßig bei solchen Fragestellungen eingesetzt. Inzwischen ist nachgewiesen, daß diese Instrumentarien selbst einem Geschlechterbias aufsitzen. Durch den Bias in der Frageformulierung, die sogenannte 'maskuline Schiefe', sind bisherige Ergebnisse mehr als Artefakte zu betrachten denn als reale Unterschiede (Böhm 1987, siehe auch Born und Maschewsky-Schneider et al. in diesem Buch). Männliche Eigenschaften wie Ärger, Wut, Reizbarkeit tauchen in den Fragebögen nicht auf (Phillips und Segal 1969). Ebenso sind vor allem Instrumente zur Erfassung der Gesundheit und Krankheit für Frauen in Richtung psychosomatisch gepolt, so daß durch die Unzulänglichkeit der Meßinstrumente weibliches Gesundheitsverhalten stigmatisiert wird. Franke (1985) fordert daher nicht ohne Grund angemessene Methoden zur Untersuchung.

4.2 Beobachtete Unterschiede in Gesundheit und Krankheit bei Frauen und Männern

Im folgenden können aus der Fülle der inzwischen vorliegenden Ergebnisse lediglich einige exemplarisch dargestellt werden. Es wird dabei zu unterscheiden versucht zwischen somatischen und psychischen Erkrankungen, obwohl uns bewußt ist, daß auch bei augenscheinlich somatischen Erkrankungen die psychosoziale Komponente nicht außer Acht gelassen werden darf.

Laut Zahlen der Weltgesundheitsbehörde WHO (1985) erkranken Männer häufiger an Kreislauferkrankungen, Herzerkrankungen, Gehirngefäßerkrankungen, Lungenkrebs, Atemwegserkrankungen, Bronchitis, Emphysemen, Asthma, Magenkrebs, Dickdarmkrebs, Mastdarmkrebs, Erkrankungen der Verdauungsorgane, chronischen Leberschäden, Zirrhose, an Sucht, insbesondere Alkoholabhängigkeit (nach Hollstein 1990). Nach Lewis und Lewis (1977) erkranken Männer zudem mehr an peptischen Ulcera (Schüffel und Uexküll 1986) und Hernien, Frauen hingegen an hypertensiven Herzerkrankungen, Diabetes, Anämie, Arthritis, Enteritis, Colitis, Gallenblasenerkrankungen und Krampfadern. Das Herzinfarktrisiko steigt für Frauen kontinuierlich, während die Zahl der männlich Erkrankten seit 1984 sinkt (FR 1991). Nach Rodenstein (1980) lagen die Daten für die BRD etwas anders. Frauen erkranken hier besonders häufig an Kreislauferkrankungen und Männer an Krankheiten der Atmungsorgane. Männer erkranken nach Verbrugge (1976) vor allem an chronischen Erkrankungen, die ein höheres Sterberisiko bergen, Frauen eher an akuten Krankheiten.

Bei vielen Krankheiten liegen die Mortalitätsraten für Männer höher im Vergleich zu Frauen. Waldron und Johnson (1976) betrachteten die Geschlechtsunterschiede bei den Todesursachen und fanden, daß Männer häufiger an Malignomen des Respirationstraktes (3,7:1), durch Mord (3,6:1), Bronchitis, Emphyseme und Asthma (3,1:1) Selbstmord (3,1:1), Verkehrsunfälle (2,8:1), sonstige Unfälle (2,8:1), chronische ischämische Herzerkrankungen (2,4:1) akute Myokardininfarkte (2,4:1) und Leberzirrhose (2,2:1) sterben. Shorter (1987) gibt hingegen die Krebssterberate für Männer des mittleren Alters mit durchschnittlich 17% unter derjenigen der Frauen an.

Laut Waller (1985) überwiegt die Todesrate der Frauen die der Männer bei Krankheiten des Kreislaufssystems, bei rheumatischen Erkrankungen, Krankheiten der Drüsen der inneren Sekretion, Ernährungs- und Stoffwechselkrankheiten, psychischen Störungen und Krankheiten des Nervensystems. Frauen leben im Durchschnitt länger als Männer.

Die Morbiditätsraten für psychische Krankheiten sind für Frauen höher (1,4:1, Böhm 1987), wobei hier zwischen verschiedenen psychischen Krankheiten unterschieden werden muß. Eine größere Prävalenz von Frauen findet sich bei Psychoneurosen, vor allem Depressionen, bei Kopfschmerz und Schlafstörungen, bei Eßstörungen. Bei Männern finden sich häufiger Persönlichkeitsstörungen, Formen von Delinquenz und aggressiven Verhaltensweisen, motorische Störungen, Formen sexueller Abweichungen, vollendete Suizide, Alkoholismus und Drogensucht (Böhm 1987, siehe auch Schepank in diesem Buch). Frauen beschreiben sich als weniger psychisch gesund im Vergleich zu den Männern (Becker und Minsel 1986). Frauen befinden sich öfter in ambulanter (2:1) und stationärer Psychotherapie (3:1) als Männer (Böhm 1987, Porsch 1989). Sie nehmen häufiger Medikamente und speziell Psychopharmaka (vgl. Brähler et al. 1979).

Hinsichtlich der Ursachen der Geschlechtsunterschiede werden verschiedene widerstreitende Theorien diskutiert.

Zum einen werden die beobachteten Unterschiede als Artefakte verstanden. Die statistisch ausgewiesenen höheren Erkrankungraten von Frauen werden durch besondere psychische und soziale Faktoren zu erklären versucht, wie die größere Bereitschaft von Frauen, Symptome zu nennen oder den Arzt aufzusuchen. Hier wird die psychische Affinität von Weiblichkeit und Krankheit zugrunde gelegt.

Weiterhin dient die weibliche Rolle als Erklärung für die Geschlechtsunterschiede. Wiederum wird angenommen, daß Männer eigentlich physisch kränker sind als Frauen. Dies käme jedoch nicht in den Daten zum Ausdruck, da Frauen aufgrund der weiblichen Rolle mehr Gelegenheit hätten, die Krankenrolle zu spielen (s.o).

Im dritten Modell wird die psychische Konstitution der Frau als Ursache ihrer größeren Gesundheit angesehen. Ihre größere emotionale Offenheit und die dadurch bedingte andersartige Verarbeitung von Konflikten und Belastungen erklärt die Differenz im Krankheitsverhalten. Frauen und Männer reagieren auf Belastungen entsprechend dem in der Gesellschaft vorherrschenden Geschlechtsrollenstereotyp, das Frauen eine schnellere Dekompensation erlaubt, Männer aber zum Verdrängen ihrer Schwierigkeiten anhält. Im Grunde wird damit die Leidensfähigkeit zum gesunderhaltenden Faktor erklärt (Richter 1973). In dieser Argumentation werden seelische Krankheiten nicht als erwähnenswerte Krankheiten angesehen und zudem die reale Belastung durch den weiblichen Lebenszusammenhang unterschätzt (Rodenstein 1980).

Eindeutiger erscheint hier die Argumentationslinie von Harrison (1987), der die höhere Mortalitätsrate der Männer auf geschlechtsbezogenes Verhalten zurückführt. Rauchen, aggressives Verhalten, kompensatorisches maskulines Verhalten, die Tendenz zur gefährlichen Leistung und zu gewalttätigem Verhalten wirken sich letzlich selbstschädigend aus.

Untersucht man die sozialen Bedingungen, unter denen die Geschlechter leben, so hat man eine vierte Theorie zur Klärung der Geschlechtsunterschiede. Es interessiert dabei, warum Frauen tatsächlich öfter an weniger schweren Krankheiten erkranken (Rodenstein 1980). Wenn man die schlechtere psychische Verfassung der Frauen anerkennt, muß auch die schlechtere physische Verfassung gesehen werden. Weiterhin impliziert die weibliche Rolle die Sorge um andere, wobei die Sorge um sich selbst in die zweite Reihe tritt. Frauen suchen danach zwar häufiger den Arzt auf, aber nicht für sich, sondern für die Familienmitglieder. Nach Gove und Hughes (1979) klagen Frauen nicht deshalb soviel, weil sie gesellschaftlich erlaubt klagen dürfen, sondern weil sie mehr zu klagen haben.

5. Zur Bedeutung der Debatte um die Geschlechtsunterschiede für Frauen und Männer

Angesichts der Fülle der wissenschaftlichen Untersuchungen, aber auch der populärwissenschaftlichen Publikationen zu diesem Thema fragt man sich, warum es so immens wichtig ist, Aussagen über spezifische weibliche bzw. männliche Erkrankungen machen zu können. Bei manchen Argumentationen gewinnt man den Eindruck, es gelte die größere Schädigung des eigenen Geschlechts durch gesellschaftlich vorgegebene Strukturen nachweisen zu müssen, um damit Anspruch auf Unterstützung einklagen zu können. In Abwandlung der Frage, "wer ist der bessere Mensch", könnte man fragen, "wer ist der kränkere Mensch"? Von der Seite der Frauen ist es anscheinend politisch wichtig, auf die eigene Gesundheit bzw. mangelnde Gesundheit hinzuweisen, als würde dadurch ihre reale Belastung durch gesellschaftlich vorgegebene Rollen Anerkennung finden. Von seiten der Männer werden Hinweise auf eigene Krankheiten oft als narzißtische Kränkung erlebt, so als wäre man dann kein richtiger Mann mehr. Erst in neuerer Zeit werden auch Männer auf ihre Gesundheit aufmerksam und überlegen sich, was sie sich und ihrem Körper zumuten an alltäglicher Belastung. Abgesehen davon, daß die vorliegenden Daten einen genaueren Kenntnisstand über den Gesundheits- bzw. Krankheitszustand der Bevölkerung ermöglichen, scheint es so, als würde damit ein Kampf zwischen den Geschlechtern geführt, stellvertretend für andere gesellschaftliche Auseinandersetzungen. Frauen kämpfen um frauenspezifische Themen im Gesundheitssektor, wollen sich damit der Definition der Männer entziehen, Männer suchen ihre Vormachtstellung zu behaupten im Sinne der größeren Leistungsfähigkeit und Potenz.

An dieser Stelle sei noch ein empirischer Befund aus einer Repräsentativerhebung angemerkt (Brähler und Scheer 1984): Körperbeschwerden von Erwachsenen hängen am meisten mit der Klagsamkeit des Partners zusammen ($r=.41$), wohingegen Alter und Geschlecht einen minderen Einfluß haben (Geschlecht $r=.13$, Alter $r=.21$). Becker (1990) führt dazu zwei Hypothesen an: entweder wählen gesündere Menschen gesündere Partner oder die Partner gleichen sich im Laufe ihres Zusammenlebens in Merkmalen der - seelischen - Gesundheit an.

6. Präventive Überlegungen

Das Thema "Gesundheit" ist in den bisherigen Ausführungen zu kurz gekommen. Vielleicht auch deshalb, weil Fragen erst dann an Relevanz gewinnen, wenn das Kind in den Brunnen gefallen ist. Neben allen Überlegungen, wer kränker ist und aufgrund welcher Strukturen, muß eigentlich die Antwort auf die Frage "wer bleibt angesichts gleicher Strukturen gesund" mindestens ebenso interessieren. Damit kommen wir in den Bereich der Präventionsforschung: wie kann man Krankheiten verhindern? Nicht die Entwicklung und Verarbeitung von Krankheiten interessieren, sondern die Salutogenese (vgl. Antonovsky 1979 und 1987). Es mag z.T. an der Forschung selbst liegen, daß eher Abweichungen untersucht werden, ohne daß eine Kenntnis der Normalität vorausgesetzt werden kann. Von einer Medizin, die lediglich daran interessiert ist, den Körper wieder zum Funktonieren zu bringen, dürfen keine Konzepte zur Entwicklung und Erhaltung der Gesundheit erwartet werden.

Vogt (1985) erachtet für Frauen unbedingt notwendig, daß sie die Verantwortung für die eigene Gesundheit wieder selbst übernehmen, statt sie an Professionelle zu delegieren, die von ihrer Krankheit profitieren. Das Vertrautwerden mit dem eigenen Körper ist dabei ein erster Schritt. Ähnlich argumentieren de Hoff und Forrest (1987) für die Männer: Ihre Forderungen an die Männer, sich über die eigene Gesundheit Gedanken zu machen, über die Auswirkungen ihres Lebensstils auf Gesundheit und Krankheit nachzudenken, sich über ihren Körper zu informieren und an Selbstuntersuchungskursen teilzunehmen, klingen wie die Forderungen an Frauen aus der ersten Frauengesundheitsbewegung (Boston Women's Health Book Collective 1980).

Forderungen an das Gesundheitssystem, auf die zeitliche Organisation des Alltags von Männern einzugehen, Gesundheitsfürsorge finanziell tragbar für den Einzelnen werden zu lassen, über Sexualität, Eheprobleme und Fragen der Kindererziehung aufgeklärt zu werden, mögen zwar, soweit sie Männer betreffen, neu erscheinen, Frauen haben diese Forderungen schon lange als für sich wichtig erkannt.

Auf seiten der Forschung ist die Auseinandersetzung mit gesellschaftlichen Konstellationen, die auf den Gesundheits- und Krankheitszustand der Frauen und Männer Einfluß nehmen, wichtigster Dreh- und Angelpunkt. Getrennte Statistiken für Frauen und Männer sollten in Zukunft alltäglich werden. Die Menschheit besteht nun mal nicht aus einem Geschlecht und dessen verkürztem Anhang, sondern aus Frauen und Männern, die beide das Anrecht haben, in ihrer spezifischen Situation und Eigenständigkeit anerkannt zu werden. Nur wenn Männer sich mit ihren Gesundheitsproblemen beschäftigen und sie sich zu eigen machen, können Frauen sich um ihre Gesundheit kümmern, entlastet von der Rolle, für die Gesundheit von Mann und Kind zuständig zu sein.

Literatur

Antonovsky, A. (1979): Health, stress and coping. Jossey Bass: London.

Antonovsky, A. (1987): Unraveling the mystery of health: How people manage stress and stay well. Jossey Bass: London.

Armitage, K.J.; Schneidermann, L.J.; Bass, R.A. (1979): Response of physicians to medical complaints in men and women. Journal of the American Medical Association 241, 2186-2187.

Balter, M.B.; Levine, J.; Manheimer, D.I. (1974): Cross- National Study to the extent of anti- anxienty/sedative drug use. New England Journal of Medicine 290, 769-774.

Becker, P. (1982): Psychologie der seelischen Gesundheit. Theorien, Modelle, Diagnostik, Bd. 1. Hogrefe: Göttingen.

Becker, P. (1990): Gleichen sich Ehepartner sowie Eltern und Kinder in ihrer seelischen Gesundheit? Trierer Psychologische Berichte, Bd 17, Heft 7.

Becker, P.; Minsel, B. (1986): Geschlechtsdifferenzen in seelischer Gesundheit: Fakten, Hintergründe, Konsequenzen. In: Schorr, A. (Hrsg): Bericht über den 13. Kongreß für Angewandte Psychologie. Bd II. Klinische Psychologie, Forensische Psychologie, Pädagogische Psychologie, S. 49-52. Deutscher Psychologen Verlag: Bonn.

Beckmann, D. (1968): Untersuchungen zur klinischen Urteilsbildung. Phil. Diss. Gießen.

Beckmann, D.; Brähler, E.; Richter, H.E. (1975): Repräsentative Erhebungen an 200 Ehepaaren in der Bundesrepublik und Berlin; unveröffentl. Materialien, Gießen.

Blaser, A. (1977): Der Urteilsprozeß in der Indikationsstellung zur Psychotherapie. Huber: Bern.

Bernstein, B.; Kane, R. (1981): Physicians treatment toward female patients. Medical Care 19, 600-608.

Böhm, N. (1987): Frauen - das kranke Geschlecht? Zur Epidemiologie psychischer Erkrankungen bei Frauen. In: Rommelspacher, B. (Hrsg): Weibliche Beziehungsmuster. Psychologie und Therapie von Frauen, S. 71-101. Campus: Frankfurt, New York.

Bostons Women's Health Book Collective (1980): Unser Körper, unser Leben. Ein Handbuch von Frauen für Frauen. Rowohlt: Reinbek.

Brannon, R.C. (1976): No 'Sissy Stuff': The stigma of anything vaguely feminine. In: David, D.; Brannon, R.C. (eds): The forty-nine percent majority. Addison-Wesley: Reading MA.

Brähler, E.; Köhl, A.; Lademann, H..R. (1979): Aspekte des Krankheitsverhaltens in der Bundesrepublik Deutschland. Empirische Daten aus einer repräsentativen Bevölkerungsbefragung. Die Medizinische Welt 30, 723-726.

Brähler, E.; Möhring, P. (1986): Der Körper im Beschwerdebild - Erfahrungen mit dem Gießener Beschwerdebogen. In: Brähler, E. (Hrsg): Körpererleben - ein subjektiver Ausdruck von Leib und Seele, S. 189-195. Springer: Berlin, Heidelberg, New York.

Brähler, E.; Scheer, J.W. (1983): Der Gießener Beschwerdebogen (GBB). Handbuch. Huber: Bern, Stuttgart, Wien.

Brähler, E.; Scheer, J.W. (1984): Subjektive Beschwerden und objektiver Befund. In: Scheer, J.W.; Brähler, E. (Hrsg): Ärztliche Maßnahmen aus psychologischer Sicht - Beiträge zur medizinischen Psychologie, S. 189-199. Springer: Berlin, Heidelberg, New York.

Braun von, C. (1989): Die schamlose Schönheit des Vergangenen. Zum Verhältnis von Geschlecht und Geschichte. Verlag Neue Kritik: Frankfurt.

Brückner, M. (1985): Die Sehnsucht nach dem Kugelmenschen oder der Wunsch von der Aufhebung der Geschlechtertrennung. In: Hagemann- White, C.; Rerrich M.S. (Hrsg): FrauenMännerBilder. Männer und Männlichkeit in der feministischen Diskussion, S. 194-223. AJZ- Verlag: Bielefeld.

Bullough, B.; Bullough, V.L. (1975): Sex discrimination in health care. Nursing Outlook 23, 40-45.

Bundesministerium für Jugend, Familie und Gesundheit (Hrsg): Daten des Gesundheitswesens - Ausgabe 1977. Bonn-Bad Godesberg.

Chodorow, N. (1985): Das Erbe der Mütter. Psychoanalyse und Soziologie der Geschlechter. Frauenoffensive: München.

Clearly, P.D.; Mechanic, D.; Greenly, J.R. (1982): Sex differences in medical care utilization: an empirical investigation. Journal of Health and Social Behaviour 23, 106-119.

Cloward, R.A.; Piven, F.F. (1979): Hidden protest: The channeling of female innovation and resistance. Signs: Journal of Women in Culture and Society 4, 651-669.

Cooperstock, R. (1978): Sex differences in psychotropic drug use. Social Science and Medicine 12, 179- 186.

Eckart, C. (1988): Töchter in einer "vaterlosen Gesellschaft". Das Vorbild des Vaters als Sackgasse zur Autonomie. In: Hagemann- White, C; Rerrich, M.S. (Hrsg): FrauenMännerBilder. Männer und Männlichkeit in der feministischen Diskussion, S. 170-192. AJZ- Verlag: Bielefeld.

Ehrenreich, B. (1974): Gender and objectivity in medicine. International Journal of Health Services 4, 617- 623.

Ehrenreich, B.; English, D. (1973): Hexen, Hebammen, Krankenschwestern. Frauenoffensive: München.

Fidell, L.S. (1980): Sex role stereotypes and the american physicians. Psychology of Women Quarterly 4, 313-331.

Fine, R. (1990): Der vergessene Mann. Männliche Psyche und Sexualität aus psychoanalytischer Sicht. Psychologie Verlags Union: München.

Flaake, K. (1989): Geschlechterverhältnisse: Phantasien, Ambivalenzen, Verstrikkungen. In: Porsch, R. (Hrsg): Frau und Mann. Kasseler Schriften zur Sozialen Therapie, S. 95-107. Gesamthochschulbibliothek: Kassel.

Franke, A. (1985): Die Gesundheit der Männer ist das Glück der Frauen. In: Franke, A.; Jost, I. (Hrsg): Das Gleiche ist nicht dasselbe. Zur subkutanen Diskriminierung von Frauen. Forum für Verhaltenstherapie und psychosoziale Praxis, Bd. 10, S. 9-31. Deutsche Gesellschaft für Verhaltenstherapie (DGVT): München.

Franssen, M. (1981): Krankheit als Konflikt - Krankheit als Protest. In: Schneider, U. (Hrsg): Was macht Frauen krank? S. 90-99. Campus: Frankfurt.

Gebhardt, R.; Klimitz, H. (1983): Geschlechtsrollenunterschiede in der ärztlichen Praxis. In: Lockot, R.; Rosemeier, H.P. (Hrsg): Ärztliches Handeln und Intimität, S. 154-162. Enke: Stuttgart.

Gove, W.R.; Hughes, M. (1979): Possible causes of the appearent sex differences in physical health: an empirical investigation. American Sociological Review 44, 126-146.

Halper, J. (1988): Quiet Desperation: The truth about successful men. New York.

Harrison, J.B. (1987): Warnung: Die männliche Geschlechtsrollen birgt Gefahren. In: Swanson, J.M; Forrest, K.A. (Hrsg): Die Sexualität des Mannes, S. 30-41. Deutscher Ärzte-Verlag: Köln.

Hoff de, J.B.; Forrest, K.A. (1987): Die Gesundheit des Mannes. In: Swanson, J.M.; Forrest, K.A. (Hrsg): Die Sexualität des Mannes, S. 24-29. Deutscher Ärzte-Verlag: Köln.

Hollstein, W. (1990): Die Männer. Vorwärts oder zurück?. Deutsche Verlags- Anstalt: Stuttgart.

Horney, K. (1932): Die Angst vor der Frau. Über den spezifischen Unterschied in der männlichen und weiblichen Angst vor dem anderen Geschlecht. Internationale Zeitschrift für Psychoanalyse 18, 5-18.

Howell, M.C. (1974): What medical schools teach about women. New England Journal of Medicine 291, 304-307.

Hurrelmann, K. (1988): Sozialisation und Gesundheit. Somatische, psychische und soziale Risikofaktoren im Lebenslauf. Juventa: Weinheim, München.

Immer mehr Frauen erleiden Herzinfarkt. Frankfurter Rundschau vom 18.5.1991, S. 13.

Jourard, S.M. (1971): The transparent self. Van Nostrand: New York.

Kaiser, B.L.; Kaiser, I.H. (1974): The challenge of the women's movement to american gynecology. American Journal of Obstetrics and Gynecology 120, 652-665.

Koch, U. (1972): Das Arzt- Patient- Verhältnis aus der Sicht des Arztes. Phil. Diss. Hamburg.

Lennane, K.J.; Lennane, R.J. (1973): Alleged psychogenic disorders in women. A possible manifestation of sexual prejudice. The New England Journal of Medicine 288, 288- 292.

Lewis, C.E.; Lewis, M.A. (1977): The potential impact of sexual equality on health. The New England Journal of Medicine 297, 863- 869.

Mann, L. (1972): Sozialpsychologie. Beltz: Weinheim, Basel.

Marcus, A.C.; Siegal, J.M. (1982): Sex differences in the use of physician services: a preliminary test of the fixed role hypothesis. Journal of Health and Social Behavior 23, 186-197.

Marshall, J.R.; Gregorio, D.J. (1982): Sex differences in illness behaviour: Care seeking among cancer patients. Journal of Health and Social Behaviour 23, 197- 204.

Mechanic, D. (1976): Sex, illnes, illness behaviour, and the use of health services. Journal of Human Stress 2, 29-40.

Mechanic, D. (1978): Sex, illness,illness behaviour, and the use of health services. Social Science and Medicine 12, 207-214.

Montague, A. (1953): The natural superiority of women. Macmillan: New York.

Nadelson, C.C.; Notman, M.T. (1972): The woman physician. Journal of Medical Education 47, 176-183.

Nadelson, C.C.; Notman, M.T. (1974): Success or failure: woman as medical school applicants. Journal of the American Medical Women Association 27, 167-172.

Ohlmeier, D. (1989): Die Angst des Mannes. In: Porsch, R. (Hrsg): Frau und Mann. Kasseler Schriften zur Sozialen Therapie, S. 263-286. Gesamthochschulbibliothek: Kassel.

Phillips, D.L.; Segal, B.E. (1969): Sexual status and psychiatric symptoms. American Sociological Review 34, 58-72.

Porsch, R. (1989): Lebenslagen von Frauen und Männern anhand einer Pilotstudie zu psychotherapeutischen Heilverfahren. In: Porsch, R. (Hrsg): Frau und Mann. Kasseler Schriften zur sozialen Therapie, S. 83-94. Gesamthochschulbibliothek: Kassel.

Prather, J.; Fidell, L.S. (1975): Sex differences in the content and style of medical advertisements. Social Science and Medicine 9, 23-26.

Richter, H.E. (1973): Konflikte und Krankheiten der Frau. In: Claessens, D.; Milhoffer, P. (Hrsg): Familiensoziologie, S. 281-292. Fischer Athenäum: Frankfurt.

Richter, H.-E. (1974): Lernziel Solidarität. Rowohlt: Reinbek.

Richter, H.-E. (1978): Engagierte Analysen. Über den Umgang des Menschen mit dem Menschen. Rowohlt: Reinbek.

Rodenstein, M. (1980): Fraueninteressen in Gesundheitspolitik und - forschung. Soziale Welt 2, 176-190.

Rosenbladt, S. (1983): Gewalt auf Krankenschein. Konkret Literatur Verlag: Hamburg.

Rudinger G.; Bierhoff-Alfermann, D. (1979): Methodenprobleme in der Geschlechtsunterschiedsforschung. In: Keller, H. (Hrsg): Geschlechtsunterschiede. Psychologische und physiologische Grundlagen der Geschlechterdifferenzierung, S. 211-239. Beltz: Weinheim.

Ruzek, S.B. (1980): Medical response to women's health activities. Conflict, accomodation and cooperation. Research in the Sociology of Health Case 1, 335-354.

Schaefer, H. (1980): Gesundheit und Wohlbefinden. In: Schaefer, H. (Hrsg): Der gesunde kranke Mensch. Patmos: Düsseldorf, S. 37-58.

Scheifelbein, S. (1980): The female patient: heeded? hustled? Healed?. Saturday Review, March 29, 12-16.

Schüffel, W.; von Uexküll, T. (1986): Ulcus duodeni. In: Uexküll von T. (Hrsg): Psychosomatische Medizin, S. 761-782. Urban & Schwarzenberg: München, Wien, Baltimore.

Schwarz, M. (1983): Psychohygienische Verhaltensgebote für schwangere Frauen in medizinischen Ratgebern. Haag & Herchen Verlag: Frankfurt.

Sichtermann, B. (1989): Weiblichkeit. Büchergilde: Frankfurt, Wien.

Sichrovsky, P. (1984): Krankheit auf Rezept. Die Praktiken der Praxisärzte. Kiepenheuer & Witsch: Köln.

Shorter, E. (1987): Der weibliche Körper als Schicksal. Zur Sozialgeschichte der Frau. Piper: München.

Sotelo de, E. (1989): Defizite männlicher und weiblicher Charakterbildung. Eine Revision des psychoanalytischen Kastrationsbegriffes. In: Porsch, R. (Hrsg): Frau und Mann. Kasseler Schriften zur Sozialen Therapie, S. 197-234. Gesamthochschulbibliothek: Kassel.

Stephens, J.G. (1977): Attitudes toward male versus female patients: A comparison of male and female physicians. Dissertation Abstracts International, Nov. Vol 38 (5-A) 3068.

Suchman, E.A. (1965): Stages of illness and medical care. Journal of Health and Human Behavior 6, 114-128.

Swanson, J.M.; Forrest, K.A. (Hrsg) (1987): Die Sexualität des Mannes. Deutscher Ärzte-Verlag: Köln.

Todd, A.D. (1983): Women's bodies as diseased and deviant: Historical and contemporary issues. In: Spitzer, St.; Simon, R. (eds): Research in law, deviance and social control. Bd.V, S. 83-95. JAI-Press: Greenwich, Connecticut.

Verbrugge, L.M. (1976): Female and illness: Recent trends in sex differences in the United States. Journal of Health and Social Behaviour 17, 387-403.

Verbrugge, L.M. (1978): Sex and gender in health and medicine. Social Science and Medicine 12, 329-333.

Verbrugge, L.M.; Steiner, R.P. (1981): Physicians treatment for men and women patients,. Sex bias or appropriate care? Medical Care 19, 609-632.

Vogt, I. (1985): Weibliche Leiden - männliche Lösungen. Zur Medikalisierung von Frauenproblemen. In: Franke, A.; Jost, I.(Hrsg): Das Gleiche ist nicht dasselbe. Zur subkutanen Diskriminierung von Frauen. Forum für Verhaltenstherapie und psychosoziale Praxis. Bd 10, S. 32-47. Deutsche Gesellschaft für Verhaltenstherapie (DGVT): München.

Vogt, I. (1987): Vernachlässigt die Psychologie die Gesundheitsbedürfnisse der Frauen? In: Rommelspacher, B. (Hrsg): Weibliche Beziehungsmuster. Psychologie und Therapie von Frauen, S. 102-109. Campus: Frankfurt/M.

Waldron, I.; Johnson, S. (1976): Why do women live longer than men? Journal of Human Stress 2, 19-29.

Waller, H. (1985): Sozialmedizin. Kohlhammer: Stuttgart.

Westhoff, G. (1992, in Druck): Handbuch empirischer Mepinstrumente. Hogrefe: Göttingen.

Weiblichkeit - Männlichkeit und psychische Gesundheit

Monika Sieverding

1. Die Geschlechterfrage bei der Untersuchung psychischer Gesundheit: Drei Ebenen der Geschlechtsrolle

Die Begriffe Weiblichkeit - Männlichkeit umschreiben ein sehr komplexes Konstrukt, das so unterschiedliche Facetten umfaßt wie körperliche Charakteristika, sexuelles Verhalten, Interessen, Werte und Aktivitäten, Eigenschaften und Verhaltensweisen oder nonverbales Ausdrucksverhalten (s. z.B. Bierhoff-Alfermann 1989, Spence und Sawin 1985). Eine häufig vorgenommene grobe Unterteilung des Gesamtkonstruktes definiert drei Ebenen der Geschlechtsrolle. Man unterscheidet a) das biologische Geschlecht, b) die soziale Geschlechtsrolle (in der Familie/in der Gesellschaft) als ein System von Verhaltensregeln, das vom biologischen Geschlecht abhängig ist (s. Merz 1979), sowie c) psychologische Charakteristika, die mit dem biologischen Geschlecht assoziiert werden.

Eine gute Veranschaulichungsmöglichkeit für diese Unterteilung bietet das Modell von Parsons u. Bales (1955). Darin werden Männern und Frauen aufgrund ihres biologischen Geschlechts (a) unterschiedliche Geschlechtsrollen im System Familie zugewiesen. An den Mann werden Verhaltenserwartungen entsprechend der *instrumentellen oder aufgabenbezogenen Rolle* (b) gerichtet. Er ist für die Beziehungen der Familie nach außen zuständig (vor allem für ihre materielle Basis); innerhalb der Familie ist er die letzte Entscheidungsinstanz, führt Bestrafungen aus und bewahrt Disziplin und Kontrolle. Als für einen Mann typisch und angemessen gelten psychologische Charakteristika, die ihn für diese Rolle befähigen (c): Unabhängigkeit, logisches Denken, Wettbewerbsorientierung und Abenteuergeist. An die Frau werden entsprechend der *expressiven Rolle* komplementäre Verhaltenserwartungen gerichtet (b). Sie ist zuständig für die inneren Angelegenheiten in der Familie, vor allem für die sozialemotionale Unterstützung aller Familienangehörigen. Ihr kommt eine Vermittlerrolle zu; ihre Aufgabe ist es, ein harmonisches Gleichgewicht in der Familie zu schaffen. Von ihr werden folgende psychologischen Charakteristika erwartet (c): Wärme, Einfühlsamkeit, Emotionalität und die Sorge um andere.

Psychische Gesundheit scheint mit jedem der drei Aspekte assoziiert zu sein, wobei bisher die meisten Forschungsergebnisse zum biologischen Geschlecht vorliegen. Die Geschlechterfrage wird bisher überwiegend aufgrund der höheren Prävalenz psychischer Störungen bei Frauen diskutiert (s. Abschn. 1.1). Zur Interpretation der geringeren psychischen Gesundheit von Frauen wurden bisher in erster Linie die Lebenssituation und die Anforderungen der weiblichen Geschlechtsrolle(n) erforscht (Abschn. 1.2). Noch zu wenig systematisch untersucht ist die Frage, inwieweit *psychologische Charakteristika*, die als männlich oder weiblich bezeichnet werden, mit psychischer Gesundheit assoziiert sind. In diesem Beitrag wird eine Annäherung an diesen Themenbereich versucht, wobei einige bisher vorliegende Forschungsarbeiten - überwiegend aus dem Bereich der Sozialpsychologie -, die sich mit diesem Aspekt von Weiblichkeit - Männlichkeit beschäftigt haben, vorgestellt werden.

1.1 Geschlechtsunterschiede in epidemiologischen psychiatrischen Studien und in Persönlichkeitstests

Auf der Ebene des biologischen Geschlechts interessierte bisher in erster Linie die Frage, ob es *generelle Geschlechtsunterschiede* in dem Vorkommen, der Häufigkeit und im Verlauf psychischer Störungen bzw. psychischer Gesundheit gibt. Sind Frauen durchschnittlich psychisch gesünder bzw. kränker als Männer? Epidemiologische Studien und Persönlichkeitstests können einigen Aufschluß bringen.

Der übereinstimmende Befund aus den bisher vorliegenden *epidemiologischen Studien* läßt sich folgendermaßen zusammenfassen: Frauen erkranken in westlichen Industriegesellschaften häufiger an psychischen Krankheiten, sie leiden an anderen psychischen Störungen als Männer, sie nehmen mehr therapeutische Hilfe in Anspruch, sie bekommen häufiger Psychopharmaka verschrieben, sie frequentieren psychiatrische und psychotherapeutische Institutionen häufiger als Männer (Becker und Minsel 1986, Dohrenwend und Dohrenwend 1976, Gove 1979, Rudolf und Stratman 1989, Schepank 1986, 1987 sowie in diesem Band, Tress und Schepank 1989).

Die Verbreitung psychogener Erkrankungen im (west-)deutschen Raum wurde im Rahmen des Sonderforschungsbereiches 116 von der Arbeitsgruppe um Schepank (1987) erforscht (Mannheimer Kohortenprojekt). Im Abstand von 3 Jahren wurde eine Zufallsstichprobe von 600 Erwachsenen jeweils zweimal untersucht. Das Mannheimer Kohortenprojekt erbrachte eine Fallrate psychogener Erkrankungen von 34 % bei den Frauen und 18 % bei den Männern (Schepank 1987, Tress und Schepank 1989). Bei diesen Falldefinitionen handelte es sich um sogenannte Punktprävalenzen (bezogen auf die letzten 7 Tage vor der Befragung), das heißt: zum Zeitpunkt der Befragung einer repräsentativen Stichprobe Erwachsener wurde jede 3. Frau, aber nur jeder 5. Mann von einem psychiatrischen Experten als psychisch gestört eingestuft. (Bei der Nachuntersuchung waren die Geschlechtsunterschiede etwas weniger stark ausgeprägt. Die Fallrate betrug bei den Frauen 29,4 % und bei den Männern 22,5 %.)

Zur Art psychischer Erkrankungen: Frauen leiden häufiger an neurotischen Störungen, insbesondere Depressionen und Phobien, sowie an psychosomatischen Symptomen (Becker und Minsel 1986, Schepank 1987); bei Männern werden häufiger Persönlichkeitsstörungen, Alkoholismus und Drogenmißbrauch diagnostiziert.

Über die *Ursachen dieser geschlechtsspezifischen Unterschiede* können aufgrund von epidemiologischen Untersuchungen keine Aussagen abgeleitet werden. So schreibt Schepank (1986): "Die Ursachen der festgestellten geschlechtsspezifischen Manifestationsdifferenzen sind letztlich unbekannt" (S. 18).

Die Antwortmuster in *Persönlichkeitfragebögen* scheinen die Befunde aus den epidemiologischen Untersuchungen zu bestätigen. In einigen Persönlichkeitsmerkmalen, die mit psychischer Gesundheit assoziiert werden können, zeigen sich signifikante Unterschiede zwischen den Geschlechtern, vor allem bei Maßen emotionaler Befindlichkeit. Im Gießen-Test beschreiben Frauen sich durchschnittlich als ängstlicher, depressiver und unsicherer als Männer (Richter 1973, Beckmann et al. 1983). Im Freiburger Persönlichkeitsinventar zeigt sich ein vergleichbares Muster. Frauen haben durchschnittlich höhere Werte auf den Skalen Gehemmtheit, Erregbarkeit, Psychosomatische Beschwerden und Emotionalität (im Sinne von Neurotizismus) (Fahrenberg et al. 1973). Daß Frauen solche psychischen Störungen *durchschnittlich* häufiger angeben als Männer, führte gar zu der Konstruktion einer Maskulinitäts-Skala, in der die "typisch männliche Selbstschilderung" zu einem Synonym für psychische Gesundheit, die "typisch weibliche Selbstschilderung" dagegen zu einem Synonym für psychische Gestörtheit wurde.

> Die "*typisch männliche Selbstschilderung*" war im FPI folgendermaßen definiert:
> "Pb. schildert aktive, u.U. auch körperliche Durchsetzung, selbstbewußt, unternehmungslustig, zuversichtlich, einsatzbereit; ausgeglichene Stimmungslage; wenig körperliche Beschwerden, wenig Lampenfieber und wenig psychosomatische Allgemeinstörungen" (Fahrenberg et al. 1973, S. 50).
>
> Die "*typisch weibliche Selbstschilderung*" sah dagegen so aus:
> "Pb. schildert Zurückhaltung, schüchtern, u.U. gehemmt; niedergedrückte Stimmung, leicht enttäuscht oder verzagt; wenig Zuversicht oder Selbstvertrauen; körperliche Beschwerden und psychosomatische Allgemeinstörungen ..." (ebd.).

Erst in der vierten revidierten Auflage des Freiburger Persönlichkeitsinventars wurde diese Maskulinitätsskala abgeschafft, da sie "selbst unter Diplom-Psychologen manche Mißverständnisse und wohl auch Mißbrauch" hervorgerufen habe (Fahrenberg et al. 1984, S. 15).

Die immer wieder festgestellte höhere Klagsamkeit von Frauen über Ängste, Depressionen und seelische Konflikte wurde von Richter (1974) im positiven Sinne als eine größere "Fähigkeit zum Leiden" interpretiert. Beckmann (1976) verweist auf die Möglichkeit, daß Frauen aufgrund ihrer größeren emotionalen Offenheit ihre psychischen Konflikte weniger in körperliche Krankheiten verdrängen müßten als Männer. Becker (1986) macht auf mögliche geschlechtsspezifische Antworttendenzen in den Selbstauskünften von Persönlichkeitsfragebögen aufmerksam. So könnten Frauen eher bereit sein, psychische Probleme wie Ängste oder Depressionen zuzugeben. Nicht zu übersehen ist jedoch die Möglichkeit, daß das Leben vieler Frauen "tatsächlich belastender und frustrierender ist als das der

Männer" (Becker 1986, S. 168) und damit die geringere psychische Gesundheit eine Folge dieser Belastungen und Frustrationen wäre (s. Abschnitt 1.2).

Interessant ist, daß manche Geschlechtsunterschiede in Persönlichkeitsfragebögen in den letzten Jahren an Bedeutung verloren haben oder sogar ganz verschwunden sind. Hierzu einige Ergebnisse aus der jüngsten Neustandardisierung des Gießen-Test (Beckmann et al. 1991): Frauen beschreiben sich durchschnittlich zwar noch als depressiver, der Unterschied ist jedoch deutlich geringer als 1975. Auch die Feststellung einer größeren "Expansivität" (Becker 1986) oder Dominanz bei Männern stimmt nicht mehr. Junge Frauen sehen sich (im Gießen-Test) inzwischen als genauso dominant wie junge Männer.

1.2 Psychische Gesundheit in Abhängigkeit von sozialen Geschlechtsrollen

Die höhere psychische Morbidität von Frauen wird häufig vor dem Hintergrund der sich wandelnden Rolle der Frau in westlichen Gesellschaften analysiert. Eine besondere Belastung wird darin gesehen, daß Frauen trotz ihrer größeren Beteiligung in der Berufswelt im häuslichen Bereich keine wirkliche Entlastung durch ihre Partner erhalten (Doppelrolle, Rollenstreß, Doppelbelastung der Frau). Das *Dilemma der heutigen Frau* besteht nach Richter darin, "daß der Mann aus äußeren und inneren Gründen nicht mehr zu der hergebrachten Beschützerrolle und in der Regel noch nicht zu einer ebenbürtigen Teilhaberrolle in Haushalt und Kindererziehung taugt" (1973, S. 301). Untersuchungen zur familiären Aufgabenverteilung erbringen immer wieder eine auffallende Diskrepanz zwischen der Ideologie einer partnerschaftlichen Aufteilung und der Realität einer traditionellen Aufteilung[1]. Bei einer ausdrücklichen Betonung der gemeinsamen Aufgabenbewältigung übernehmen die Frauen de facto fast die gesamten häuslichen Aufgaben (s. Krüger 1984). Als wesentliche Barriere für eine umgreifende Veränderung *beider* Geschlechtsrollen erweist sich in erster Linie die Unantastbarkeit der männlichen Berufsrolle (Erler et al. 1988, Nauck 1987, Sieverding 1990). Die Diskrepanz zwischen Anspruch und Wirklichkeit bleibt nicht ohne Folgen. Je weniger Männer sich an den Aufgaben im Haushalt beteiligen und je mehr innerfamiliäre Aufgaben zu bewältigen sind, desto höher ist die subjektive Belastung der Frauen (Nauck 1987).

Die expressive Funktion, die Frauen im System Familie von Parsons und Bales (1955) zugeschrieben wurde, bezieht sich in erster Linie auf das Gewähren von sozialemotionaler Unterstützung (s. Belle 1982). Frauen geben im allgemeinen mehr soziale Unterstützung, als daß sie diese erhalten: in der Familie, in der Partnerschaft, aber auch am Arbeitsplatz, ein Phänomen, das Belle (1982) als den "Streß des Umsorgens" ("stress of caring") bezeichnet hat. Die direkte und indirekte Bedeutung, die sozialer Unterstützung für die psychische Gesundheit zu-

---

1 "In der Familie stellt der Mann den Ernährer, die Frau die Fürsorgerin dar" (Burkhardt und Meulemann 1976).

kommt, ist inzwischen hinlänglich bekannt (s. z.B. Cobb 1976, Holahan und Moos 1990, Roos und Cohen 1987). Es ist nicht verwunderlich, daß das Fehlen von sozialer Unterstützung in einer geringeren psychischen Gesundheit von Frauen resultiert.

Die Tatsache, daß die höhere Prävalenzrate psychischer Störungen von Frauen erst nach der Pubertät zu beobachten ist (vorher weisen Jungen mehr psychische Störungen als Mädchen auf, s. z.B. Gove 1979), unterstützt ebenfalls die Rollenkonflikthypothese. In der frühen Schulzeit werden an Mädchen noch sehr ähnliche Erwartungen gerichtet wie an Jungen (so sollen sie z.B. in der Schule gute Leistungen erbringen). Erst um die Zeit der Pubertät, noch stärker zum Ende der Ausbildung hin, wächst bei jungen Frauen der Druck zur Übernahme der traditionellen weiblichen Rolle (Becker und Minsel 1986, Komarovsky 1946). Zu der schulischen und beruflichen Orientierung kommt nun die familiäre Orientierung hinzu, die "moderne" Rolle gerät in Konflikt mit der "femininen" Rolle (s. Komarovsky 1946). Um als Frau anerkannt zu werden, muß sie in einer festen Partnerbeziehung gebunden sein, möglichst heiraten und eine Familie gründen. Die gerade in Westdeutschland besonders ausgeprägte Mutter-Kind-Ideologie fordert eine bedingungslose Unterordnung der eigenen - nicht nur beruflichen - Bedürfnisse unter das Wohl des Kindes bzw. der Familie (s. Sieverding 1990). Obwohl auch an den jungen Mann die Erwartung gerichtet wird, eine Familie zu gründen, bringt ihn dies kaum in Konflikt mit seiner beruflichen Entwicklung. Die berufliche Karriere eines Mannes wird in der Regel durch Heirat oder Geburt von Kindern nicht berührt (s. Erler et al. 1988, Sieverding 1990), gerade wegen der Bereitschaft vieler Frauen, sich dem Diktat der traditionellen weiblichen Rolle zu beugen und im Zweifelsfall lieber die Karriere des Mannes zu unterstützen als die eigene zu verfolgen.

Sind Frauen, die sich mehr an der traditionellen weiblichen Rolle orientieren und den Konflikt zwischen Berufsrolle und familiärer Rolle vermeiden, psychisch gesünder? Birnbaum (1975) verglich Hausfrauen mit berufstätigen Frauen und stellte fest, daß die Hausfrauen ihre seelische Gesundheit am schlechtesten einschätzten, das geringste Selbstbewußtsein besaßen und unglücklicher in ihrer Ehe waren. Die beiden anderen Gruppen der verheirateten und alleinstehenden Berufstätigen waren demgegenüber mit der eigenen Situation zufriedener und beschrieben sich als psychisch gesünder.

Die Überzeugung, daß berufstätige Frauen psychisch gesünder seien als die sogenannten Familienfrauen, ist recht weit verbreitet. Jedoch zeigt die Analyse von Warr und Parry (1982), daß die Unterteilung von Frauen lediglich in zwei Gruppen - berufstätige und nicht berufstätige Frauen - zu grob ist. Ein Überblick über 38 Studien zeigt: einige Untersuchungen kommen zu dem Ergebnis, daß berufstätige Frauen psychisch gesünder als nichtberufstätige Frauen sind, in anderen wurden keine signifikanten Unterschiede gefunden. Einerseits ist dieser Befund durch die unterschiedliche Art der Operationalisierung von psychischer Gesundheit zurückzuführen. Andererseits gibt es eine Reihe von Variablen, die den Zusammenhang beeinflussen. Als wichtigste dieser Moderatorvariablen seien genannt: familiärer Status, Kinder, sozioökonomischer Status (Qualität der privaten Umwelt), Qualität der beruflichen Umwelt, berufliches Engagement.

Insbesondere persönliche Bedürfnisse sind zu berücksichtigen, wenn der Zusammenhang zwischen Rollenausübung und psychischer Gesundheit analysiert wird (Betz 1982, 1984). Ein Beispiel ist die berufliche Motivation ("wanting to work", nach Moss und Plewis 1977), die als "interne Anforderung" interpretiert werden kann. So war die Situation einer Frau in den 50er Jahren weniger konflikthaft, da eindeutig auf ihre expressive Rolle in der Familie zentriert, als die Situation einer Frau in den 80er und 90er Jahren, für die Berufstätigkeit zu einer wichtigen Quelle der Selbstbestätigung geworden ist (s. z.B. die Untersuchungen von Junker 1965, Erler et al. 1988, Krüger 1984).

Bisher steht fest, daß in westlichen Industriegesellschaften Frauen durchschnittlich über eine geringere psychische Gesundheit verfügen als Männer. Der Zusammenhang mit der Lebenssituation von Frauen und die Ungereimtheiten bezüglich der Anforderungen an die weibliche Rolle erscheint offensichtlich und ist Thema von diversen Forschungsarbeiten (s. z.B. die Beiträge von Maschewsky-Schneider et al. und Gavranidou in diesem Band). Neben soziokulturellen Faktoren spielen jedoch auch individuelle Merkmale im Sinne von persönlichen Ressourcen oder Kompetenzen eine maßgebliche Rolle bei der Entstehung und Aufrechterhaltung von psychischer Gesundheit. Es ist nicht auszuschließen, daß bestimmte Einstellungen, Eigenschaften und Verhaltensweisen eher gesundheitsfördernde Funktion besitzen, während andere der Gesundheit eher abträglich sind. Daß Frauen häufiger an psychischen Störungen leiden als Männer, könnte das Ergebnis einer geringeren Verfügbarkeit gesundheitsfördernder persönlicher Ressourcen und Kompetenzen bei Frauen sein.

In der deutschsprachigen Forschung ist bisher der dritte Aspekt der Geschlechtsrolle - "männliche" bzw. "weibliche" Persönlichkeitscharakteristika - bei der Erforschung psychischer Gesundheit weitgehend unberücksichtigt geblieben (eine Ausnahme stellt das Buch "Androgynie" von Bierhoff-Alfermann (1989) dar). Die zentrale Forschungsfrage lautet: Gibt es einen Zusammenhang zwischen "männlichen" und "weiblichen" Persönlichkeitsmerkmalen und psychischer Gesundheit?

Vorweggenommen sei eine begriffliche Klärung: Es gibt keine Persönlichkeitscharakteristika, die nur bei Männern oder nur bei Frauen zu beobachten sind, weshalb die Bezeichnung als "männlich" oder "weiblich" eigentlich irreführend ist. Die Etikettierung von Eigenschaften als "männlich" oder "weiblich" ist jedoch weit verbreitet, vielleicht sogar unvermeidlich. In der Regel werden damit jene Eigenschaften bezeichnet, die entweder in ihrer Auftretenshäufigkeit bzw. -intensitiät oder in ihrer sozialen Erwünschtheit zwischen den Geschlechtern differenzieren, was je nach Ort, kulturellem Umfeld, historischer und aktueller Situation sehr verschieden sein kann. Um dies zu kennzeichnen, werden die Anführungsstriche benutzt. Eine andere Möglichkeit der Differenzierung wurde von Bierhoff-Alfermann (1989) vorgeschlagen. Sie spricht von männlich oder weiblich nur, wenn das *biologische Geschlecht* gemeint ist und benutzt zur Kennzeichnung der mit dem biologischen Geschlecht assoziierten *psychologischen Charakteristika* die Begriffe maskulin und feminin.

2. "Weibliche" und "männliche" Eigenschaften und psychische Gesundheit. Sozialpsychologische Annäherungen

2.1 Die traditionelle Sichtweise

In der Wahrnehmung vieler Menschen herrscht ein bipolares Modell vor, mit der Tendenz, Maskulinität und Feminität als einander ausschließende Begriffe zu definieren; ihnen werden entweder gegensätzliche oder sich ergänzende Eigenschaften zugeschrieben. Was weiblich ist, ist *nicht männlich* und umgekehrt. Bis in die 70er Jahre herrschte auch in der sozialpsychologischen Forschung die Auffassung vor, das Persönlichkeitskonstrukt Männlichkeit-Weiblichkeit (genauer Maskulinität-Feminität) ließe sich auf *einer* Dimension erfassen, welche von dem Pol extremer Maskulinität über einen neutralen Wert zu dem Pol extremer Feminität reichte (s. Bierhoff-Alfermann 1989, Sieverding 1990).

Entsprechend dieser Auffassung von Maskulinität und Feminität als komplementären Eigenschaftsmustern galt das traditionelle *Kongruenz-Modell psychischer Gesundheit*, nach dem die psychische Gesundheit am höchsten bei Personen mit einem zum biologischen Geschlecht passenden Eigenschaftsmuster sein soll. Ausgeprägte Maskulinität mit wenig femininen Anteilen wurde als erstrebenswert bzw. gesund für Männer angesehen, ausgeprägte Feminität mit wenig maskulinen Anteilen als erstrebenswert bzw. gesund für Frauen. Personen mit Persönlichkeitsattributen, die nicht mit ihrem biologischen Geschlecht übereinstimmten, wurden dementsprechend als pathologisch angesehen. Häufig wurde von beobachteten Eigenschaften und Verhaltensweisen unzulässigerweise auf die Einstellung zur sozialen Geschlechtsrolle oder die sexuelle Orientierung einer Person geschlossen. So wurde "nichtkongruenten" Personen beispielsweise die Ablehnung der eigenen Geschlechtsrolle oder Homosexualität unterstellt.

2.2 Maskulinität und Feminität als unabhängige Dimensionen

Zu Beginn der 70er Jahre wurde das eindimensionale Modell von mehreren Seiten einer massiven Kritik unterzogen (Bem 1974, Constantinople 1973, Spence et al. 1975). Statt dessen wurde ein dualistisches Modell postuliert, wonach Maskulinität und Feminität nicht als Endpunkte auf einem Kontinuum, sondern vielmehr als *zwei voneinander unabhängige Dimensionen* anzusehen sind. Nach diesem Konzept kann eine Person unabhängig von ihrem Geschlecht sowohl maskuline als auch feminine Attribute besitzen. In der Forschung wurde nicht mehr nach absoluten, sondern eher nach relativen Unterschieden in den Persönlichkeitseigenschaften zwischen den Geschlechtern gesucht. Schwerpunktmäßig wurden dabei Geschlechtsstereotype und Selbstbilder untersucht.

2.2.1 Instrumentalität und Expressivität als die "Essenzen" von Maskulinität und Feminität

Die Ergebnisse von umfangreichen empirischen Untersuchungen mündeten in die Entwicklung eines Fragebogens zur Messung von geschlechtsspezifischen Attributen, dem "Personal Attributes Questionnaire" (PAQ; Spence et al. 1974, 1975; eine deutsche Fassung liegt von Runge et al. (1981) vor). Die M-Skala enthält instrumentelle, aufgabenbezogene Eigenschaften, die - von mehreren unabhängigen Personengruppen - für beide Geschlechter in einem bestimmten Grad als sozial erwünscht angesehen werden, jedoch als charakteristischer für einen "typischen Mann" gelten. In der F-Skala sind sozial erwünschte expressive Eigenschaften enthalten, die als charakteristischer für eine "typische Frau" gelten.[2] Die ursprüngliche Bezeichnung als Maskulinitäts- und Feminitätsskala wurde wegen der mißverständlichen Bedeutung geändert in Instrumentalitäts- und Expressivitätsskala.

> Das, was traditionell als "männliche" und "weibliche" Eigenschaften angesehen wurde, ist angemessen durch die Dimensionen Instrumentalität und Expressivität repräsentiert. Jedoch sind Eigenschaften - wie in der Einleitung bereits beschrieben - nur *ein* Aspekt des Konstruktes Weiblichkeit - Männlichkeit. Entgegen populären Annahmen ist die Selbstbeschreibung in diesen Skalen kaum mit anderen Aspekten der Geschlechtsrolle (wie Einstellung zur sozialen Geschlechtsrolle, sexuelle Orientierung, Interessen und Aktivitäten) assoziiert.

Zu der Instrumentalitäts-Skala gehören aufgabenbezogene Eigenschaften wie "selbstsicher", "Druck gut standhaltend", "aktiv". Auf der Expressivitäts-Skala sind Eigenschaften der sozialemotionalen Unterstützung zu finden wie "gefühlsbetont", "hilfreich zu anderen" oder "fähig, auf andere einzugehen" (s. Abb. 1, S. 41).

Das zweite gängige Verfahren zur Messung des Selbstbildes in Termini von "männlichen" und "weiblichen" Persönlichkeitsattributen, der Bem Sex Role Inventory (BSRI, Bem 1974), unterscheidet Maskulinität und Feminität - vor allem in der revidierten Fassung (Bem 1978) - ebenfalls entlang den Dimensionen Instrumentalität und Expressivität. Er ist dem PAQ in der revidierten Kurzfassung inhaltlich so ähnlich, daß er von Spence (1983) als eine Parallelform des PAQ be-

---

[2] Eine dritte Skala, die M-F-Skala, enthält Eigenschaften, die sich in ihrer sozialen Erwünschtheit in Abhängigkeit vom Geschlecht unterscheiden.

zeichnet worden ist. Die Korrelationen der beiden Meßinstrumente liegt bei .84 (M-Skala) und .69 (F-Skala) (s. Bierhoff-Alfermann 1989).

Skala "Instrumentalität" (M)	Originalfassung im PAQ
unabhängig	independent
aktiv	active
konkurrierend	competitive
leicht Entscheidungen fällend	decisive
nicht leicht aufgebend	never gives up
selbstsicher	self-confident
sich überlegen fühlend	feels superior
Druck gut standhaltend	stands up under pressure
Skala "Expressivität" (F)	
gefühlsbetont	emotional
fähig auf andere einzugehen	devotes self
hilfreich zu anderen	helpful
freundlich	kind
der Gefühle anderer bewußt	aware of feelings
verständnisvoll gegenüber anderen	understanding
sanft	gentle
herzlich in Beziehung zu anderen	warm

Abbildung 1: Der Personal Attributes Questionnaire (PAQ, nach Spence und Helmreich 1978)

Die dualistische Hypothese wurde durch zahlreiche empirische Untersuchungen bestätigt (s. Spence und Helmreich 1978). Männliche Probanden beschreiben sich im Selbstbild durchschnittlich zwar als instrumenteller und weniger expressiv als weibliche Probanden; innerhalb eines Geschlechtes sind die beiden Dimensionen jedoch voneinander unabhängig. Damit ist das klassiche Verständnis von Maskulinität und Feminität in zweierlei Hinsicht widerlegt: a) Expressivität und Instrumentalität sind keine komplementären oder gar einander ausschließenden Eigenschaftsmuster. Im Gegenteil ist die Expressivität einer Person unabhängig von ihrem Ausmaß an Instrumentalität (und umgekehrt); b) zwar beschreiben Männer sich durchschnittlich als etwas instrumenteller und Frauen sich als etwas expressiver; es gibt jedoch einen großen Überlappungsbereich zwischen den Geschlechtern sowie eine Reihe von Frauen, die instrumenteller sind als Männer, und Männer, die expressiver sind als Frauen.

2.2.2 Das Androgynie-Konzept psychischer Gesundheit

Ausgehend von dem dualen Modell von Maskulinität und Feminität führte Bem (1974, 1976) das Konzept der psychologischen Androgynie wieder ein.[3] Sie griff damit alte Vorstellungen vom Menschen als "androgynes" Wesen auf, wonach der Mensch in seiner Persönlichkeit "immer auch 'Anteile' des Gegengeschlechts mit einschließt" (Rohde-Dachser 1989, S. 203; s. auch die "Anima-Animus"-Theorie von C.G. Jung). Personen, die über expressive *und* instrumentelle Eigenschaften verfügen, werden als androgyn definiert.[4] Handlungsfähigkeit, Anpassungsfähigkeit, Flexibilität und psychische Gesundheit sollen bei androgynen Personen größer sein als bei geschlechtstypisierten Personen, da sie über ein größeres Repertoire an Eigenschaften und Verhaltensweisen verfügen und sich auf die Erfordernisse von verschiedenen Situationen flexibler einstellen können.

Das *Androgynie-Modell psychischer Gesundheit* behauptet im Gegensatz zu dem Kongruenzmodell, daß nicht die geschlechtstypisierten Personen - also maskuline Männer, feminine Frauen - sondern die androgynen Personen beiderlei Geschlechts über die größte psychische Gesundheit verfügen. Demnach ist es für Männer und Frauen gesund, sowohl feminine als auch maskuline Persönlichkeitsmerkmale zu besitzen.

Ursprünglich standen zwei Androgyniemodelle zur Diskussion, das Balance-Modell von Bem (1974) sowie das additive Modell von Spence et al. (1975). Das Balance-Modell postuliert eine neue Qualität durch das Zusammenwirken femininer und maskuliner Merkmale; Androgynie wird dann diagnostiziert, wenn instrumentelle und expressive Merkmale ausgewogen, balanciert sind. Das additive Modell dagegen geht davon aus, daß sich die Effekte positiv bewerteter femininer und maskuliner Qualitäten addieren; Androgynie liegt nur dann vor, wenn eine Person über ein hohes Maß an instrumentellen und expressiven Merkmalen verfügt.

Die ursprüngliche Androgynie-Definition von Bem hat sich nicht durchgesetzt. Nach diesem Modell waren auch solche Personen als androgyn bezeichnet worden, die gleich*niedrige* Werte auf beiden Dimensionen aufweisen (die sogenannten "undifferenzierten"). In empirischen Überprüfungen stellte sich jedoch heraus, daß die Gruppe der "undifferenzierten" von der Gruppe der "androgynen" Personen in vielen relevanten Persönlichkeitsvariablen abweicht, z.B. im Selbstwertgefühl

---

3 "Androgyn" leitet sich her von "andro" für griechisch "männlich" und "gyne" für griechisch "weiblich".

4 Wie Bock (1988) dargestellt hat, ist die Vorstellung der Androgynie eine der ältesten Utopien, ein "uralter Menschheitstraum", zu finden beispielsweise in antiken Mythen und Schöpfungsgeschichten. Das Ideal ist eine "symmetrisch gestaltete Einheit, in der das Weibliche und Männliche gleichwertig in Eins gesetzt sind" (S. 125); in diesem Ideal kommt das menschliche Sehnen nach Glück und Vollkommenheit zum Ausdruck. Gegen dieses umfassende Verständnis von Androgynie als utopisches Geschlechtermodell, als "Utopie einer humanen Gesellschaft ... (und) der Befreiung der Frau von männlicher Vorherrschaft" (Bock 1988, S. 128) beschränkt sich der sozialpsychologische Androgyniebegriff auf die Integration positiv bewerteter "männlicher" und "weiblicher" Persönlichkeitseigenschaften in einer Person.

(Spence et al. 1975) oder in der Anpassungsfähigkeit ("adjustment") (Gilbert et al. 1981). Nach dem von Spence und KollegInnen eingeführten additiven Modell wird eine Person nur dann als androgyn bezeichnet, wenn sie sich selbst als überdurchschnittlich instrumentell und expressiv beschreibt. Nicht mehr berücksichtigt ist die Annahme einer positiven Wechselwirkung zwischen expressiven und instrumentellen Merkmalen.

Ausgehend von zwei unabhängigen Dimensionen können nunmehr unabhängig vom biologischen Geschlecht vier Persönlichkeitstypen unterschieden werden: feminine, maskuline, androgyne und undifferenzierte.

In Abhebung zum biologischen Geschlecht ist diese Selbstbeschreibung mit expressiven bzw. instrumentellen Eigenschaften vielfach als *Geschlechtsrollenorientierung* bezeichnet worden (s. z.B. Bierhoff-Alfermann 1989). Dieser Begriff ist jedoch mißverständlich, da es sich bei den mit PAQ und BSRI gemessenen Konstrukten eher um relativ stabile Persönlichkeitsdimensionen handelt (Spence et al. bezeichnen sie als "trait measure" oder "personality dimension"), die nicht mit Einstellungen zur sozialen Geschlechtsrolle oder tatsächlichem Rollenverhalten verwechsel werden sollte. Man sollte deshalb besser von *instrumentellem und expressivem Selbstkonzept* oder aber von Instrumentatilität und Expressivität sprechen (s. Sieverding und Alfermann 1992).

Die Definition der vier Typen erfolgt üblicherweise anhand einer Mediandichotomisierung auf den Skalen des Personal Attributes Questionnaire (bzw. den entsprechenden Skalen des Bem Sex Role Inventory).

Über die Gesamtpopulation von Männern und Frauen werden für jede Skala die Mediane berechnet. Anhand einer Mediandichotomisierung ("median split method") wird jede Person entsprechend ihrem Skalenwert auf jeder Dimension in zwei Gruppen eingeteilt. Liegt ihr Skalenwert auf beiden Dimensionen über dem Median, gilt die Person als "androgyn"; liegt der Wert auf der Expressivitätsskala über dem Median, auf der Instrumentalitätsskala unter dem Median, als "feminin". Als "undifferenziert" werden solche Personen bezeichnet, die auf beiden Skalen niedrige Werte aufweisen (s. Abb. 2, S. 44).

Diese Differenzierung ermöglicht einen neuen Zugang zur Erforschung der Geschlechterfrage hinsichtlich psychischer Gesundheit. Generelle Geschlechtsunterschiede können weiter aufgeschlüsselt werden. Es geht nicht mehr um Männer und Frauen als undifferenzierte Kategorien, sondern um feminine, maskuline, androgyne und undifferenzierte Männer und Frauen. Unterscheiden sich diese Gruppen in ihrer psychischen Gesundheit? Bevor empirische Ergebnisse zu dieser Fragestellung vorgelegt werden, erfolgt ein kurzer Abriß zur Operationalisierung psychischer Gesundheit.

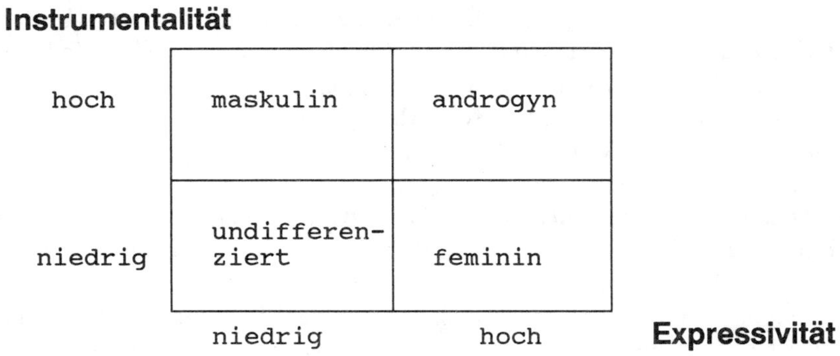

Abbildung 2: Charakterisierung von Persönlichkeitstypen (in Anlehnung an Spence und Helmreich 1978)

3. "Psychische Gesundheit" - Was ist das überhaupt? Definitionen und Operationalisierungen

Nicht nur in der WHO-Gesundheitsdefinition[5], sondern auch in neuerer Literatur zur Gesundheitspsychologie ist die Forderung formuliert, den Bezugspunkt (psychische) Krankheit zu ersetzen durch den Bezugspunkt (psychische) Gesundheit (s. z.B. Antonovsky 1979, 1987 oder Holahan und Moos 1990). Trotzdem ist die empirische Forschung bisher überwiegend einer pathologischen Orientierung, dem "nicht krank werden", verhaftet.

Welcher Mensch ist psychisch gesund? Wegen der Schwierigkeit, eine von subjektiven Wertmaßstäben unabhängige Definition psychischer Gesundheit zu leisten und damit den Versuch zu wagen, eine psychisch gesunde Person - eine "fully functioning person" im Sinne Rogers' (1951, Rogers und Dymond 1954) - in positiven Merkmalen zu beschreiben, erfolgt die Operationalisierung in wissenschaftlichen Untersuchungen meist über das Fehlen von negativen Merkmalen: Als psychisch gesund gilt eine Person, wenn sie keine psychischen Symptome oder Krankheiten hat oder hatte und wenn sie keine psychotherapeutische oder psychiatrische Behandlung in Anspruch nimmt oder genommen hat.

Exemplarisch für diese Art der Identifizierung "psychisch Gesunder" ist die Vorgehensweise von Lieberz (1988). In dem Artikel "Was schützt vor der Neurose?" werden solche Personen als "gesund" definiert, die a) noch nie in psychiatrischer oder psychotherapeutischer Behandlung gewesen waren und die b) sich zum

5 WHO-Definition von Gesundheit: "Zustand vollkommenen körperlichen, seelischen und sozialen Wohlbefindens und nicht bloß die Abwesenheit von Krankheit und Gebrechen."

Zeitpunkt der Untersuchung psychisch gesund und nicht behandlungsbedürftig fühlten.

In der psychiatrischen Epidemiologie wird psychische Gesundheit ebenfalls über die Freiheit von relevanten psychogenen (Krankheits-) Symptomen definiert, als ein "symptomfreies Funktionieren" oder auch als "Resistenz gegen psychosomatische und neurotische Erkrankungen" (Schepank 1987, S. 166). Dabei wird ein stufenloses Kontinuum zwischen "völliger Gesundheit und schwerster psychogener Erkrankung" angenommen. Psychogene Störungen werden qualitativ diagnostiziert über ICD-Diagnosen (v.a. ICD 300 - 307: Neurosen, Persönlichkeitsstörungen, Alkoholismus, Medikamentenabhängigkeit, psychosomatische Erkrankungen und besondere Symptome); die "Falldefinition" erfolgt über ein quantitatives Kriterium, den Schweregrad der psychischen Beeinträchtigung, und zwar dann, wenn ein bestimmter "Cut-off point" im "Goldberg-Cooper-Interview" oder in den "Beeinträchtigungsschwere-Scores" BSS (Schepank 1987) überschritten wird.

Allerdings ist bisher keineswegs erwiesen, daß das Fehlen negativer Indizes (z.B. von psychischen Störungen) unbedingt mit dem Vorhandensein positiver Indizes (psychischer Gesundheit) einhergeht (s. z.B. Diener 1984). Im Gegenteil: Bradburn (1969) fand heraus, daß positive und negative Gefühle unabhängig voneinander existieren. Neuere Ergebnisse haben diese duale Natur affektiven Wohlergehens bestätigt (Bryant und Veroff 1982, Zevon und Tellegen 1982). Die schlichte Abwesenheit von negativen Gefühlen bedeutet nicht, daß jemand zufrieden oder glücklich ist. Entsprechend bedeutet das Fehlen von Risikofaktoren nicht, daß jemand psychisch gesund ist (bzw. in Zukunft sein wird).

Der Zusammenhang zwischen psychischer Gesundheit (bzw. Krankheit) und Risikofaktoren ist sogar noch komplexer. Auch von dem Vorhandensein "krankmachender" Faktoren kann man nicht auf die Entstehung psychischer Krankheit schließen. Im Gegenteil: es gibt eine erstaunlich große Anzahl von Menschen, die in ihrer Kindheit äußerst belastenden Situationen ausgesetzt waren und sich trotzdem als Erwachsene einer guten psychischen Gesundheit erfreuen können. Dieses - besonders vor dem Hintergrund psychoanalytischer Entwicklungstheorie - unerwartete Phänomen erfuhr in den letzten Jahren ein vermehrtes wissenschaftliches Interesse (s. z.B. Ernst und v.Luckner 1985, Lieberz 1988 oder Tress 1986).

Zur Herstellung psychischer Gesundheit reicht es also nicht, negative Faktoren auszuschalten, wenn nicht gleichzeitig positive Bedingungen oder Fähigkeiten aufgebaut werden. Bisher am konsequentesten wurde dieser Gedanke in der Gemeindepsychologie umgesetzt. Das Ziel - ein Höchstmaß psychosozialer Gesundheit der Bevölkerung - soll vor allem über das Prinzip der primären Prävention erreicht werden. Primäre Prävention - ansetzend am Individuum und an der Umwelt - besteht nicht nur in der Reduktion potentiell krankmachender Faktoren, sondern gerade auch in der Vermittlung von Kompetenzen, die eine effektive Auseinandersetzung mit konkreten Lebenssituationen ermöglichen (s. Sommer und Ernst 1977).

Das von der Gemeindepsychologie aufgestellte Kompetenzmodell psychischer

Gesundheit, das sich in erster Linie auf die Bewältigung von konkreten Lebenssituationen - und damit externen Anforderungen - konzentriert, wurde von Becker (1982, Becker und Minsel 1986), der eine vollständige Theorie der psychischen Gesundheit vorgelegt hat, um die Bewältigung von internen Anforderungen erweitert. Nach seiner Definition ist eine Person in dem Maße psychisch gesund, in dem es ihr gelingt, externe und interne Anforderungen in effizienter Weise zu bewältigen.

Der individuelle Gesundheitsgrad einer Person kann anhand von sieben Indikatorenbereichen, die aus den verschiedensten Theorien zur psychischen Gesundheit zusammengestellt wurden (Becker 1982), beurteilt werden (s. Becker und Minsel 1986). Diese sind:

a) negative vs. positive emotionale Befindlichkeit
b) Energiemangel und Antriebsschwäche vs. hohes Energieniveau und Interesse
c) Defensivität vs. Expansivität
d) Funktions- und Leistungsstörungen vs. optimale Leistungsfähigkeit und Produktivität
e) Selbstzentrierung vs. Selbsttranszendenz
f) Hilfesuchen, Abhängigkeit vs. Autonomie
g) geringes vs. hohes Selbstwertgefühl

Becker und Minsel (1986) unterscheiden Krankheitszeichen von Gesundheitszeichen, entsprechend der Auffassung, daß "ein hoher Grad von Gesundheit nicht nur im Fehlen von Krankheitszeichen, sondern auch in der starken Ausprägung von Gesundheitszeichen zum Ausdruck kommt" (S. 8). Bei dem Indikator psychischer Gesundheit "emotionale Befindlichkeit" wären Angst, Depressivität, Gereiztheit oder Schuldgefühle Beispiele für Krankheitszeichen, Gefühle von Freude, Glück oder Lebenszufriedenheit Beispiele für Gesundheitszeichen. Ausgehend von einem Kontinuummodell psychischer Gesundheit wäre eine Person um so gesünder, "je mehr stark ausgeprägte Gesundheitszeichen und je weniger stark ausgeprägte Krankheitszeichen bei ihr vorliegen" (S. 9).

Bei einem Überblick über empirische Studien zeigt sich, daß alle Indikatoren in einem mittleren Ausmaß positiv miteinander korreliert sind. Eine Ausnahme bilden Indikatoren aus dem Bereich Selbstzentrierung - Selbsttranszendenz, die nur eine äußerst schwache Beziehung zu den anderen Indikatoren seelischer Gesundheit aufweisen. Selbsttranszendenz ist deshalb nur sehr eingeschränkt - wenn überhaupt - als Indikator psychischer Gesundheit brauchbar (s. Becker und Minsel 1986, S. 15ff). Die von den meisten Theorien sowie dem Alltagsverständnis seelischer Gesundheit postulierte zentrale Bedeutung der "Liebesfähigkeit" einer Person wird also durch die Empirie nicht gestützt. Die durchschnittlich höchste Korrelation (Median = .38) zu den anderen Maßen weist das Selbstwertgefühl auf und gilt somit als ein "sehr vielversprechender Indikator für seelische Gesundheit" (Becker und Minsel 1986, S. 15).

Ein hohes Selbstwertgefühl wird von KlinikerInnen und ForscherInnen aus unterschiedlichen theoretischen Richtungen als ein gesundes und wünschenswertes Merkmal eingeschätzt; umgekehrt gehen psychische Störungen (Depressionen, Ängste) häufig mit einem niedrigen Selbstwertgefühl einher. So erstaunt es nicht, daß in den meisten bisher vorliegenden Untersuchungen zur Erfassung der psychischen Gesundheit das Selbstwertgefühl als Indikator benutzt wurde.

4. Befunde zum Zusammenhang zwischen "weiblichen" und "männlichen" Persönlichkeitsmerkmalen und psychischer Gesundheit

Im folgenden werden einige exemplarische Indikatoren psychischer Gesundheit in Beziehung zum instrumentellen bzw. expressiven Selbstkonzept gesetzt; die berichteten Ergebnisse wurden aus Selbstbeschreibungen gewonnen.

4.1 Das Selbstwertgefühl in Abhängigkeit vom instrumentellen und expressiven Selbstkonzept

Das Selbstwertgefühl eines Menschen hat sich bisher als bester "Einzelprädiktor" für seelische Gesundheit erwiesen (s. Abschn. 3). Männer und Frauen unterscheiden sich nicht generell in der Höhe ihres Selbstwertgefühls (s. Rosenberg 1965). Es finden sich jedoch eindeutige Unterschiede in Abhängigkeit vom Selbstkonzept. Maskuline, feminine, androgyne und undifferenzierte Persönlichkeitstypen unterscheiden sich sehr wohl in ihrem Selbstwertgefühl. Faßt man die bisher vorliegenden Untersuchungsergebnisse zusammen und bildet eine Rangreihe, verfügen die androgynen Personen über ein höheres Selbstwertgefühl als feminine und undifferenzierte Personen. Maskuline Personen weisen entweder ein gleich hohes oder sogar noch höheres Selbstwertgefühl als die androgynen auf. Eine Meta-Analyse von Whitley (1983) über 35 Studien, die den Zusammenhang zwischen instrumentellem und expressiven Selbstkonzept und Selbstwertgefühl untersucht hatten, erbrachte eine eindeutige Unterstützung der sogenannten *Maskulinitäts-Hypothese*. Maskulinität - im Sinne der Selbstzuschreibung positiv bewerteter instrumenteller Eigenschaften - "erklärt" ca. 27 % der Varianz im Selbstwertgefühl. Es fand sich zwar auch ein signifikanter Zusammenhang zwischen Feminität und Selbstwertgefühl, der aber wegen seiner geringen Größe als für die Praxis irrelevant angesehen werden kann (Effektgröße = .030, d.h. Feminität erklärt lediglich 3 % der Gesamtvarianz).

In einer eigenen Untersuchung an insgesamt 450 MedizinstudentInnen konnte dieses Ergebnismuster reproduziert werden (s. Sieverding 1990). Gemessen mit einer deutschen Fassung der Rosenberg Self-esteem-Skala haben feminine und undifferenzierte Studentinnen ein signifikant niedrigeres globales Selbstwertgefühl als androgyne und maskuline Studentinnen (s. Abb. 3). Bei den Studenten weisen die androgynen Typen das höchste Selbstwertgefühl auf; maskuline und feminine Typen haben ein annähernd gleich hohes Selbstwertgefühl; mit Abstand das niedrigste Selbstwertgefühl haben die undifferenzierten Studenten.

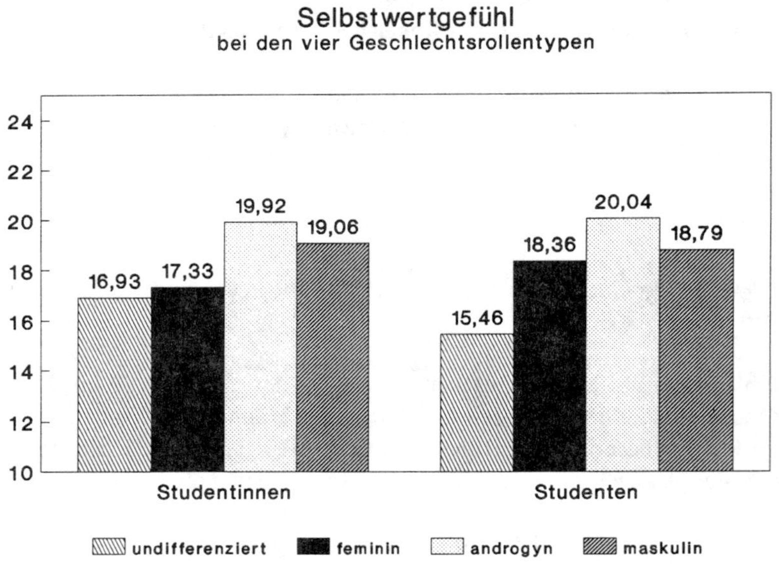

Abbildung 3: Artithmetische Mittelwerte der Rosenberg Self-esteem-Skala

Die Höhe des Selbstwertgefühls ist bei den Frauen in positiver Weise mit ihrer Instrumentalität (definiert als die Selbstbeschreibung mit instrumentellen Eigenschaften) assoziiert. Die Expressivität hat keinen Einfluß auf das Selbstwertgefühl, wie die Analyse der Korrelationen zwischen Instrumentalität/Expressivität und Selbstwertgefühl zeigt (Tab. 1, S. 49).

Auch bei den männlichen Befragten ist das Selbstwertgefühl in positiver Weise mit dem Ausmaß an Instrumentalität assoziiert. Bei ihnen gibt es interessanterweise zusätzlich noch einen positiven Zusammenhang zwischen Expressivität und Selbstwertgefühl.

Während die femininen Studentinnen ein vergleichbar niedriges Selbstwertgefühl aufweisen wie die undifferenzierten Studentinnen, verfügen bei den männlichen Kommilitonen die femininen Typen über ein genauso hohes Selbstwertgefühl wie die maskulinen Typen.

Tabelle 1: Produkt-Moment-Korrelationen zwischen Selbstwertgefühl und den Skalen Instrumentalität und Expressivität, * p = .01, ** p = .001 bei Studentinnen (F) und Studenten (M)

	F	M
Instrumentalität	.40**	.46**
Expressivität	.06	.27**

In letzter Zeit sind neben dem Selbstwertgefühl einige weitere psychologische Variablen im Zusammenhang mit Instrumentalität und Expressivität erfaßt worden, die als Indikatoren psychischer Gesundheit gelten können; einige exemplarische Befunde werden im folgenden dargestellt.

4.2 Optimismus in Abhängigkeit vom instrumentellen und expressiven Selbstkonzept

Während Pessimismus schon längere Zeit als ein zentrales Attribut von Depression erkannt ist (s. Beck 1967 sowie Taylor und Brown 1988) hat man sich dem komplementären Konstrukt, dem Optimismus, erst relativ spät zugewandt. Diese Lücke schlossen Scheier und Carver (1985) mit der Entwicklung einer Skala zur Messung des Optimismus, dem Life Orientation Test (LOT). Sie definieren Optimismus als eine generalisierte Erwartungshaltung, daß die Dinge sich gut entwickeln werden ("generalized expectancies for good outcomes"), nicht beschränkt auf einzelne Lebensbereiche. Die Konsequenzen von Optimismus, verstanden als ein stabiles Persönlichkeitsmerkmal, sehen sie unter anderem in einer positiven Auswirkung auf die physische und psychische Gesundheit. In einer Reihe von Validierungsuntersuchungen konnten sie belegen, daß Optimismus in positiver Weise mit einem hohen Selbstwertgefühl, aktivem Coping und interner Kontrollüberzeugung sowie in negativer Weise mit Depression, wahrgenommenem Streß, Hoffnungslosigkeit und sozialer Ängstlichkeit assoziiert ist (Scheier und Carver 1985, 1987).

Frühere Konzeptionen psychischer Gesundheit, die einen engen Kontakt mit der Realität, eine akkurate Wahrnehmung der Wirklichkeit als eine grundlegende Voraussetzung ansahen (s. z.B. Jahoda 1958, Jourard und Landsman 1980), werden in letzter Zeit von sozialpsychologischer Seite kritisiert. Ein interessanter Überblicksartikel von Taylor und Brown (1988) verweist auf den Zusammenhang zwischen psychischer Gesundheit und verschiedenen positiven Illusionen: a) eine unrealistisch positive Sicht der eigenen Person, b)

Illusionen bezüglich der persönlichen Kontrolle und c) ein unrealistischer Optimismus, was die eigene Zukunft angeht.

Sogar ein überhöhter Optimismus scheint mit psychischer Gesundheit assoziiert. Taylor und Brown (1988) zeigen auf, daß "normale" (psychisch gesunde) Individuen häufig unrealistisch optimistische Sichtweisen von ihrer Zukunft haben, während leicht depressive Menschen zu einer ausgewogeneren Sicht bezüglich ihrer wahrscheinlichen Zukunft neigen.

Diese Befunde machen Optimismus (neben Selbstwertgefühl) interessant als einen relativ leicht zu messenden weiteren Prädiktor psychischer Gesundheit. Eine deutschsprachige Version des LOT liegt von Filipp et al. (1988) vor.

In der oben erwähnten Untersuchung an Studierenden der Medizin (Sieverding 1990) wurde über den LOT der Optimismus erfaßt. Während keine generellen Geschlechtsunterschiede zu finden waren (Mittelwerte F = 16.91, M = 16.54), unterschieden sich wiederum die verschiedenen Persönlichkeitstypen. Wie Abb. 4 zeigt, findet sich ein ähnliches Muster wie beim Selbstwertgefühl. Die undifferenzierten Personen sind am wenigsten optimistisch, es folgen die femininen Personen. Am optimistischsten zeigen sich die androgynen und maskulinen Personen.

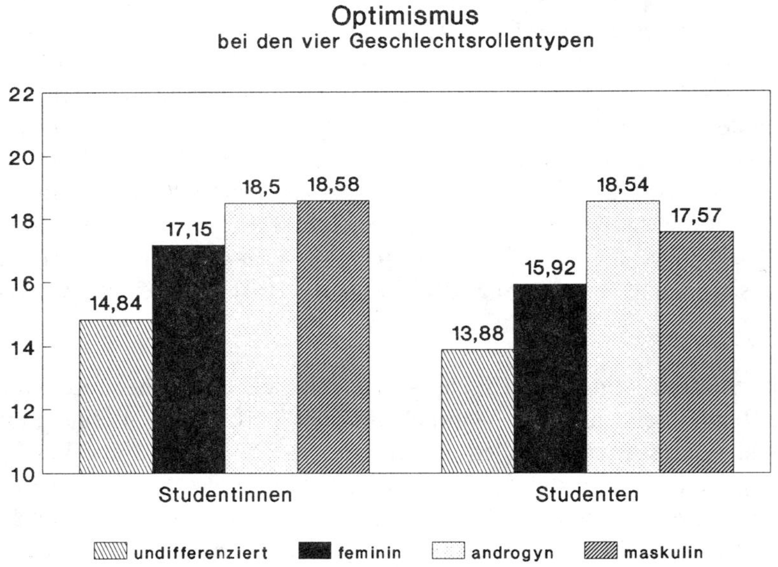

Abbildung 4: Arithmetische Mittelwerte - Life Orientation Test (LOT)

Wiederum zeigt die Analyse der Interkorrelationen der Skalen, daß bei den Frauen der Optimismus nur mit Instrumentalität, nicht jedoch mit Expressivität in positiver Weise korreliert ist. Personen, die sich selbst als überdurchschnittlich instrumentell beschreiben, sind signifikant optimistischer als Personen, die sich als wenig instrumentell beschreiben. Bei den Männern zeigt sich - wieder wie bei dem Selbstwertgefühl - zusätzlich ein leichter positiver Zusammenhang zwischen Expressivität und Optimismus (s. Tab. 2).

Tabelle 2: Produkt-Moment-Korrelationen zwischen Optimismus und den Skalen Instrumentalität und Expressivität bei Studentinnen (F) und Studenten (M), * p = .01, ** p = .001

	F	M
Instrumentalität	.32**	.47***
Expressivität	.09	.18*

4.3 Instrumentelles und expressives Selbstkonzept

In einer Reihe von Untersuchungen wurde der Zusammenhang zwischen *Anpassungsfähigkeit* ("adjustment") und Selbstkonzept erforscht. Jones et al. (1978) fanden heraus, daß unabhängig vom Geschlecht Anpassungsfähigkeit, Kompetenz, Kreativität, Flexibilität und Unkonventionalität bei den maskulinen Personen am stärksten ausgeprägt waren. Sie beschreiben Anpassungsfähigkeit als eine direkte Funktion instrumenteller Persönlichkeitseigenschaften wie Selbstsicherheit und Durchsetzungsfähigkeit. Was sie nicht erwartet hatten: Ausgesprochen maskuline Frauen, die traditionelle weibliche Rollenerwartungen vollkommen verletzten, beschrieben sich als glücklicher, kompetenter und anpassungsfähiger als androgyne oder feminine Frauen. Gefragt, in welche Richtung sie sich möglicherweise ändern wollten, gaben die femininen Frauen die größten Änderungswünsche (in Richtung mehr Instrumentalität) an. Am wenigsten verspürten die maskulinen Frauen ein Bedürfnis nach Veränderung.

Instrumentalität als Persönlichkeitsmerkmal spielt eine moderierende bzw. puffernde Rolle in der *Bewältigung von streßvollen Situationen* ("life stress adjustment"; Roos und Cohen 1987, Towbes et al. 1989). In Längsschnittstudien mit StudentInnen und Jugendlichen konnte gezeigt werden, daß Instrumentalität (gemessen mit dem PAQ) eindeutig negativ mit psychologischen Störungen (Ängstlichkeit und Depressivität) assoziiert war. Darüber hinaus wurde eine streßpuffernde Wirkung von Instrumentalität festgestellt. Junge Frauen mit einem hohen Maß an instrumentellen Eigenschaften konnten mit (kontrollierbaren) negativen Lebensereignissen besser umgehen als Frauen, die sich als wenig instrumentell beschrieben.

Die Instrumentalität bzw. die Expressivität einer Person beeinflußt weiterhin das *Problemlöseverhalten* einer Person. Maskuline Personen sind bereitwilliger, sich Problemsituationen zu nähern und zeigen ein größeres Vertrauen in ihre Fähigkeit, Probleme zu lösen als feminine und androgyne Personen (Brems und Johnson 1989).
Die bisher vorliegenden empirischen Befunde zu den Variablen Anpassungsfähigkeit, Bewältigungs- und Problemlöseverhalten unterstützen somit eindeutig das Ergebnismuster, das bereits beim Selbstwertgefühl sowie beim Optimismus gefunden wurde. In der Regel sind diese Variablen in einem recht hohen Maß mit Instrumentalität assoziiert, während sich kein positiver Zusammenhang mit expressiven Eigenschaften finden läßt.

5. Zusammenfassung und Diskussion

5.1 Wie hängen "männliche" und "weibliche" Eigenschaften mit psychischer Gesundheit zusammen?

Persönlichkeitseigenschaften und Verhaltensweisen sind ein bedeutsamer Aspekt des Konstruktes Weiblichkeit - Männlichkeit. Eigenschaften und Verhaltensweisen, die als "weiblich" oder als "männlich" gelten, sind in unterschiedlicher Weise mit psychischer Gesundheit assoziiert; darauf verweisen die oben dargestellten Ergebnisse aus Selbstbeurteilungen psychischer Gesundheit.

Nach den vorliegenden Befunden ist die klassische Kongruenz-Hypothese psychischer Gesundheit zumindest für das weibliche Geschlecht zurückzuweisen. Faßt man die Ergebnisse im Hinblick auf die bislang verwendeteten Indikatoren psychischer Gesundheit zusammen, weisen feminine Frauen eindeutig nicht die höchste psychische Gesundheit auf. Jedoch finden sich auch nur wenige Belege für die Androgynie-Hypothese, und wenn, dann eher für das männliche als für das weibliche Geschlecht. (Wie die Ergebnisse aus der eigenen Studie zu Selbstwertgefühl und Optimismus andeuten, kann das Zulassen femininer Anteile für einen Mann durchaus einen persönlichen Gewinn bedeuten.) Androgyne Personen sind in der Regel zwar psychisch gesünder als undifferenzierte und feminine, nicht aber psychisch gesünder als maskuline Personen. Bisher sprechen die meisten Befunde für ein drittes Modell, das Maskulinitäts-Modell, wonach die psychische Gesundheit am höchsten bei maskulinen Personen beiderlei Geschlechts ist. Die psychische Gesundheit erweist sich dabei als eine direkte Funktion instrumenteller Eigenschaften.

Es stellt sich heraus, daß androgyne und maskuline Frauen über ein hohes globales Selbstwertgefühl und eine ausgesprochen optimistische Lebenseinstellung verfügen. Wie sich in einem Überblick über verschiedene Untersuchungen gezeigt hat, sind diese Frauentypen auch anpassungsfähiger und flexiber und eher in der Lage, streßvolle Situationen adäquat zu bewältigen. Instrumentelle Eigenschaften, die traditionell als "typisch männliche" Eigenschaften galten, scheinen demnach gerade bei Frauen eindeutig die Rolle von persönlichen Ressourcen oder Kompetenzen zu besitzen, die für die psychische Gesundheit förderlich sind.

5.2 Wie ist es zu erklären, daß es vor allem die maskuline Komponente ist, die zählt?

Sich in oben beschriebener Weise instrumentell zu verhalten, bedeutet nichts anderes, als sein eigenes Leben aktiv zu gestalten und die eigenen Bedürfnisse und Ziele selbstsicher zu verfolgen. Um einem häufigen Mißverständnis vorzubeugen: dies heißt *nicht*, rücksichtslos, egoistisch und womöglich auf Kosten von anderen seinen eigenen Weg zu gehen. Sicher kann instrumentelles Verhalten auch diese Extremform annehmen, wie ja Extremformen expressiven Verhalten (z.B. die Aufopferung für andere bis zum Masochismus) bekannt sind. In der erweiterten Fassung des Extended Personal Attributes Questionnaire (EPAQ, s. Spence et al. 1979) sind diese Extremformen instrumentellen und expressiven Verhaltens in eigenen Skalen repräsentiert. Während in der M-Skala des PAQ sozial erwünschte instrumentelle Eigenschaften zu finden sind, besteht die M-Minus-Skala aus *sozial unerwünschten Attributen*, die als charakteristischer für Männer gelten. Beispielitems sind "nur auf sich selbst bedacht", "zynisch" und "überheblich". In der F-Minus-Skala sind entsprechend sozial unerwünschte Attribute zu finden, die als charakteristischer für Frauen gelten wie "unterwürfig" oder "weinerlich".

Positiv bewertete instrumentelle Fähigkeiten sind in den verschiedensten Lebensbereichen vonnöten: in der Berufswelt in besonderem Ausmaß (s. Sieverding 1990), aber eben auch im privaten Bereich, in der Familie und in der Partnerschaft. Eine Frau, die sich für ihre Familie "aufopfert" und nicht weiß, wie sie ihre eigenen Bedürfnisse durchsetzen kann, wird möglicherweise eher an psychischen Störungen leiden als eine Frau, die ihren eigenen Standpunkt gegenüber ihrer Familie vertreten und sich einen eigenen Lebensraum verschaffen kann. Umgekehrt kann eine Frau, die lernt, sich besser gegen die Forderungen nach sozialer Unterstützung von anderen abzugrenzen, ihre eigene Gesundheit schützen (Belle 1982). Diese Interpretation wird durch den von Becker und Minsel (1986) berichteten Befund gestützt, wonach Selbsttranszendenz mit seinen Komponenten Liebesfähigkeit, soziale Wärme und Feminität der einzige aus der Literatur abgeleitete Indikator psychischer Gesundheit ist, der nur äußerst geringe Korrelationen zu den anderen Indikatoren aufweist (s. Abschn. 3).

Neben dieser direkten gesundheitsfördernden Wirkung von instrumentellen Attributen sind noch indirekte Effekte wirksam. Jones et al. (1978) verweisen auf *gesellschaftliche Verstärkungsmuster*, wonach eine Person, die instrumentelle (nicht aber expressive) Eigenschaften zeigt, mit einer Vielzahl von sozialen Belohnungen rechnen kann. Diese ungleiche Bewertung und Honorierung expressiver und instrumenteller Eigenschaften führt dazu, daß maskuline Personen - in diesem gesellschaftlichen Umfeld - nicht nur erfolgreicher sind, sondern eben auch zufriedener mit sich selbst, psychisch gesünder.

> "Thus the important issue becomes not whether one has internalized the traits and behaviors appropriate to one's gender but the extent to which one has assimilated the tendencies most highly valued by society" (Jones et al. 1978, S. 311).

Deutsch und Gilbert (1976), die ebenfalls den Zusammenhang zwischen dem instrumentellen/expressiven Selbstkonzept und Anpassungsfähigkeit untersucht hatten, kommen zu einem sehr ähnlichen Ergebnis: Der Erwerb von instrumentellen (maskulinen) Eigenschaften bedeute für Frauen in einer an männlichen Werten orientierten Kultur einen persönlichen Gewinn; Männer haben es dagegen nicht nötig, sich expressive (feminine) Eigenschaften anzueignen. (Der zweite Teil dieser Aussage scheint inzwischen so nicht mehr zuzutreffen. Es gibt einen zunehmenden Erwartungsdruck an Männer in Richtung einer größeren Expressivität.) Auf eine einfache Formel gebracht bedeutet das: Maskulinität ist gesund, Feminität ungesund:

> "Although we realize the limitations of generalizing from our college sample, the conclusion may be that masculinity is healthy for both sexes in our society and that femininity is unhealthy" (Deutsch und Gilbert 1976, S. 378).

Ohne Zweifel sind expressive Eigenschaften wie Einfühlsamkeit, Besorgtsein um andere oder Fürsorglichkeit wertvolle Qualitäten, ohne die menschliches Zusammensein nicht denkbar ist. Es bedarf jedoch anscheinend eines instrumentellen Gegengewichts, damit diese nicht in Abhängigkeit, Unterordnung und Selbstaufopferung enden. Auf die Wichtigkeit eines solchen Ausgleichs hat bereits Bakan (1966) aufmerksam gemacht. Nach seiner Einschätzung ist jede exzessive Ausprägung von nur einer Orientierung, unbalanciert durch das andere Prinzip, selbstdestruktiv. Die Entwicklungsaufgabe für Männer besteht für ihn darin, die eigene Instrumentalität (nach seinem Begriff den eigenen "sense of agency") abzumildern durch Expressivität ("sense of communion"), für Frauen gilt das Umgekehrte.

5.3 Methodische Einschränkungen, Anregungen für weitere Forschung

Bei den bisher vorliegenden Untersuchungen handelt es sich um erste, noch unvollständige Annäherungen an das komplexe Problem psychischer Gesundheit in Zusammenhang mit "weiblichen" und "männlichen" Eigenschaften. Bisher wurden nur einige wenige Indikatoren psychischer Gesundheit (und zumeist in jeder Untersuchung nur jeweils einer) in Verbindung zum instrumentellen/expressiven Selbstkonzept gebracht; am häufigsten wurde das Selbstwertgefühl als Indikator psychischer Gesundheit benutzt. Weitergehende Forschung auf diesem Gebiet erscheint jedoch vielversprechend; vor allem sollten weitere und komplexere Parameter psychischer Gesundheit mit dem instrumentellen/expressiven Selbstkonzept in Verbindung gesetzt werden.

Eine wichtige Überlegung betrifft die Vergleichbarkeit von Selbsteinschätzungen von Männern und Frauen. Es ist wahrscheinlich, daß Männer und Frauen einen unterschiedlichen Bezugsrahmen benutzen, wenn sie einen Fragebogen zur Selbstbeschreibung mit geschlechtsspezifischen Persönlichkeitsattributen ausfüllen. Die Vermutung liegt nahe, daß eine Frau in erster Linie andere Frauen (gleichen Alters, in gleicher Situation) als Anker benutzt, wenn sie sich selbst als mehr oder weniger gefühlsbetont und herzlich (expressive Attribute) bzw. unabhängig und aktiv (instrumentelle Attribute) einschätzt, während ein Mann sich an einer Vergleichsgruppe von Männern orientiert. Es ist weiter anzunehmen, daß aufgrund unterschiedlicher Sozialisation und nach wie vor bestehender Geschlechtsstereotype Frauen ein höheres Maß an Expressivität für sich erwarten und für selbstvertändlich halten, Männer ein höheres Maß an Instrumentalität. Eine Frau, die sich aufgrund dieses weiblichen Vergleichsniveaus als überdurchschnittlich instrumentell beschreibt (z.B. sehr aktiv, sehr durchsetzungsfähig), wäre möglicherweise verglichen mit dem männlichen Vergleichsniveau lediglich durchschnittlich oder sogar unterdurchschnittlich instrumentell. Umgekehrt könnten die sogenannten femininen Männer vielleicht lediglich solche sein, die im Vergleich zu anderen Männern (nicht aber im Vergleich zu Frauen) ein überdurchschnittliches Ausmaß an expressiven Qualitäten mitbringen. Methodenkritische Untersuchungen zur Klärung der Frage eines unterschiedlichen Bezugsrahmens sind deshalb notwendig.

Auf jeden Fall reicht es nicht (mehr) aus, lediglich das biologische Geschlecht als unabhängige Variable zu betrachten und Frauen als undifferenzierte Kategorie zu untersuchen. Vielversprechender für die Gewinnung weiterer Erkenntnisse erscheint die Untersuchung spezieller Gruppen von Frauen (und Männern). Die Analyse der größeren psychischen Morbidität von Frauen unter dem Aspekt ihrer gesellschaftlichen Rolle(n) und Situation war und ist ein wichtiges Anliegen (s. Abschn. 1.2). Hinzukommen müßte daher eine verstärkte Analyse des Zusammenhangs zwischen psychischer Gesundheit bzw. Krankheit und psychischen Persönlichkeitsmerkmalen und Ressourcen - z.B. im Sinne der oben beschriebenen Instrumentalität und Expressivität. Es wäre also konkret zu erforschen, ob depressive Frauen, Frauen mit phobischen Ängsten, Eßstörungen oder anderen "typisch weiblichen" neurotischen Störungen überproportional häufig solche Frauen sind, denen instrumentelle Fähigkeiten fehlen. Meine Hypothese dazu lautet, daß - in unserer Gesellschaft - in erster Linie die besonders femininen Frauen gefährdet sind, psychisch zu erkranken. Die "Wahl" der Symptome würde für eine solche Vermutung sprechen. Eines der wenigen bislang vorliegenden Beispiele von Untersuchungen, die einen Zusammenhang zwischen psychischer Störung und instrumentellen/expressiven Selbstkonzept hergestellt haben, ist die Untersuchung von Habermas (1990). Er fand, daß bulimische Patientinnen im Vergleich zu einer

Kontrollgruppe sich selbst als weniger instrumentell beschrieben.

Die Ergebnisse aus Selbstbeurteilungen psychischer Gesundheit sollten unbedingt mit Fremdbeurteilungen verglichen werden. Befragungen von klinischen ExpertInnen (PsychiaterInnen, PsychologInnen, SozialarbeiterInnen) aus dem amerikanischen Raum scheinen die Befunde aus den Selbstbeschreibungen zu unterstützen. In diesen Untersuchungen wurde wiederholt ein doppelter Standard psychischer Gesundheit für Männer und Frauen festgestellt, wobei "männliche" Eigenschaften häufiger als psychisch gesund eingeschätzt wurden als "weibliche" (s. Broverman et al. 1970, Phillips und Gilroy 1985, Whitley 1979).

5.4 Implikationen für die Praxis

Die Frage, inwiefern "Weiblichkeit" ein zu förderndes Eigenschafts- und Verhaltensmuster bei Frauen ist, sollte Personen, die in der Sozialisation von Frauen eine Rolle spielen - Eltern, LehrerInnen, TherapeutInnen - bewußt sein. Nicht zu Unrecht fragen Deutsch und Gilbert (1976), ob es richtig sei, wenn TherapeutInnen Frauen darin bestärken, an "ihrem Platz" zu bleiben, wenn "ihr Platz" eine schlechte Anpassung/Eingliederung ("maladjustment") oder persönliche Unzufriedenheit bedeutet.

Ob Frauen psychisch gesund sind bzw. streßvolle oder belastende Situationen in ihrem Leben bewältigen und sich selbst ein zufriedenstellendes Leben schaffen können, hängt vermutlich in einem wesentlichen Ausmaß davon ab, ob sie die Möglichkeit hatten, sich instrumentelle Eigenschaften anzueignen. Die Vermittlung solcher Fähigkeiten an Mädchen und Frauen - möglichst nicht erst in einem Selbstsicherheitstraining für erwachsene Frauen, sondern bereits in der frühen Sozialisation durch Elternhaus und Schule - könnte eine Maßnahme der primären Prävention sein, indem die individuelle Kapazität, mit verschiedensten Situationen fertig zu werden, gestärkt wird und die Wahrscheinlichkeit des Auftretens einer psychischen Störung verringert wird.

Dieser Forderung widerspricht ein in den letzten Jahren wiedererstarkter Weiblichkeitskult, der sich nicht nur in der Mode oder in der Stilisierung bestimmter weiblicher Stars in den Medien niederschlägt (z.B. die Filme "Carmen" und "Pretty Woman", die Sängerin Madonna), sondern auch in den Erwartungen von jungen Männern an ihre Idealpartnerin (Sieverding 1988). Es scheint kein Zufall zu sein, daß gerade zu Zeiten, wo Frauen vermehrt in die Berufswelt drängen und von ihren Partnern eine größere Anteilnahme an den expressiven Aufgaben in der Familie verlangen, das Schreckensbild einer vermännlichten Frau, der Karrierefrau oder Emanze gezeichnet wird. Die gesellschaftliche Anerkennung gilt einseitig maskulinen Attributen; Frauen droht jedoch die soziale Zurückweisung, wenn sie eine maskuline Ausrichtung zeigen, ein Phänomen, das Bierhoff-Alfermann (1989) als das "weibliche Dilemma" bezeichnet hat.

Literatur

Antonovsky, A. (1979): Health, stress and coping. Jossey-Bass: San Francisco.

Antonovsky, A. (1987): Unraveling the mystery of health: How people manage stress and stay well. Jossey-Bass: San Francisco.

Bakan, D. (1966): The duality of human existence. Rand McNally: Chicago.

Beck, A.T. (1967): Depression: Clinical, experimental and theoretical aspects. Harper und Row: New York.

Becker, P. (1982): Psychologie der seelischen Gesundheit. Theorien, Modelle, Diagnostik (Band 1). Hogrefe: Göttingen.

Becker, P. (1986): Geschlecht und seelische Gesundheit. In: Becker, P; Minsel, B.: Psychologie der seelischen Gesundheit. Persönlichkeitspsychologische Grundlagen, Bedingungsanalysen und Förderungsmöglichkeiten (Band 2, S. 120-183). Hogrefe: Göttingen.

Becker, P.; Minsel, B. (1986): Psychologie der seelischen Gesundheit. Persönlichkeitspsychologische Grundlagen, Bedingungsanalysen und Förderungsmöglichkeiten (Band 2). Hogrefe: Göttingen.

Beckmann, D. (1976): Paardynamik und Gesundheitsverhalten - Einige Ergebnisse einer repräsentativen Erhebung. In: Richter, H.-E.; Strotzka, H.; Willi, J. (Hrsg) Familie und seelische Krankheit - eine neue Perspektive der psychologischen Medizin und der Sozialtherapie (S. 123-130). Rowohlt: Reinbek.

Beckmann, D.; Brähler, E.; Richter, H.-E. (1983): Der Gießen-Test. 3., überarbeitete Auflage mit Neustandardisierung. Huber: Bern.

Beckmann, D.; Brähler, E.; Richter, H.E. (1991): Der Gießen-Test. 4., überarbeitete Auflage mit II. Neustandardisierung. Huber: Bern.

Belle, D. (1982): The stress of caring: Women as providers of social support. In: Goldberger, L.; Breznitz, S. (eds): Handbook of stress. Theoretical and clinical aspects (pp 496-505). Free Press: New York.

Bem, S.L. (1974): The measurement of psychological androgyny. Journal of Consulting and Clinical Psychology 42, 155-162.

Bem, S.L. (1976): Die Harten und die Zarten. Psychologie Heute 2, 54-59.

Bem, S.L. (1978): The short Bem Sex Role Inventory. Consulting Psychologists Press: Palo Alto.

Betz, E.L. (1982): Need fulfillment in the career development of women. Journal of Vocational Behavior 20, 53-66.

Betz, E.L. (1984): Two tests of Maslows's theory of need fulfillment. Journal of Vocational Behavior 24, 204-220.

Bierhoff-Alfermann, D. (1989): Androgynie. Westdeutscher Verlag: Opladen.

Birnbaum, J.A. (1975): Life patterns and self-esteem in gifted family oriented and career committed women. In: Mednick, M.T.S.; Tangri, S.S.; Hoffman, L.W. (eds): Women and achievement (pp 396-419). Wiley: New York.

Bock, U. (1988): Androgynie und Feminismus. Beltz: Weinheim.

Bradburn, N.M. (1969): The structure of psychological well-being. Aldine: Chicago.

Brems, C.; Johnson, M.W. (1989): Problem-solving appraisal and coping style: The influence of sex-role orientation and gender. The Journal of Psychology 123, 187-194.

Broverman, I.K.; Broverman, D.M.; Clarkson, F.E.; Rosenkrantz, P.S.; Vogel, S.R. (1970): Sex-role stereotypes and clinical judgements of mental health. Journal of Consulting and Clinical Psychology 34, 1-7.

Bryant, F.B.; Veroff, J. (1982): The structure of psychological well-being: A sociohistorical analysis. Journal of Personality and Social Psychology 43, 653-673.

Burkhardt, W.; Meulemann, H. (1976): Die Rolle des Mannes und ihr Einfluß auf die Wahlmöglichkeiten der Frau. Schriftenreihe des Bundesministers für Jugend, Familie und Gesundheit, Bd. 41. Kohlhammer: Stuttgart.

Cobb, S. (1976): Social support as a moderator of life stress. Psychosomatic Medicine 38, 300-314.

Constantinople, A. (1973): Masculinity-femininity. An exception to a famous dictum? Psychological Bulletin 80, 389-407.

Deutsch, C.J.; Gilbert, L.A. (1976): Sex role stereotypes: effects on perceptions of self and others and on personal adjustment. Journal of Counseling Psychology 23, 373-379.

Diener, E. (1984): Subjective well-being. Psychological Bulletin 95, 542-575.

Dohrenwend, B.P.; Dohrenwend, B.S. (1976): Sex differences and psychiatric disorders. American Journal of Sociology 81, 1447-1459.

Erler, G.; Jaeckel, M.; Pettinger, R.; Sass, J. (1988): Kind? Beruf? Oder Beides? Eine repräsentative Studie über die Lebenssituation und Lebensplanung junger Paare zwischen 18 und 33 Jahren in der Bundesrepublik Deutschland im Auftrag der Zeitschrift Brigitte. DJI: München.

Ernst, C.; v.Luckner, N. (1985): Stellt die Frühkindheit die Weichen? Eine Kritik an der Lehre von der schicksalshaften Bedeutung erster Erlebnisse. Enke: Stuttgart.

Fahrenberg, J.; Hampel, R.; Selg, H. (1973): Das Freiburger Persönlichkeitsinventar. 2. Aufl. Hogrefe: Göttingen.

Fahrenberg, J.; Hampel, R.; Selg, H. (1984): Das Freiburger Persönlichkeitsinventar. 4. rev. Aufl. Hogrefe: Göttingen.

Filipp, S.-H.; Ferring, D.; Freudenberg, E.; Klauer, T. (1988): Affektiv-motivationale Korrelate von Formen der Krankheitsbewältigung - Erste Ergebnisse einer Längsschnittstudie mit Krebspatienten. Psychotherapie, Psychosomatik Medizinische Psychologie 38, 37-42.

Gilbert, L.A.; Waldroop, J.A.; Deutsch, C.J. (1981): Masculine and feminine stereotypes and adjustment: A reanalysis. Psychology of Women Quarterly 5, 790-794.

Gove, W.R. (1979): Sex differences in the epidemiology of mental disorders: Evidence and explanations. In: Gomberg, E.W.; Franks, V. (eds): Gender and disordered behavior (pp 23-70). Brunner Mazel: New York.

Habermas, T. (1990): Die geschlechtstypischen Real- und Idealselbstbilder von bulimischen Patientinnen und Nichtpatientinnen. Zeitschrift für Klinische Psychologie 19, 50-60.

Holahan, C.J.; Moos, R.H. (1990): Life Stressors, Resistance Factors, and Improved Psychological Functioning: An Extension of the Stress Resistance Paradigm. Journal of Personality and Social Psychology 58, 909-917.

Jahoda, M. (1958): Current concepts of positive mental health. Basic Books: New York.

Jones, W.H.; Chernovetz, M.E.; Hansson, R.O. (1978): The enigma of androgyny: Differential implications for males and females? Journal of Consulting and Clinical Psychology 46, 298-313.

Jourard, S.M.; Landsman, T. (1980): Healthy personality: An approach from the viewpoint of humanistic psychology (4th ed.). Macmillan: New York.

Junker, R. (1965): Die Lage der Mütter in der Bundesrepublik Deutschland. Ein Forschungsbericht. Eigenverlag des Deutschen Vereins für öffentliche und private Fürsorge: Frankfurt/M..

Komarovsky, M. (1946): Cultural contradictions and sex roles. American Journal of Sociology 52, 184-189.

Krüger, D. (1984): Trends und Tendenzen in der häuslichen Arbeitsteilung unter rollentheoretischer Perspektive. In: Nave-Herz, R. (Hrsg), Familiäre Veränderungen seit 1950 - eine empirische Studie (S. 176-203). Abschlußbericht, Universität Oldenburg.

Lieberz, K. (1988): Was schützt vor der Neurose? Ergebnisse einer Vergleichsuntersuchung an hochrisikobelasteten Neurotikern und Gesunden. Zeitschrift für psychosomatische Medizin und Psychoanalyse 34, 338-350.

Merz, F. (1979): Geschlechterunterschiede und ihre Entwicklung. Hogrefe: Göttingen.

Moss, P.; Plewis, I. (1977): Mental distress in mothers of preschool children in inner London. Psychological Medicine 7, 641-652.

Nauck, B. (1987): Erwerbstätigkeit und Familienstruktur. Juventa: Weinheim.

Parsons, T.; Bales, R.F. (1955): Family. Socialization and interaction process. Routledge und Kegan: London.

Phillips, R.D.; Gilroy, F.D. (1985): Sex-role stereotypes and clinical judgements of mental health: the Brovermans's findings reexamined. Sex Roles 12, 179-193.

Richter, H.E. (1973): Konflikte und Krankheiten der Frau. In: Claessens, D.; Milhoffer, P. (Hrsg): Familiensoziologie (S. 293 - 308). Fischer: Frankfurt/M.

Richter, H.E. (1974): Lernziel Solidarität. Rowohlt: Reinbek.

Rogers, C.G. (1951): Client centered therapy. Houghton Mifflin: Boston.

Rogers, C.G.; Dymond, R.F. (ed) (1954): Psychotherapy and Personality Change. University Press: Chicago.

Rohde-Dachser, C. (1989): Unbewußte Phantasie und Mythenbildung in psychoanalytischen Theorien über die Differenz der Geschlechter. Psyche 43, 193-218.

Roos, P.E.; Cohen, L.H. (1987): Sex roles and social support as moderators of life stress adjustment. Journal of Personality and Social Psychology 52, 576-585.

Rosenberg, M. (1965): Society and the adolescent self-image. University Press: Princeton.

Rudolf, G.; Stratmann, H. (1989): Psychogene Störungen bei Männern und Frauen. Zeitschrift für psychosomatische Medizin und Psychoanalyse 35, 201-219.

Runge, T.E.; Frey, D.; Gollwitzer, P.M. Helmreich, R.L.; Spence, J.T. (1981): Masculine (instrumental) and feminine (expressive) traits. A comparison between students in the United States and West Germany. Journal of Cross-Cultural Psychology 12, 142-162.

Scheier, M.F.; Carver, C.S. (1985): Optimism, coping, and health: Assessment and implications of generalized outcome expectancies. Health Psychology 4, 219-247.

Scheier, M.F.; Carver, C.S. (1987): Dispositional optimism and physical well-being: The influence of generalized expectancies on health. Journal of Personality 55, 169-210.

Schepank, H. (1986): Epidemiologie psychogener Störungen. In: Kisker, K.P.; Lauter, H.; Meyer, J.-E.; Müller, C.; Strömgren, E. (Hrsg): Neurosen, psychosomatische Erkrankungen, Psychotherapie (Psychiatrie der Gegenwart Bd. 1, S. 1-27) Springer: Berlin.

Schepank, H. (1987): Psychogene Erkrankungen der Stadtbevölkerung. Eine tiefenpsychologisch-epidemiologische Feldstudie in Mannheim. Springer: Berlin.

Sieverding, M. (1988): Attraktion und Partnerwahl. Geschlechtsrollenstereotype bei der Partnerwahl. Report Psychologie 7, 9-14.

Sieverding, M. (1990): Psychologische Barrieren in der beruflichen Entwicklung von Frauen. Das Beispiel der Medizinerinnen. Enke: Stuttgart.

Sieverding, M.; Alfermann, D. (1992): Instrumentelles (maskulines) und expressives (feminines) Selbstkonzept: ihre Bedeutung für die Geschlechtsrollenforschung. Zeitschrift für Sozialpsychologie (im Druck).

Sommer, G.; Ernst, H. (Hrsg) (1977): Gemeindepsychologie. Therapie und Prävention in der sozialen Umwelt. Urban und Schwarzenberg: München.

Spence, J.T. (1983): Comment on Lubinski, Tellegen, and Butcher's "Masculinity, femininity, and androgyny viewed and assessed as distinct concepts". Journal of Personality and Social Psychology 44, 440-446.

Spence, J.T.; Helmreich, R.L. (1978): Masculinity & femininity. Their psychological dimensions, correlates & antecedents. University of Texas Press: Austin.

Spence, J.T.; Helmreich, R.L.; Stapp, J. (1974): The Personal Attributes Questionnaire: A measure of sex role stereotypes and masculinity-femininity. Journal Supplement Abstract Service Catalog of Selected Documents in Psychology 1974, 4, 43.

Spence, J.T.; Helmreich, R.L.; Stapp, J. (1975): Ratings of self and peers on sex role attributes and their relation to self-esteem and conceptions of masculinity and femininity. Journal of Personality and Social Psychology 32, 29-39.

Spence, J.T.; Sawin, L.L. (1985): Images of masculinity and femininity: A reconceptualization. In: O'Leary, V.E.; Unger, R.K.; Wallston, B.S. (eds): Women, gender, and social psychology (pp 35-66). Lawrence Erlbaum Associates: Hillsdale.

Spence, J.T.; Helmreich, R.L.; Holahan, C.K. (1979): Negative and positive components of psychological masculinity and femininity. Journal of Personality and Social Psychology 37, 1673-1682.

Taylor, S.E.; Brown, J.D. (1988): Illusion and well-being: A social psychological perspective on mental health. Psychological Bulletin 103, 193-210.

Towbes, L.D.; Cohen, L.H.; Glyshaw, K. (1989): Instrumentality as a life-stress moderator for early versus middle adolescents. Journal of Personality and Social Psychology 57, 109-119.

Tress, W. (1986): Das Rätsel der seelischen Gesundheit. Verlag für Medizinische Psychologie im Verlag Vandenhoeck und Ruprecht: Göttingen.

Tress, W.; Schepank, H. (1989): Grundlagenwissenschaft Epidemiologie: Ergebnisse zur Häufigkeit, zur Verteilung und zum Verlauf psychogener Erkrankungen in der Bevölkerung. Zeitschrift für psychosomatische Medizin und Psychoanalyse 35, 341-363.

Warr, P.; Parry, G. (1982): Paid employment and women's psychological well-being. Psychological Bulletin 91, 498-516.

Whitley, B.E. (1979): Sex roles and psychotherapy: A current appraisal. Psychological Bulletin 86, 1309-1321.

Whitley, B.E. (1983): Sex role orientation and self-esteem: A critical meta-analytic review. Journal of Personality and Social Psychology 44, 765-778.

Zevon, M.A.; Tellegen, A. (1982): The structure of mood change: An idiographic/nomothetic analysis. Journal of Personality and Social Psychology 43, 111-122.

Männlichkeit und Gesundheit

Walter Hollstein

Jahrhundertelang hat kein Zweifel an der Überlegenheit der Männer bestanden. Heute konstatieren hingegen auch Männer, daß Frauen stärker und gesünder sind. Viele Therapeuten und Sozialmediziner stellen sogar ausdrücklich fest, daß der Normalitäts- und Gesundheitsbegriff von Männlichkeit in unserer Gesellschaft eigentlich eine Definition von Krankheit und Unterdrückung ist. War früher das männliche Wesen der Maßstab aller Dinge, so werden mittlerweile die traditionellen Werten von Männlichkeit nicht nur entschieden in Frage gestellt, sondern sogar als pathologisierend angesehen.

Das kranke Geschlecht

Seit Männer neuerdings über sich selber reflektieren, sind viele männliche Mythen erodiert; dazu gehört auch das eherne Bild vom starken Mann. In den USA, wo die männliche Beschäftigung mit dem eigenen Geschlecht um einiges früher und vor allem auch fundierter eingesetzt hat als in der Bundesrepublik, belegen zahlreiche Untersuchungen den schlechten Gesundheitszustand der Männer. Schon frühzeitig hat Goldberg (1977) empirische Arbeiten aus den USA zusammengefaßt, aus denen hervorgeht, daß es den Männern im Durchschnitt vom fötalen Zutand bis ins hohe Alter um etliches schlechter geht als den Frauen. Vier- bis fünfmal häufiger sterben Männer an Bronchitis und an Asthma. Kardiovaskuläre Krankheiten lassen doppelt so viele Männer frühzeitig sterben wie Frauen. Das gilt auch für Bluthochdruck, Leberzirrhose u.a. Zwei Drittel mehr Männer als Frauen sterben an Lungenentzündung und an den Folgeerscheinungen von Erkältungskrankheiten. Tuberkulosekliniken haben 150 Prozent mehr männliche Patienten als weibliche.

Auf 100 weibliche Totgeburten fallen 115 männliche. Im ersten Lebensjahr ist die Sterberate von Jungen um 33 Prozent höher als die von Mädchen. In der Pubertät sterben 150 Prozent mehr Jungen, zwischen dem zwanzigsten und fünfundzwanzigsten Lebensjahr sogar mehr als 200 Prozent. In nahezu fast allen späteren Lebensaltern ist die Sterberate der Männer doppelt so hoch wie jene der Frauen. Die Selbstmordstatistiken weisen auf allen Altersstufen weitaus höhere Zahlen für die Männer aus. Männer werden viel öfter zu Opfern von Gewalttaten, Mord und Unfällen als Frauen.

Entgegen landläufiger Ansicht neigen Jungen und Männer aber auch häufiger zu Verhaltensstörungen als Frauen. Autismus kommt bei Jungen viermal so häufig vor wie bei Mädchen. Der Anteil von Jungen in psychiatrischen Kliniken ist um

150 Prozent höher als jener von Mädchen. In der Altersstufe bis 15 Jahre werden Jungen um mehr als 40 Prozent häufiger als schizophren diagnostiziert als Mädchen.

Solomon (1982) weist aus, daß die männliche Lebenserwartung in den USA um acht Jahre niedriger ist als die der Frauen. Männer sterben doppelt so häufig am Herzinfarkt als Frauen; jeder fünfte Mann wird vor seinem 65. Lebensjahr an einem Infarkt sterben. Verkehrs- und Arbeitsunfälle, Mord und Selbstmord, Alkoholismus und andere Suchtkrankheiten dezimieren die männliche Bevölkerung in einem ungleich höheren Maße als die weibliche. Männer schädigen sich stärker mit Nikotin, Koffein und jeglicher Form von Drogen. Männer gehen generell liebloser mit sich selber um. Sie sind auch weniger problembewußt als Frauen. Probleme, Leidensdruck und Frustration werden häufig projiziert und führen zum Beispiel zu Gewalt und zu sexuellem Mißbrauch an Ehefrauen, Töchtern und Söhnen.

Die Befunde aus der Bundesrepublik widerlegen dieses düstere amerikanische Bild nicht. Koch et al. (1986) weisen bei Herz-Kreislauf-Erkrankungen und Hypertonie einen höheren Anteil von Männern aus. Wesentlich mehr Männer als Frauen sterben an Atemwegserkrankungen und vor allem an Lungenkrebs. Bei den Magen- und Darmerkrankungen sterben ebenfalls mehr Männer als Frauen in der Bundesrepublik. Der Leberzirrhose fallen jährlich nahezu doppel soviel Männer wie Frauen zum Opfer. Bei Suchterkrankungen ist der Anteil von Männer drei- bis fünfmal höher als jener der Frauen. Auch in der Bundesrepublik sterben Männer im Durchschnitt acht Jahre eher als Frauen.

Der männliche Rollenstreß

Janice M. Swanson, Katherine A. Forrest und ihre Mitarbeiter (1987) haben sich der Frage angenommen, warum der Krankheits- und Mortalitätsstand der Männer so hoch ist. Die wichtigste Ursache liege in der Struktur der männlichen Rolle, die darauf angelegt ist, die Männer mit Risiken, Gefahren und Bedrohungen zu konfrontieren. So dominieren beispielsweise Männer die Schwerindustrie, überwiegen bei weitem im Transportwesen und beherrschen die Bauindustrie. Zur männlichen Rolle gehört aber nicht nur, allfälligen Gefahren mutig zu trotzen, sondern auch damit verbundene Probleme, Ängste und Leiden nicht zuzugeben. Dementsprechend suchen Männer signifikant weniger als Frauen um ärztliche und medizinische Hilfe nach. "Der ureigne Wunsch des Mannes, sich sein Selbstverständnis als starkes, aufgeklärtes und autarkes (männliches) Wesen zu erhalten, hindert ihn daran, Hilfe in diesen Nöten zu suchen oder gar bewußt zu erkennen, daß er überhaupt hilfebedürftig sein könnte."

Männlichkeit ist gesellschaftlich nach wie vor definiert als Ausübung von Macht und Kontrolle. Stärke, Führung, Dominanz, Logik, Stringenz, Überblick, Erfolg, Härte, Ehrgeiz und Besitz. Mit Recht hat Chodorow (1985) darauf hingewiesen, daß männliche Identität sich insofern negativ definiert, als sie sich von dem abgrenzen muß, was als weiblich gilt. Männlichkeit ist erkauft durch den Verzicht auf weibliche Eigenschaften. Eichenbaum und Orbach (1986) erklären kurz und bündig: "Wenn ein Mann Verletzbarkeit zeigt, bricht ein Mythos zusammen." Damit also dieser Mythos - zumal in der Öffentlichkeit - nicht zusammenbricht, bewahrt der Mann Haltung, Kontrolle, Distanz und ein unerschütterliches Pokerface. Fasteau (1978), ein amerikanischer Männerforscher, hat in diesem Zusammenhang das Bild von der Männlichkeitsmaschine ("male machine") geprägt. Der Mann als Männlichkeitsmaschine ist, wie Maschinen das so an sich haben, ausschließlich funktional; er richtet sich nach den gesellschaftlichen Erfordernissen, nach denen er sich richten soll; er macht, was von ihm erwartet wird; er stellt öffentliche "Notwendigkeiten" vor seine persönlichen Bedürfnisse und dementsprechend letztere ständig zurück. Der Mann als Männlichkeitsmaschine ist dafür konstruiert, konsequent zu arbeiten, Leistung effizient zu erbringen, objektive Schwierigkeiten zu überwinden, alle Probleme zu lösen, jede Aufgabe willensstark anzugehen und richtig zu erledigen. Sieg ist der Männlichkeitsmaschine alles - darauf ist sie schließlich programmiert; Niederlagen darf und will sie nicht kennen.

Männer sind - wie die amerikanische Grant-Studie eindrücklich belegt - vom "Gespenst der Leistungsbesessenheit" verfolgt, dem sie Familie, Eheleben, Gesundheit und Freizeit opfern. "Ein Leben in stiller Verzweiflung" ist oft der Preis (Vaillant 1980).

Soziologischer formuliert: Männlichkeit ist in unserer Kultur mit Leistung identisch. O'Neil (1982), der in den USA Hunderte von empirischen Untersuchungen über den männlichen Erziehungsprozeß zusammengefaßt hat, kommt zu dem Resultat: "Männer werden sozialisiert, um wettbewerbsbetont, leistungsorientiert kompetent zu sein... Männer glauben, daß persönliches Glück und Sicherheit von harter Arbeit, Erfolg und Leistung abhängig sind." Schon achtjährige Jungen haben dieses gesellschaftliche Credo von Männlichkeit verinnerlicht. Sie wissen, daß sie kämpfen, arbeiten, sich anstrengen müssen und nicht schwach und mädchenhaft sein dürfen, wenn sie Männer werden wollen.

Das männliche Erziehungsdrama

Das Erziehungsdrama zur Männlichkeit beginnt mit der Geburt. Von dem Moment an, da die Eltern wissen, daß sie einen Jungen haben, fördern sie bestimmte Verhaltensweisen, die sie als männlich betrachten und diskreditieren andere, die in ihrer Sicht unmännlich sind.

Die amerikanische Sozialwissenschaftlerinnen Maccoby und Jackin (1974) haben festgestellt, daß geschlechtsspezifische Aktivitäten von Jungen mehr gefördert werden als jene von Mädchen; gleichermaßen werden Jungen wesentlich härter für geschlechtsunspezifisches Verhalten bestraft. Entgegen dem Tatbestand, daß die weiblichen Neugeborenen physiologisch stärker und viel weniger anfällig sind, spielen Eltern "mit ihren Söhnen kräftiger und gröber als mit ihren Töchtern" (Greenglass 1986). Obwohl es der Realität widerspricht, betrachten Väter ihre männliche Kleinkinder als stärker, lebhafter und zäher als Mädchen.

Die Erziehung zur Männlichkeit verlangt die Härtedressur der Buben, denen körperliche Kontakte, Schmusen und Küssen frühzeitig abtrainiert werden. "Die Norm, Jungen möglichst früh die Suche nach Nähe und Körperkontakt abzugewöhnen, führt vermutlich bei einem Teil der Jungen und bei rigider Anwendung zu der Häufigkeit männlicher Aggressionshaltungen" (C. Hagemann-White 1984). "Mütter stellen auch Zärtlichkeit bei ihren Söhnen im Durchschnitt viel früher ein als bei ihren Töchtern" (vgl. Zilbergeld 1983). Ebensosehr wird von den Buben verlangt, daß sie ihre Emotionen kontrollieren und insbeondere Gefühle von Schwäche, Schmerz, Traurigkeit und Nachgiebigkeit unterdrücken.

Während Mädchen in der Einheit von Fühlen und Lernen aufwachsen, "entwickeln Knaben eine positionale Identifizierung mit Aspekten der männlichen Rolle. Bei ihnen ist die Verbindung zwischen affektiven Prozessen und dem Rollenlernen zerrissen" (Chodorow 1985). Die gesellschaftliche Erziehung verlangt vom Knaben, daß er sich auf Leistung und Erfolg fixiert, sich damit auf äußerliche Ziele konzentriert und sein - dabei nur störendes - Gefühlsleben abspaltet. Männer müssen unverletzbar sein, jederzeit dominieren und kontrollieren. Das aber heißt: ständiger Druck und Versagensangst.

Einer der renommiertesten Männerforscher, James A. Doyle, zeigt in seinem Buch "The Male Experience" (1989), wie Männer sich beständig im Streß von Wettbewerb und Konkurrenz befinden. "Winning isn't everything; it's the only thing." Das garantiert auf der einen Seite Spannung und Anspannung, in vielen Fällen Erfolg, Macht, Bewunderung und die Satisfaktion, andere zu beherrschen. Doch es ist dafür auch ein hoher Preis zu entrichten.

Die Folge nämlich ist andauernder Streß. Viele Sozialmediziner und Männlichkeitsforscher gehen deshalb so weit, traditionelle Männlichkeit als gesundheitsgefährdend und lebensbedrohend zu definieren. In der Tat bestätigen unzählige Untersuchungen diesen Befund: Der Männlichkeitsmann leidet an Sinnverlust, Schuldkomplexen, Versagungsängsten, Süchten wie Alkoholismus und Nikotin, an Hoffnungslosigkeit, latenter Selbstverachtung und pathologisch kompensierender Kraftmeierei. Heute sind gerade jene Männer, die noch immer das traditionelle Bild von Stärke, Wettbewerbsfähigkeit, Konkurrenz und Unverletzbarkeit zu leben versuchen, die kränkesten. Der Zürcher Psychoanalytiker und Management-Coach Keller (1988) konstatiert in diesem Zusammenhang: Manager "verkörpern ein besonders starkes patriarchaliches Weltbild von Gehorsam, Konkurrenz, Hierarchie, Kalkül und überzogener Leistung. Nun kommen die Frauen mit dem Gegenteil von Vertrauen, Liebe, Verzeihen, Gefühlzeigen. Das ist eine furchtbare Herausforderung für die brüchige Männlichkeit der Führungskräfte. Unbewußte Mängel lösen immer am meisten Angst aus... Diese Verwirrung löst Potenzprobleme aus, mögliche sexuelle Dysfunktion. Die Manager und Topfunktionäre ziehen sich zurück, sexuell, aber auch sonst. Sie teilen ihre intimen Gedanken nicht mehr mit, aus Angst, sich noch mehr bloßzustellen. Um so mehr stürzen sie sich in die Arbeit und Bereiche, wo sie Potenz anders ausleben können: Sport, Vereinsämter und Militär".

Die Desillusionierung der Macht

Die amerikanische Psychologin Jan Halper (1988) sucht in ihrer Untersuchung "die Wahrheit über erfolgreiche Männer". Ihr Material ist reichhaltig: neben Tiefeninterviews mit 43 Bossen der amerikanischen Großindustrie hat sie intensive Gespräche mit 4126 Firmenchefs, Vorstandsvorsitzenden, Managern und leitenden Angestellten geführt. Das wichtigste Ergebnis - pauschal bezeichnet - ist, daß Macht Privilegien schafft, aber auch ihren Preis hat. Fast alle Mächtigen, die Halper befragt, sind Sklaven ihrer Machtpositionen. Sie sind arbeitssüchtig und fühlen sich einzig während ihrer Arbeitszeit wohl. Ohne ihre Tätigkeit - am Feierabend, am Wochenende oder in den Ferien - erleben sie sich als leer, nutzlos und verloren.

Das Streben nach Macht und deren anstrengender Erhalt vereinseitigen das Leben der Bosse. Halper stößt bei ihren Gesprächen und vor allem den Tiefeninterviews unter der glitzernden Oberfläche von Erfolg und Ruhm auf Unsicherheit, persönliche Ziellosigkeit, Depression und Desillusionierung. Im mittleren Management z.B. müssen 58 % der Befragten eingestehen, daß sie Jahre mit ihrer Karriere verschleudert haben, um dann zu merken, wie leer und bedeutungslos ihr Leben wirklich ist. "Die Quelle dieses Leidens kommt aus der Tatsache, daß Männer davon abgeschnitten wurden, wer sie eigentlich sind. Ihnen ist beigebracht worden, ihre innere Welt zu verleugnen, ihre Gefühle zu vermeiden und entsprechend vorgegebener Muster zu leben." Eine solche Einstellung verlangt auch den Verzicht auf eigene Werte, Ideale und Normen zugunsten der Ansprüche von Profitmaximierung und Machtakkumulation. Halper stieß dementsprechend auf Männer, "die nach Jahren aufopfernder Arbeit, nachdem sie ihr Unternehmen zu dem gemacht hatten, was es nun war, und nachdem sie ihre Firma zur besten und angesehendsten entwickelt hatten, sich plötzlich fragten, was ihnen am Leben wichtig ist, wie und zu welchem Zweck all die Jahre vergangen sind und wer sie eigentlich sind, falls sie nicht ihre Arbeit sind".

Der Präsident einer der größten US-Computer-Firmen bittet Halper zu sich, weil er fürchtet, von seinen Direktoren abgewählt zu werden. Hilflos und aufgewühlt sieht er sich in seinem Luxusbüro über den Dächern von Los Angeles der Perspektive gegenüber, sich zurückziehen zu müssen. "Ich *bin* doch das Unternehmen. Meine Entlassung wäre gleichbedeutend mit meinem Gesichtsverlust. Diese Demütigung könnte ich nicht ertragen. Wer wäre ich denn dann noch in der Stadt?

Wenn mich meine Angestellten nicht mehr brauchen, was bin ich denn dann noch wert?" Er wurde entlassen und leidet seither an einer Depression suizidalen Ausmaßes.

Selbst erstaunt fragt sich Jan Halper: "Wie kann eine nach außen so erfolgreiche Person im Grunde so unsicher sein?" Die Antwort erhält Halper von jenen 23 % der Befragten, die angeben, mit sich und ihrer Situation zufrieden zu sein. Sie hatten allesamt eines gemeinsam: Sie waren durch einen Zeitabschnitt des tiefen Selbstzweifels gegangen, währenddessen sie ihre Glaubenssätze, Werte und Zielvorstellungen geprüft hatten. Ihre jetzige Zufriedenheit resultierte aus der unternommenen Suche nach dem Sinn ihres Lebens und aus der Überwindung der Abhängigkeit vom äußeren Erfolg. "Diese zufriedenen Männer nannten ihre Prioritäten: Spaß an der Arbeit, Wachstum und Entwicklung ihrer Persönlichkeit, Wichtigkeit von Familie und Freundeskreis. Status, Ruhm oder Geld finden sich nicht auf der Liste der Motivatoren." Wer hingegen von diesen externen Faktoren abhängig ist, um den eigenen Selbstwert und die eigene Identität zu messen, ist "jeweils nur so gut wie gerade sein nächster Erfolg". Glück und Authentizität lassen sich nicht über das erfahren, was Mann hat, sondern nur über das, was Mann ist. "Das unnötige Leiden und die Leere werden von fehlleitenden Werten verursacht, die die Männer als Evangelium nehmen, Werte, die größere Bedeutung auf Ruhm, Reichtum und Status legen als auf Ehrlichkeit, Integrität, Selbstentwicklung und Achtsamkeit. Indem sie ihre eigenen Werte für ihren Status opfern, dem äußeren Schein größere Bedeutung zuweisen als dem Glück, mehr Zeit in leere und falsche Beziehungen investieren als in aufrichtige, finden sich diese Männer leer und selbstbetrogen wieder."

Jan Halper traf bei ihren Interviews mit den mächtigsten Wirtschaftsführern der USA eine Mehrheit enttäuschter Männer, die allesamt eingestehen mußten, ihre Träume und Wünsche zugunsten der Firma zurückgestellt zu haben. "Da sie unreflektiert die Verantwortung und die Verpflichtungen, die ihnen auferlegt wurden, akzeptierten, hatten sie ihre eigenen Bedürfnisse geopfert. Diese Männer haben niemals gelernt zu bestimmen, was sie wirklich fühlen und was eigentlich richtig für sie ist." So verpassen sie schließlich das, was das Wichtigste ist: Echtheit, Unverwechselbarkeit, Glück, Liebe, Freundschaft und die Gewißheit, am Leben wirklich teilzuhaben.

Da Männer immer im Leistungswettbewerb stehen, werden sie von Konkurrenzdenken bestimmt und können als Folge davon ihren Kollegen, Freunden und Arbeitskameraden Probleme, Schwächen und Defizite nicht eingestehen. Schlimmer noch: die Mehrheit der Männer hat nicht einmal Freunde (vgl. Garfinkel 1986, Hollstein 1990). Bei Partnerschaftskrisen und noch häufiger nach Trennung und Scheidung schlagen solche Sachverhalten besonders negativ zu Buch; häufig sind Männer dann mit ihrer sozialen Isolation konfrontiert. Einmal von ihrer Frau verlassen, sind sie von allem und allen verlassen. Sie haben niemanden mehr, dem sie ihr Herz ausschütten oder ihre Probleme und Sorgen erzählen könnten. Dementsprechend häufig scheitern Männer nach Trennung oder Scheidung, werden krank, süchtig, bringen sich um oder sterben dahin, während Frauen im Regelfall mit dem Alleinsein und mit der Zeit nach Scheidung oder Tod des Ehepartners besser fertig werden.

Die Krise der Männlichkeit

O'Neill (1982) hat in einer verdienstvollen Arbeit alle vorliegenden medizinischen, psychologischen und sozialmedizinischen Untersuchungsergebnisse zur gegenwärtigen Krise von Männlichkeit in sechs großen Problemgebieten zusammengefaßt:

1. Das *eingeschränkte Gefühlsleben* bedeutet, daß Männer Schwierigkeiten haben, sich emotional frei und offen auszudrücken, und daß sie auch anderen aus eigener Angst diese Fähigkeit nicht zugestehen. Das bedingt, daß Männer ihre emotionale Kontrolle nicht aufgeben, sich nicht verletzlich zeigen wollen und vor neuen Erfahrungen zurückschrecken. Als Folge solch unterdrückter Emotionalität entstehen Verärgerung, Frustration, Feindseligkeit und Wut, die sich nicht selten dann explosionsartig in Aggressivität und Gewalt äußern.

2. *Homophobie* ist die männliche Angst vor der Nähe zu anderen Männern und damit ganz eng verbunden: die Abwehr von Homosexualität. Auch hier dominiert die Furcht, für weiblich, weich und damit für schwul gehalten zu werden. "Ein Mann, der seine eigene Feminität oder seine Anziehungskraft auf andere Männer fürchtet, ist versucht, sich und andere von seiner Heterosexualität zu überzeugen, indem er alle weiblichen, interpersonalen und intimen Gefühle oder Impulse unterdrückt." Diese Angst fördert auf der anderen Seite kausal ein autoritäres, dogmatisches, rigides und intolerantes Verhalten.

3. Die *Kontroll-, Macht- und Wettbewerbszwänge* dienen dazu, den Mann Situationen und Mitmenschen beherrschen zu lassen. Alle drei Attribute sind Gradmesser für die eigene Männlichkeit. Bereits im Kindesalter erhalten Jungen viel mehr Ermutigung, Lob und Feedback, um dominant, aktiv, mächtig und kontrolliert zu sein, und ebenso viel mehr Strafe, Liebesentzug und Verachtung als Mädchen, wenn sie es nicht zur Genüge sind. Sie lernen früh, ihren Selbstwert über Konkurrenz, Machterwerb und Dominanz zu bestimmen. Niederlagen sind mit Entmännlichung identisch; wer nicht siegt, ist kein Mann. Kontrolle, Macht und Wettbewerb sind auch die entscheidenden Indikatoren, nach denen Männer ihre persönlichen Beziehungen werten, was notwendigerweise zur Abwertung von Verantwortung, Ethos, Mitmenschlichkeit, Liebe und Fürsorge zwingt.

4. Das *gehemmte sexuelle und affektive Verhalten* basiert im wesentlichen auf der männlichen Angst, die eigenen weiblichen Seiten zuzulassen. Das verhindert Gefühle, Sinnlichkeit, Intimität und Liebe zu anderen und führt dazu, die eigene Sexualität von Zärtlichkeit und Emotionalität abzuspalten und unter dem

Aspekt von Leistung und Dominanz zu leben. Die Forschung ist sich einig, daß der Mann sexuell zum Opfer seiner eigenen "Obsession von Leistung und Erfolg" wird; in seiner Frustration spiegelt sich die Unterdrückung seiner Gefühle, sein Kontrollzwang und sein Dominanzstreben. Nicht Herrschaft, sondern Hingabe ist das Essential von Liebe und Sexualität.

5. *Sucht nach Leistung und Erfolg* ist die zwanghafte Notwendigkeit, das eigene Mannsein immer wieder neu erfahrbar zu machen und zu messen. Die Konsequenz ist, daß Männer wenig Zeit und Energie für Entspannung, Vergnügen, Spaß und Freizeit aufzubringen in der Lage sind. Alle empirischen Untersuchungen, die O'Neil zitiert, weisen aus, daß Männer ihr Selbstwertgefühl ebenso wie ihr Erleben von Glück und Sinn des Lebens nur über ihre Arbeit und deren Gratifikationen zu bestimmen vermögen. Ihr Leben ist Tun und Haben, nicht Lassen und Sein. Eine besondere Bedeutung spielt dabei die Verknüpfung der männlichen Arbeitsrolle mit der des Familienernährers. Je mehr ein Mann für seine Frau und Kinder materiell erwirtschaftet, desto sicherer fühlt er sich in seiner Männlichkeit. Doch diese Erfolgsorientierung beinhaltet per se, daß der Mann das meiste seiner Zeit und Kraft in seine Arbeitsleistung investiert, sich dementsprechend sukzessive von Frau und Kindern emotional entfernt und schließlich zwar erfolgreich, aber menschlich entfremdet sich wiederfindet.

6. *Die unsorgsame Gesundheitspflege* äußert sich darin, daß Männer unzureichend entspannen, sich zu wenig physisch betätigen, zu wenig zum Arzt gehen und körperliche Warnsignale mißachten. Auch hier wird die Sorge um das eigene leibliche Wohl als weiblich oder gar weibisch belächelt und abgetan. Dementsprechend sind Männer im Durchschnitt kränker als Frauen und sterben erheblich früher.

Die feministische Herausforderung

Diese Problemfelder gewinnen an Brisanz, seit die männliche Rolle nicht mehr in ihrer traditionellen Weise begriffen werden kann. O'Neil (1982) weist darauf hin, daß sich alle Männer seit dem feministischen Aufbruch in den siebziger Jahren in einer grundsätzlichen Rollenunsicherheit erleben. Was bis dahin klar definierte Männlichkeit war, wird nun plötzlich als unterdrückend, sexistisch und inakzeptabel gebrandmarkt. Diese Rollenunsicherheit provoziert verschiedenste männliche Reaktionsformen, die von der Einsicht und Veränderung über die Verdrängung und Abwehr bis zur Überkompensation reichen (vgl. Hollstein 1988).

Der Mann ist nicht mehr der unbestrittene Herrscher der Außenwelt; auch die meisten Frauen sind heute berufstätig und konkurrieren mit den Männern in immer mehr Berufsfeldern. Damit verschiebt sich notwendigerweise die traditionelle Arbeitsteilung zwischen den Geschlechtern (vgl. Chodorow 1985, Hollstein 1990).

Je mehr Frauen berufliche Kompetenzen erwerben, desto mehr sind die Männer im Haushalt und bei der Kindererziehung gefordert. Männer sind aber nicht nur mit der historischen Aufgabe konfrontiert, Macht abzugeben, sondern sie müssen vor allem ihr Selbstverständnis, ihr männliches Rollenbild neu bestimmen. Das ist um so schwieriger, als die meisten Männer sozialisatorisch noch auf eine Wirklichkeit vorbereitet worden sind, die nach den alten Gesetzen traditioneller Arbeitsteilung funktionierte. Dabei ist das ganze nicht nur ein veränderter Wahrnehmungsprozeß, sondern auch eine Neuorientierung von Lebensmustern, die z.T. große Ängste auslöst. Astrachan (1988) hat in einer Untersuchung von mehreren hundert Männern in den USA festgestellt, daß sich diese einer Gleichberechtigung der Frauen in der Arbeitswelt aus Gründen widersetzen, die mit der Arbeit selbst nichts zu schaffen haben. Vielmehr sind diese Männer von der großen Angst erfaßt, daß Frauen beim Eintritt in die Erwerbstätigkeit nicht mehr jene intensive Aufmerksamkeit für die männlichen Sorgen und Nöte aufzubringen in der Lage sind, die sie noch aufzubringen vermochten, als sie ausschließlich Hausfrauen und Mütter waren. Die andere Seite dieser männlichen Angst vor weiblichem Liebesverlust ist das eigene Defizit, sich emotional selber versorgen zu können (vgl. Solomon 1982).

Die Rollenveränderungen provozieren eine Identitätskrise von Männlichkeit, die zunehmend Männer erfaßt und mannigfache Symptome z.B. in den Atemorganen, im Bewegungsapparat, in der Sexualität und im psychischen Bereich zeigt (vgl. Fogel 1986).

Umgekehrt nimmt sich die Medizin zu wenig der Männer an. Im Gegensatz zu den Frauen kommen männliche Bedürfnisse eindeutig zu kurz. Die spezifischen gesundheitlichen Problemlagen des Mannes werden von der medizinischen Versorgung zu wenig berücksichtigt. Eine weitere "Barriere für das Gesundheitsbewußtsein des Mannes ist die finanzielle Seite. Für Aufklärung, Beratung und Prävention stehen ihm weniger Versicherungsleistungen zur Verfügung als für unmittelbare Interventionen bei akuter Erkrankung". Das Vorsorgeinstrumentarium ist für Frauen ungleich besser ausgebildet als für Männer. Schließlich riskieren Männer "Einkommenseinbußen, wenn sie wegen Krankheit oder Arztbesuchen Arbeitszeit verlieren". Arbeitgeber verfolgen medizinische Konsultationen von Männern mit Mißtrauen. "Ein Mann mit Gesundheitsproblemen kann seinen Vorgesetzten als zulänglicher Mitarbeiter und seinen Mitarbeitern als weniger männlich erscheinen." Auch hier wird der Mann also wieder zum Opfer seiner eigenen männlichen Rolle. Überdies sind Schutzmaßnahmen am Arbeitsplatz für Männer um vieles schwächer ausgebildet als für Frauen (Solomon 1982); das ist auch ein langjähriger Kritikpunkt der amerikanischen Männerbewegung (Hollstein 1988).

Wie immer wir es betrachten, wenden und werten: Letztendlich stellt sich der Mann mit seinem Bild von Männlichkeit selber ein Bein, und auch die Gesellschaft schießt zunehmend Eigentore, da inzwischen die allgemeinen Kosten für Schäden und Defizite traditioneller Männlichkeit wesentlich höher liegen als deren Nutzen.

Allerdings zeigen sich inzwischen auch vermehrt Indikatoren eines männlichen Bewußtseinswandels. Zunehmend setzen sich Männer offensiv mit der traditionellen Männerrolle auseinander, übernehmen Aufgaben im Haushalt und bei der Kindererziehung und versuchen, auch ihre weiblichen Seiten zu leben (vgl. Kimmel 1987). Wenn Männer ihre eigene Entwicklung biographisch reflektieren, so geben sie - insbesondere in den beiden Mittelschichten - an, gefühlvoller, kooperativer und partnerschaftlicher geworden zu sein. Das alte Härtesyndrom von Männlichkeit dominiert nur noch in der unteren Unterschicht. Für eine Mehrheit bundesdeutscher Männer gehört heute entscheidend zur Männlichkeit, über Probleme reden zu können und Schwäche zu zeigen (Hollstein 1990). Das wird gesundheitspolitisch positive Folgen zeigen.

Literatur

Astrachan, A. (1988): How men feel - Their response to women's demand for equality and power. Doubleday: New York.

Chodorow, N. (1985): Das Erbe der Mütter. Frauenoffensive: München.

Doyle, J.A. (1989): The male experience. Brown Publishers Dubuque, Iowa.

Eichenbaum, L.; Orbach, S. (1986): Was wollen die Frauen? Rowohlt: Reinbek.

Fasteau, M.F. (1978): The male machine. McGraw Hill: New York.

Fogel, G.I. et al. (eds) (1986): The psychology of men - New psychoanalytic perspectives. New York.

Garfinkel, P. (1986): In a man's world. Father, son, brother, friend, and other roles. New American Library: New York.

Goldberg, H. (1977): Der verunsicherte Mann. Köln (Tabu-Ausg. 1986) Rowohlt: Reinbek.

Greenglass, E.R. (1986): Geschlechterrolle als Schicksal. Klett-Cotta: Stuttgart.

Hagemann-White, C. (1984): Sozialisation. Weiblich-männlich? Leske: Opladen.

Halper, J. (1988): Quiet desperation. The truth about successful man. Warner Books: New York.

Hollstein, W. (1988): Nicht Herrscher, aber kräftig. Die Zukunft der Männer. Hoffmann & Campe: Hamburg.

Hollstein, W. (1990): Die Männer - Vorwärts oder zurück? Deutsche Verlagsanstalt: Stuttgart.

Keller, R.M. (1988): in: Hollstein, W.: Nicht Herrscher, aber kräftig, a.a.O., pp. 184-187.

Kimmel, S. (ed) (1987): Changing men. Sage Publications: Newbury Park, Cal.

Koch, E.; Klopflich, R.; Maywald, A. (1986): Die Gesundheit der Nation. Kiepenheuer & Witsch: Köln.

Maccoby, E.E.; Jackling, C. (1974): The psychology of sex differences. University Press: Stanford.

O'Neil, J.M. (1982): Gender-role conflict and strain in men's lives, in: Solomon, K.; Levy, N.B. (eds): Men in transition, S. 5-44. Plenum Press: New York, London.

Solomon, K. (1982): the masculine gender-role, in: Solomon, K., Levy, N.B. (eds): Men in transition, pp. 45-76. Plenum Press: New York, London.

Swanson, J.M.; Forrest, K.A. (eds) (1987): Die Sexualität des Mannes. Deutscher Ärzte-Verlag: Köln.

Vaillant, G.E. (1980): Werdegänge. Erkenntnisse der Lebenslaufforschung. Rowohlt: Reinbek .

Zilbergeld, B. (1983): Männliche Sexualität. Deutsche Gesellschaft für Verhaltenstherapie: Tübingen.

Geschlechtstypische Attributionen und psychische Gesundheit[1]

Ina Anderson (unter Mitarbeit von *Gert Leuschner*)

1. Problemlage

Die Art und Weise, in der Dinge, Ereignisse und Zusammenhänge erklärt werden, kann nicht nur aus den verwendeten Worten heraus verstanden werden. In ihnen drücken sich immer auch in der jeweiligen Lebensentwicklung erworbene individuelle Erfahrungen aus. In derartigen Erklärungsmustern finden sich ebenso typische Grundhaltungen und allgemeine Handlungsbereitschaften eines Menschen wieder.

Was ein Mensch in einer Situation aufnimmt und ausdrückt, wird davon beeinflußt, wie er in eine solche Situation eintritt und wie er auf ein Ereignis eingestellt ist. Solche Stereotype sparen Zeit sowie die Mühe, sich beispielsweise situationsbezogen immer wieder neu entscheiden zu müssen. Sie sind auch sinnvoll, weil sie soziale Sicherheit und Gruppenzugehörigkeit vermitteln. Allerdings sind sie einfacher als die Wirklichkeit strukturiert. Damit wird Erfahrung vereinfacht und Vorurteile können impliziert werden.

Jede Gesellschaft hat über die natürliche Rolle der Frau und die natürliche Rolle des Mannes bestimmte Vorstellungen. Diese Geschlechtsrollen haben sich in biologischen, sozialen und wirtschaftlichen Zusammenhängen herausgebildet. Sie werden vom einzelnen in seiner Lebensgeschichte erworben und als natürliche Geschlechtsmerkmale erlebt.

In Ergänzung zu diesen natürlichen Geschlechtsrollen bilden sich in jeder Gesellschaft bestimmte Geschlechtsrollenstereotype heraus. Darunter werden Erwartungen und Vorstellungen verstanden, wie und in welcher Weise sich die Geschlechter verhalten sollen. Dazu gehören auch die Auffassungen, welche Eigenschaften beim weiblichen Geschlecht und welche beim männlichen Geschlecht erwartet, erwünscht oder abgelehnt werden. Diese Geschlechtsrollenstereotype scheinen auch bei der Entstehung von Ursachenzuschreibungen, bei der Erklärung, warum sich Männer oder Frauen so oder so verhalten, eine vermittelnde Funktion zu besitzen.

Derartige geschlechtstypische Attributionen als Erklärungsmuster für männliches und weibliches Verhalten kommen in den folgenden Fragen zum Ausdruck, welche wir als Ausgangspunkt für unsere empirische Untersuchung zusammenfassen:

- Warum wird Erfolg bei Männern stärker auf die eigene Leistung zurückgeführt und bei Frauen mehr auf das Glück bezogen?

---

1 Diese hier vorgestellte Arbeit ist Bestandteil eines seit 1988 laufenden internationalen Kooperationsprojektes zwischen der Universität Fribourg und der Universität Leipzig unter Leitung von Herrn Prof. Dr. Perrez und Herrn Prof. Dr. Schröder, denen an dieser Stelle für ihre Betreuung und Unterstützung gedankt wird.

- Warum wird bei Mißerfolgen von Männern die Ursache eher in einer mangelnden Anstrengung und bei Frauen häufiger in einer mangelnden Begabung gesehen?

Wie entstehen im Alltag derartige geschlechtstypische Attributionsmuster und warum werden sie aufrecht erhalten, obwohl es keine Begründung dafür gibt, daß sich die Leistungen der beiden Geschlechter voneinander unterscheiden sollen?

2. Attributionstheoretische Grundlagen

2.1 Modell der Kausalattributionen

Unsere Fragestellung bildet einen Gegenstand der Attributionstheorie ab. Der Begriff Kausalattribution zur Bezeichnung subjektiver Ursachenzuschreibungen für vergangene und gegenwärtige Handlungsresultate wurde von Heider (1958) geprägt. Kausalattributionen bewirken eine Interpretation von Informationen über das eigene Verhalten bzw. über das Verhalten anderer Menschen, um Urteile über ihre Verursachung abzugeben. Damit beeinflussen sie die Erwartungen an zukünftige Ereignisse und die Vorstellungen über die eigene Handlungswirksamkeit.

Für die Ursachenerklärung von Handlungen werden besonders die folgenden vier Hauptfaktoren herangezogen: Begabung, Anstrengung, Aufgabenschwierigkeit und Zufall (Glück oder Pech). Diese Hauptfaktoren lassen sich weiterhin nach drei Aspekten ordnen: personeninterne versus personenexterne Faktoren, zeitliche Stabilität versus Variabilität eines Faktors, und nach dem Aspekt der Intentionalität werden die Personenfaktoren Begabung und Anstrengung dahingehend differenziert, ob sie der willkürlichen Kontrolle des Handelnden als zugänglich oder nicht zugänglich erlebt werden.

Weiner et al. (1971) fassen diese vier am häufigsten herangezogenen Kausalfaktoren in einem zweidimensionalen Ordnungsschema zusammen. In dieser Darstellung (Tabelle 1) sind die Ursachenfaktoren nach den als unabhängig konzipierten Dimensionen "Personenabhängigkeit" und "Zeitstabilität" gleichzeitig klassifiziert.

Tabelle 1: Ursachenfaktoren und kausale Dimensionen des Attributionsverhaltens (nach Weiner et al. 1971)

		Personenabhängigkeit	
		internal	external
Zeitstabilität	stabil	Fähigkeit	Schwierigkeit
	variabel	Anstrengung	Zufall

Die Differenzierung zwischen internalen und externalen Ursachenfaktoren ist eine der grundlegenden Unterscheidungen der Attributionstheorie. Aus der unterschiedlichen Zuordnung eines Ereignisses als Personenfaktor oder Umweltfaktor kommen völlig verschiedene Verhaltenskonsequenzen zustande.

Die Dimension "Personenabhängigkeit" beeinflußt vor allem die affektiven Reaktionen auf ein Leistungsresultat, während die "Zeitstabilität" vor allem die Erwartungen im Hinblick auf die zukünftigen Leistungen steuert.

In der Theorie der erlernten Hilflosigkeit (Seligman 1979) wird ein ungünstiger Attributionsstil als Risikofaktor für das Auftreten von depressiven Reaktionen angesehen. Eine erhöhte Depressionsgefährdung liegt dann vor, wenn negative Ereignisse bevorzugt auf internal stabile globale Ursachen und positive Resultate demgegenüber auf external variabel spezifische Ursachen zurückgeführt werden.

Ausgehend von den Wirkungen, welche Kausalattributionen vor allem auf affektive Reaktionen und Erwartungshaltungen ausüben, beeinflussen sie ebenso die Selbstbild- und Fremdbildeinschätzung von Personen. Mittels entsprechender Attributionsmuster kann Selbstschutz praktiziert und eine Selbstwerterhöhung oder Selbstwertlabilisierung bewirkt werden.

2.2 Ontogenetische Aspekte von Attributionen

Die Ontogenese der Attributionsstile ist bis heute relativ wenig untersucht. Perrez (1985, 1989) verweist für die Entwicklung von Kausalattributionen auf die Bedeutung von Kontingenzerfahrungen, die im Verlauf der Lebensgeschichte erworben werden. Er unterscheidet für die Attributionsgenese fünf Kontingenzklassen, welche als Lernresultate, speziell des Bekräftigungs- und Beobachtungslernens, aufzufassen sind. Es handelt sich dabei um ein kumulatives Modell, bei dem früher erworbene Erwartungsmuster von späteren überformt werden:

(1) Unmittelbare R-S-Kontingenzen bilden in der frühen Kindheitsentwicklung beobachtbare Zusammenhänge zwischen den Reaktionsklassen des Kindes und seiner Umgebung.

(2) Beobachtete Kontingenzen stellen die in der Entwicklung wahrnehmbaren R-S-Abfolgen dar, welche bei anderen Personen beobachtet werden können.

(3) Symbolisch vermittelte Kontingenzen werden durch Märchen, Geschichten und Erzählungen symbolisch kodiert mitgeteilt. Die Geschichte vom Zappelphilipp vermittelt verbal kodierte Kontingenzinformationen über das psychomotorische Verhalten bei Tisch und seine folgenreichen Konsequenzen.

(4) Durch andere Personen interpretierte Kontingenzen bilden als Fremdattributionen die Bewertungen ab, die ein Mensch durch die Personen seiner sozialen Umwelt erfährt. Der Betroffene erhält eine Erklärung oder eine Prognose für die Auswirkungen seines Verhaltens. Im Beispiel des Zappelphilipps gesprochen: "Weil du mit dem Stuhl geschaukelt hast, bist du umgefallen". Die Familie erhält

eine große Bedeutung für die Entwicklung von Kausalattributionen, weil hier die primäre Vermittlung stattfindet, ob beispielsweise für ein Versagen oder für einen Erfolg das Kind selbst verantwortlich ist.

(5) Durch die Person selbst vorgenommene Interpretationen stellen als Selbstattributionen einen Einflußfaktor dar, der schließlich vermittelnd bei der Erfahrung objektiver Kontingenzen wirksam wird. Dieser letzte Einflußfaktor ist als der Attributionsstil der Person anzusehen.

Die Fremdattributionen, die in der frühen Sozialisation in der Familie erfahren werden, können auch als Bedingungen für die Persönlichkeitsentwicklung gelten. Damit dürfen zeitlich stabile, inhaltlich konsistent vermittelte Fremdattributionen einen bedeutenden Einfluß für die Entwicklung des Selbstbildes und der psychischen Gesundheit besitzen.

2.3 Attributionen und Geschlechtszugehörigkeit

Das Geschlecht einer Person beeinflußt den Beurteilungsprozeß in zweifacher Weise: als Geschlecht der urteilenden Person und als Geschlecht der zu beurteilenden Person. Die Untersuchungen, welche sich mit dem Einfluß der Geschlechtszugehörigkeit auf die Ursachenerklärung von Leistungsresultaten beschäftigen, lassen sich dahingehend differenzieren,

- inwieweit Handlungsresultate geschlechtsbezogen bei Frauen und Männern verschieden erklärt (Fremdattribution) und
- inwieweit eigene Handlungsresultate geschlechtsabhängig von Frauen und Männern unterschiedlich attribuiert werden (Selbstattribution).

(1) Bei der geschlechtsbezogenen Ursachenerklärung fremder Handlungsresultate geht es um die Frage, inwieweit Leistungen einer handelnden Person in Abhängigkeit von deren Geschlecht auf unterschiedliche Ursachenfaktoren zurückzuführen sind. Diesen Untersuchungen liegt zumeist das folgende experimentelle Paradigma zugrunde: Die Versuchspersonen werden mit realen oder verbal beschriebenen Situationen konfrontiert, in denen männliche oder weibliche Personen eine bestimmte Aufgabe erfolgreich oder nicht erfolgreich lösen. Die Versuchspersonen beurteilen, welche Ursache für das einzuschätzende Verhalten verantwortlich zu machen ist. Als Beurteilungsgrundlage wird zumeist das Attributionsschema von Weiner et al. (1971) verwendet.

Schattenburg (1989) verweist bei der Analyse von geschlechtstypischen Fremdattributionen darauf, daß ein Zuschreibungsprozeß wie bei Selbstattributionen vorgenommen wird und das Verhalten von Mädchen ungünstiger attribuiert wird. Untersuchungen von Feldman-Summers und Kiesler (1974), Feather und Simon (1975), Lunneborg und Lillie (1973) bestätigen, daß Erfolg im Beruf oder beim Aufgabenlösen bei einem Mann eher auf Fähigkeiten, bei einer Frau dagegen auf eine Kombination von Anstrengung und Glück zurückgeführt wird. Bei Mißerfolgen wird bei einer Frau eher als bei einem Mann mangelnde Begabung als Ursache angesehen.

(2) Die Arbeiten zur geschlechtsabhängigen Ursachenerklärung eigener Handlungsresultate werden von Heckhausen (1974, 1980) dahingehend zusammengefaßt, daß Mädchen im Vergleich zu Jungen einen eher ungünstigen Attributionsstil anwenden, weil sie Mißerfolge stärker auf stabile internale Gründe (mangelnde Fähigkeit) und Erfolg verstärkt auf variable und/oder externale Ursachen (Glück, Anstrengung) zurückführen.

Dweck und Bush (1976) konnten in ihrer Attributionsstudie mit Erfolgs- und Mißerfolgssituationen bei Kindern nachweisen, daß ungünstige Attributionen ein hilfsloses Verhaltensmuster bewirken und bei Mädchen deutlich häufiger als bei Jungen vorkommen.

Löchel (1983) kommt bei der Untersuchung von Vierjährigen zu ähnlichen Ergebnissen: Mädchen weisen ein Selbstattributionsmuster auf, welches in den Konsequenzen als selbstabwertend einzuschätzen ist und bereits Anzeichen einer Haltung im Sinne der "gelernten Hilflosigkeit" erkennen läßt. Nicholls (1975) diskutiert die selbstabwertende Fähigkeitsattribution von Mädchen als Beispiel dafür, daß intellektuelle Kompetenz möglicherweise als rolleninadäquat für das weibliche Geschlecht angesehen wird.

Nach Bertram (1989) antworteten auf die Fragestellung, welche Faktoren Frauen und Männer in der ehemaligen DDR für den Erfolg ihrer Tätigkeit verantwortlich machen, gesichert mehr Männer mit personeninternen Faktoren wie Kenntnisse, Fleiß oder Interesse. Frauen bevorzugten dagegen externe Faktoren wie beispielsweise die Qualität der Arbeitsorganisation oder der Anleitung als Ursachenerklärungen.

Wenn Männer und Frauen ihre eigenen Leistungen beurteilen, dann kommen sie zu ähnlichen geschlechtstypischen Ursachenzuschreibungen wie bei einer Fremdbeurteilung. Es sind zusammenfassend besonders dann Unterschiede zwischen den Geschlechtern zu verzeichnen, wenn nach internalen und externalen Ursachenfaktoren differenziert wird. Männliche Personen zeigen die Tendenz, ihre Erfolge internalen Ursachen und ihre Mißerfolge dagegen externalen Faktoren zuzuschreiben. Hierbei handelt es sich um ein günstiges Attributionsmuster. Frauen machen in umgekehrter Weise für ihre Mißerfolge eher internale Faktoren und für ihre Erfolge externale Ursachen verantwortlich. Dieser Attributionsstil wird als ungünstiges Muster verstanden.

3. Eigene Untersuchungen

3.1 Stichprobe und Fragestellung

Unsere empirische Studie, die an der Universität Leipzig durchgeführt wurde (Anderson 1990), war so angelegt, daß ein internationaler Vergleich zwischen einer ostdeutschen Situation in der damaligen DDR und einem westeuropäischen Zustand in der Schweiz möglich wurde. Die Vergleichsuntersuchung fand an der Universität Fribourg statt (Schattenburg 1989, Schattenburg et al. 1990). Die Studie ist als Erkundungsuntersuchung zu charakterisieren, die der Vorbereitung weiterführender Analysen dienen sollte.

Die untersuchte Stichprobe besteht aus 141 Berufsschülern mit einem Lebensalter zwischen 16 und 18 Jahren; 80 waren männlichen und 61 weiblichen Geschlechts. Es handelte sich wie bei der Schweizer Vergleichsstichprobe um Auszubildende des ersten und zweiten Ausbildungsjahres. Bei dieser Berufsgruppe kann davon ausgegangen werden, daß die Geschlechtsrollenstereotype, welche das Fremdattributionsverhalten beeinflussen, stärker ausgeprägt sind als bei Gymnasiasten oder Studenten (Lehr 1979).

Im Mittelpunkt unserer Aufgabenstellung stehen zwei Variablenbereiche: das Attributionsverhalten als Fremdattribution und Selbstattribution sowie die Beziehung zu Merkmalen der psychischen Gesundheit. Folgende Fragestellungen wurden formuliert und liegen der nachfolgenden Ergebnisdarstellung zugrunde:

(1) Sind die in der wissenschaftlichen Literatur referierten ungünstigen Attributionsmuster von Frauen und Mädchen westlicher Industriegesellschaften auch unter den gesellschaftlichen Bedingungen der damaligen DDR vorhanden?

(2) Welche Unterschiede bestehen in Abhängigkeit der gegebenen Gesellschaftsbedingungen im Fremdattributionsverhalten zwischen der Leipziger und der Fribourger Stichprobe?

(3) Welche geschlechtstypischen Besonderheiten weist das Selbstattributionsverhalten der untersuchten Personen auf?

(4) Unterscheiden sich unsere Untersuchungspersonen in psychischen Gesundheitsvariablen?

3.2 Untersuchungsmethodik und -durchführung

Zur Evozierung von Fremdattributionen wurde als Stimulusmaterial ein Videofilm benutzt (Schattenburg et al. 1988), der zwei Jungen und zwei Mädchen im Alter von drei Jahren in Erfolgs- und Mißerfolgssituationen darstellt. Das Geschlecht der Kinder wurde per Instruktion so variiert, daß dasselbe Kind einer Versuchspersonengruppe als Mädchen und einer anderen als Junge präsentiert werden kann. Bis auf die Geschlechtsvariation des Kindes mittels Instruktion blieb das

Stimulusmaterial konstant. Ein Vortest sicherte, daß das Geschlecht der Kinder nicht eindeutig identifizierbar war.

Es wurden drei Situationstypen gewählt, von denen anzunehmen war, daß sie die Geschlechtsrollenstereotype besonders aktivieren: ein kognitiver, motorischer und interaktioneller Situationstypus. Für jeden Situationstypus wurde eine Erfolgs- und eine Mißerfolgssituation pro Kind abgebildet. Damit war im Videofilm jedes Kind in sechs Situationen präsentiert. Die zu lösenden Aufgaben wurden so geschlechtsneutral gewählt, daß sie von den Kindern beiderlei Geschlechts ausgeführt werden konnten, ohne geschlechtstypische Erwartungshaltungen auszulösen. Das Geschlecht der Kinder konnte damit in der experimentellen Präsentation methodisch gültig variiert werden.

Die Erfassung der Fremdattributionen erfolgte mit einem für die Analyse der Filmsequenzen entwickelten Fragebogen nach Schattenburg et al. (1988), welcher die Attributionskategorien von Weiner et al. (siehe Tabelle 1) enthält. Nach jeder präsentierten Filmsequenz hatten die Versuchspersonen einzuschätzen, warum ein Erfolg oder Mißerfolg zustande kam. Nach jeweils drei Filmsequenzen wurde zur methodischen Kontrolle der Geschlechtsvariation ein semantisches Differential eingesetzt.

Die Erfassung der Selbstattributionen der Versuchspersonen wurde mit dem Fragebogen zur Erfassung von internalen vs. externalen sowie stabilen vs. variablen Attributionen, dem IE-SV-F, von Dorrmann und Hinsch (1983) vorgenommen. Dieses Meßinstrument wurde mit dem Ziel entwickelt, die für Merkmale psychischer Gesundheit relevanten kognitiven Verarbeitungsmechanismen als Attributionsgewohnheiten in unterschiedlichen Lebenssituationen abzubilden.

Zur Bestimmung der psychischen Gesundheit unserer Versuchspersonen setzten wir die Subskalen Sinnerfülltheit vs. Depressivität und Selbstwerterleben des Trierer Persönlichkeitsfragebogens (Becker 1988) ein.

Nach der Filmexposition zur Untersuchung des Fremdattributionsverhaltens, die etwa 60 Minuten dauerte, erfolgte die Fragebogenbeantwortung zur Erfassung der Selbstattributionen sowie der Variablen zur psychischen Gesundheit. Die Durchführung fand als Gruppenuntersuchung statt.

3.3 Ergebnisse

3.3.1 Geschlechtstypische Fremdattributionen

Die Resultate zur Untersuchung der Fremdattributionen von Erfolgssituationen werden für die Kategorien internale und externale Ursachenzuschreibung in Abbildung 1 grafisch veranschaulicht. In der Abbildung sind für jede Auswertungskategorie die Mittelwerte, welche die als Jungen und die als Mädchen deklarierten Kinder erhielten, gegenübergestellt.

Die Abbildung zeigt, daß die als Jungen präsentierten Kinder in Erfolgssituationen sehr signifikant stärkere Internalitätswerte als die Mädchen auf sich ziehen. Bei den als Mädchen präsentierten Kindern werden in der Tendenz ($p \leq .10$) höhere Externalitätswerte für die Erfolgserklärung als bei den Jungen abgegeben.

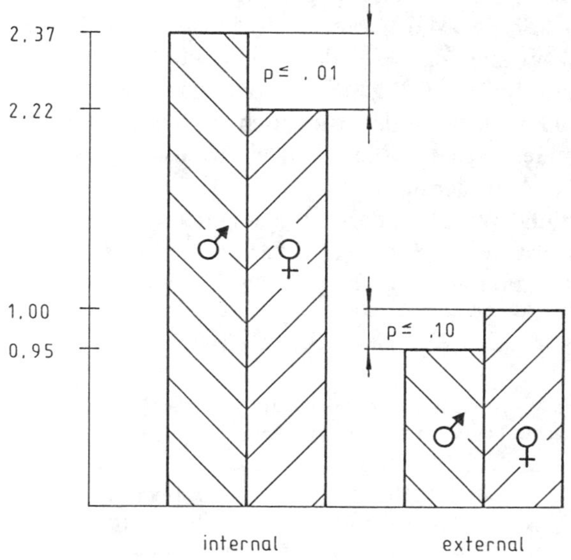

Abbildung 1: Internale und externale Attributionen in Erfolgssituationen bezüglich der als männlich oder als weiblich deklarierten Präsentationsfigur bei der Gesamtstichprobe in Leipzig (n = 141)

In den Ergebnissen unserer Untersuchung sind die als Jungen präsentierten Kinder unter attributionstheoretischen Aspekten im Vorteil und lassen ein günstigeres Fremdattributionsmuster erkennen. Unsere Untersuchungspersonen beurteilen eine neutrale Figur, welche als männlich deklariert wird, mit günstigeren Fremdattributionen als die gleiche Figur, wenn sie als weiblich etikettiert wird.

Schon Hofstätter (1966) stellte vor einem Vierteljahrhundert den Befund vor, daß die Assoziation von Intelligenz und männlich eine positive Korrelation (Q = .87) aufweist. Ein Zusammenhang der Merkmale Intelligenz und weiblich ließ sich nicht finden (Q = -.04).

Unsere Ergebnisse, welche in der damaligen DDR gewonnen wurden, entsprechen weitgehend den Resultaten, welche für westliche Industriegesellschaften nachgewiesen wurden, daß Mädchen bzw. weibliche Untersuchungspersonen einen ungünstigeren Fremdattributionsstil auf sich ziehen. Unsere Resultate verweisen darauf, daß die in der DDR propagierte und gesellschaftsbezogen angestrebte Gleichberechtigung der Geschlechter die Wirkung ontogenetischer Elementarmechanismen, die substantiell zwischen den Geschlechtern Ungleichheiten bewirken, nicht aufheben konnte. Das erste Ergebnis verdeutlicht, daß es sich bei den geschlechtstypischen Fremdattributionen um systemübergreifende Mechanismen handeln dürfte.

Der Bezug unserer Ergebnisse zu der in der Schweiz durchgeführten Vergleichsuntersuchung macht jedoch auch auf spezifische und systemimmanente Zusammenhänge aufmerksam: Wenn wir die Quote der jeweils erreichten signifikanten Befunde in den beiden Untersuchungen gegenüberstellen, dann finden wir bei der Stichprobe in Leipzig (41,6 %) mehr als doppelt so viele Belege dafür, daß Mädchen die ungünstigeren Fremdattributionen bekommen, als bei der Stichprobe in Fribourg (16,7 %). Zur Interpretation dieser schlechteren Befunde für das weibliche Geschlecht in der ostdeutschen Untersuchung möchten wir auf die verschiedenen Gesellschaftssysteme verweisen, aus denen sich unterschiedliche geschlechtstypische Anforderungen ergaben und ein differenter Selbstanspruch der Frauen in Ost und West resultierte. Wir sind der Auffassung, daß die vielfach propagierte Emanzipation der Frau in der ehemaligen DDR wohl vor allem einem männlichen Legitimationsanspruch und einem damit verbundenen Machtprinzip diente.

Tabelle 2: Erfolgs- und Mißerfolgsskalen des Fremdattributionsfragebogens als Mittelwerte der Stichproben aus Leipzig (n = 141) und Fribourg (n = 140)

	männliche Präsentation (Junge)		weibliche Präsentation (Mädchen)	
	Leipzig	Fribourg	Leipzig	Fribourg
Erfolg				
internal (Anstrengung, Begabung)	2,37	2,62	2,22	2,52
external (Glück, Aufgabenleichtigkeit)	0,95	1,20	1,00	1,23
Mißerfolg				
internal (mangelnde Anstrengung, mangelnde Begabung)	1,19	1,40	1,18	1,38
external (Pech, Aufgabenschwierigkeit)	1,33	1,59	1,41	1,69

Der Vergleich des Urteilsverhaltens der Stichproben in Leipzig und Fribourg fördert einen weiteren, interessanten Befund zutage. Wenn wir in Tabelle 2 die Ausprägung der Skalenwerte auf der fünfstufigen Likertskala betrachten, dann finden wir für die Stichprobe in Fribourg durchweg und statistisch gesichert höhere Werteausprägungen. In der Tabelle kommt aber nicht nur zum Ausdruck, daß bei jeder Attributionskategorie die Werte der Stichprobe in Leipzig im speziellen Geschlechterbezug niedriger liegen, sondern generell gegenüber der Stichprobe aus Fribourg erniedrigt sind. Zur Interpretation dieses Befundes, wenn wir einen methodischen Artefakt als ausgeschlossen betrachten wollen, soll als Frage formuliert werden: Wenn in einem Gesellschaftssystem Unterordnung und Selbstaufgabe als langfristige Erziehungsziele wirkten, sollte es dann verwundern, wenn eine selbstwertbeeinträchtigende Entscheidungsunsicherheit sich letztlich auch in der Wahl von niedrigeren Beurteilungswerten und einer Scheu vor individuellen Extremurteilen widerspiegelt?

3.3.2 Geschlechtstypische Selbstattributionen

Die Ergebnisse des IE-SV-Fragebogens zur Untersuchung der Selbstattributionen unserer Versuchspersonen in eigenen Erfolgssituationen faßt Tabelle 3 zusammen. Unsere männlichen Untersuchungspersonen führen in Erfolgssituationen ihre eigenene Leistungen hochsignifikant stärker als die weiblichen Versuchspersonen auf eine internal-stabile Attribution zurück. Das entspricht mit der Betonung der eigenen Befähigung einem günstigen Attributionsstil. Das zweite statistisch gesicherte Resultat bezieht sich auf die external-variable Attribution. Hier haben unsere weiblichen Versuchspersonen höhere Werte und verweisen auf die Dominanz eines external-variablen Attributionsstils mit der Betonung des Zufalls für die Ursachenerklärung der eigenen Leistung. Das entspricht einem selbstabwertenden Attributionsmuster im Vergleich zur Akzentuierung der eigenen Fähigkeit bei den Männern.

Tabelle 3: Mittelwerte (MW) und Streuungen (S) in den Skalen des Selbstattributionsfragebogens (IE-SV-F) der männlichen und weiblichen Untersuchungspersonen mit Signifikanzangabe des Mittelwertunterschieds (p)

	männlich (n = 80)		weiblich (n = 61)		p
	MW	S	MW	S	
internal-stabil	3,28	0,64	2,90	0,66	0,001
internal-variabel	3,65	0,87	3,50	0,82	0,283
external-stabil	2,59	0,62	2,64	0,63	0,634
external-variabel	2,96	0,75	3,43	0,68	0,000

Auch die Ergebnisse zur geschlechtstypischen Selbstattribution belegen in unserer Untersuchung, daß weibliche Personen einen tendenziell ungünstigeren Attributionsstil als Männer benutzen. Frauen schreiben ihre Erfolge eher externalen Faktoren wie Aufgabenleichtigkeit oder Glück zu und führen ihre Mißerfolge stärker auf internale Faktoren wie Fähigkeitsmangel oder ungenügende Anstrengung zurück. Zur Interpretation dieses Selbstattributionsverhaltens von weiblichen Personen sind verschiedene Gründe anzuführen, die einer weiteren und differenzierten Analyse bedürfen. Es ist auf die Wirkung vorhandener Geschlechtsrollenstereotype in einem bestimmten Gesellschaftssystem wie dem der früheren DDR hinzuweisen, wo durch familiäre, aber vor allem durch schulische Bezugspersonen vom Kindergarten bis zur Lehrausbildung, ein bestimmter Fremdattributionsstil ausgeprägt war. Es ist ebenfalls für die Gesellschaftssituation unserer Untersuchungsstichprobe das Fehlen von feministischen Orientierungen und überhaupt eine mangelnde Problematisierung von Geschlechtsdifferenzen in der Öffentlichkeit festzustellen.

Wenn wir die Befunde zur Selbstattribution mit denen zur Fremdattribution in unserer Stichprobe vergleichen, dann ist zusammenfassend hervorzuheben, daß die Geschlechter bei der Beurteilung der eigenen Leistungen zu ähnlichen Ursachenzuschreibungen kommen wie bei der Bewertung von fremden Leistungen hinsichtlich deren Ursachenerklärungen. Selbsturteile unterliegen ähnlichen Attributionstendenzen wie Fremdurteile. Wir sehen dieses übergreifende Resultat als einen Hinweis darauf an, daß möglicherweise bei Fremdattributionen gleichartige psychologische Zuschreibungsprozesse wie bei Selbstattributionen ablaufen.

3.3.3 Psychische Gesundheit und Geschlechtszugehörigkeit

Die Untersuchungsergebnisse in den Skalen Selbstwerterleben und Sinnerfülltheit vs. Depressivität des Trierer Persönlichkeitsfragebogens sind für die männliche und weibliche Stichprobe unserer untersuchten Personen in Tabelle 4 dargestellt. Jede Skala differenziert zwischen den Geschlechtern dergestalt, daß die weiblichen Untersuchungspersonen jeweils statistisch gesichert eine niedrigere Ausprägung im Selbstwerterleben und in der Sinnerfülltheit aufweisen. Die Mittelwertunterschiede wurden an Hand der Skalenrohpunkte geprüft, da für das Alter unserer Stichprobe eine Normierung noch nicht vorlag.

Tabelle 4: Mittelwerte (MW) und Streuungen (S) der Rohpunktwerte in den Skalen Selbstwertgefühl und Sinnererfülltheit der männlichen und weiblichen Untersuchungspersonen mit Signifikanzangabe des Mittelwertunterschieds (p)

	männlich (n = 80)		weiblich (n = 61)		p
	MW	S	MW	S	
Selbstwert-gefühl	30,42	4,27	28,01	3,84	0,001
Sinn-erfülltheit	38,67	3,30	37,19	4,53	0,027

Mit den Differenzen in den beiden Skalen zur psychischen Gesundheit wird wiederum ein Geschlechtsunterschied in unserer Untersuchungsgruppe deutlich, der als ungünstigeres weibliches Reaktionsmuster mit den bisherigen Untersuchungsergebnissen zum Attributionsverhalten korrespondiert. Die Tendenz der männlichen Untersuchungspersonen, mit einem günstigen Attributionsmuster Erfolge stärker internal mit der Betonung der eigenen Befähigung zu erklären, wird mit einer selbstwertstabilen Reflexion eigener seelischer Befindlichkeiten unterstützt. Die Befunde der weiblichen Untersuchungspersonen stehen dahingehend in einem Zusammenhang, daß in allen drei Variablenbereichen unserer Analyse gegenüber der männlichen Stabilitätstendenz eine gleichwertige Geschlechterdifferenz vorhanden ist. Das geschlechtstypische Attributionsmuster repliziert sich damit ebenfalls im Bereich der von uns untersuchten psychischen Gesundheitsvariablen.

4. Schlußfolgerungen

Die Verhältnisse in der DDR haben nicht nur eine Gesellschaft und die Menschen deformiert, sondern in einer spezifischen Weise auch gesellschaftsrelevante Problemstellungen verhindert. Hierzu sind die Fragen nach der Gleichstellung und Gleichberechtigung der Geschlechter zu zählen, die wohl theoretisch propagiert, aber in der konkreten gesellschaftlichen Wirklichkeit wenig garantiert wurden. Der Geschlechtsrollenstereotyp in der damaligen DDR prävalierte das männliche Geschlecht. Obwohl für Frauen die gesellschaftliche Grundvoraussetzung der Chancengleichheit verfassungsmäßig gegeben war, waren die lebenspraktischen Möglichkeiten ihrer Realisierung weit weniger vorhanden.

Tradierte Vorstellungen zum Verhalten der Geschlechter schlagen sich in unterschiedlichen Anforderungen nieder und werden letztendlich in geschlechtstypischen Selbstbildern von Frauen und Männern wirksam. Unsere Ergebnisse zum Selbstattributionsverhalten belegen einen tendenziell ungünstigeren Attributionsstil beim weiblichen Geschlecht. Der Befund unserer ostdeutschen Stichprobe stimmt mit Untersuchungsergebnissen aus westlichen Industrieländern überein. Damit können wir einen weiteren Beleg für die Annahme erbringen, daß Geschlechtsrollenstereotype gesellschaftsübergreifende Wirkungen haben. In den Untersuchungsergebnissen zur Fremdattribution fanden wir ähnliche psychologische Zuschreibungsmuster wie bei den Ursachenerklärungen eigener Leistungen in der Selbstattribution. Im Fremdattributionsverhalten beider Geschlechter erhalten in unserer Untersuchung als weiblich wahrgenommene Personen ungünstigere Ursachenzuschreibungen. Auch dieser Befund stimmt in seiner Ergebnistendenz mit den Resultaten aus westlichen Industrieländern überein.

Nach dem Vergleich der Stichproben aus der DDR und der Schweiz müssen wir jedoch diese generellen Ergebnisse zum weiblichen Attributionsverhalten spezifizieren: In der Stichprobe in Leipzig fallen die Attributionswerte für Frauen nicht nur ungünstiger aus, sondern die Attributionen der ostdeutschen Stichprobe sind auch generell niedriger als die der Vergleichsstichprobe aus der Schweiz. Hier sehen wir einen systemimmanenten Zusammenhang, der das Geschlechterverhalten durch seinen Gesellschaftsbezug zusätzlich überformt.

Die geschlechtstypischen Attributionsmuster replizieren sich in den Variablen zur psychischen Gesundheit, in denen die bisher eruierten Beziehungen zusammenfassend widergespiegelt werden: Weibliche Personen erreichen niedrigere Werte als männliche Personen, und die ostdeutsche Stichprobe tendiert zu einer ungünstigeren Wertekonstellation. Auch damit stützen unsere Untersuchungsbefunde westeuropäische Daten zur psychischen Gesundheit von Frauen und Männern.

Es kann davon ausgegangen werden, daß die höhere psychische Störanfälligkeit von Frauen mit den Anforderungen und Widersprüchlichkeiten der weiblichen Rolle korrespondiert. Aufgrund der existierenden Aufgabenverteilungen sind die Möglichkeiten der Selbstfindung und Selbstverwirklichung wie auch die Möglichkeiten, Selbstbewußtsein zu erlangen, bei Frauen geringer als bei Männern. In diesem Zusammenhang ist auch darauf zu verweisen, daß sich weibliches Bewältigungsverhalten als weniger effizient darstellen kann: "Nicht wenige Frauen versuchen, ihre Konflikte durch Verzicht auf eigene Kompetenzerweiterung und Selbstverwirklichung, d.h. im Sinne einer selbstauslöschenden Strategie... bzw. einer masochistischen Orientierung... zu lösen" (Becker und Minsel 1986, S. 151).

Als psychologisches Modell zur Erklärung der psychischen Gesundheitsdifferenzen von Frauen und Männern kann das Hilfslosigkeitskonzept von Seligman herangezogen werden. Hilflosigkeit ist danach ein affektiver, kognitiver und motivationaler Zustand, der durch die erlebte Unkontrollierbarkeit von Ereignissen durch eigene Reaktionen bestimmt ist. Der durch Kontrollmangel ausgelöste psychische Zustand führt zur Minderung der Handlungsbereitschaft. Er reduziert die Fähigkeit, Erfolge wahrzunehmen und steigert emotionale Reaktionsbereitschaften, so daß unkontrollierbare Ereigniswe mehr Angst und Depressivität auslösen als kontrollierbare Situationen. Dabei beeinflussen Erfahrungen in der Auseinandersetzung mit der Umgebung von Kindheit an, ob sich Hilfslosigkeit oder Kompetenz in der individuellen Sozialisation verstärkt entwickeln werden.

Hinsichtlich des Zusammenhangs von geschlechtstypischen Attributionsmustern mit Gesundheit und Krankheit ist zu vermuten, daß

- bei Frauen im Umgang mit Krankheit erfolgsorientierte Bewältigungsmuster vermindert festzustellen sind,
- als Erklärung für Mißerfolge vor allem die eigene Unfähigkeit als internale Mißerfolgsattribution herangezogen wird und
- bei Erfahrung mangelnder Kontrollmöglichkeiten eine Verallgemeinerung auf weitere Lebensbereiche erfolgt.

Mit unserem Beitrag sollten die Sozialisationsbedingungen für den Zusammenhang von Attribution und Gesundheit in der geschlechtstypischen Ausprägung beleuchtet werden. Inwieweit individuelle Attributionsmuster krankheitsbeeinflussende oder gesundheitsfördernde Wirkungen besitzen, ist in weiteren Untersuchungen differenziert zu erkunden.

Literatur

Anderson, I. (1990): Geschlechtstypische Fremdattributionen und psychische Gesundheit. Unveröffentl.Diplomarbeit, Sektion Psychologie der Universität Leipzig.

Becker, P.; Minsel, B. (1986): Psychologie der seelischen Gesundheit. Hogrefe: Göttingen.

Becker, P. (1988): Trierer Persönlichkeitsfragebogen. Handanweisung. Hogrefe: Göttingen.

Bertram, B. (1989): Leistung und Lebensweise junger Frauen in der DDR. Unveröffentl. Forschungsbericht des Zentralinstituts für Jugendforschung: Leipzig.

Dorrman, W.; Hinsch, R. (1983): Manual zur Durchführung und Auswertung des IE-SV-F. Ein Fragebogen zur Erfassung von internalen vs. externalen und stabilen vs. variablen Attributionen in Abhängigkeit von Erfolg und Mißerfolg. Memorandum Lehrstuhl Psychologie 3, Nr. 1, Universität Bamberg.

Dweck, C.S.; Bush, E.S. (1976): Sex Differences in Learned Helplessness: Differential Debilitation with Peer and Adult Evaluators. Developmental Psychology 12, 147-156.

Feather, N.T.; Simon, J.G. (1975): Reactions to male and female sucess and failure in sex-linked occupations: Impressions of personality, causal attributions and perceive likelihood of differrent consequences. Journal of Personality 31, 20-31.

Feldman-Summers, S.; Kiesler, S.B. (1974): Those who are number two try harder: the effect of sex on attributions of causality. Journal of Personality 30, 846-855.

Heckhausen, H. (1974): Einflußfaktoren der Motiventwicklung. In: Weinert, F.E.; Graumann, C.F.; Heckhausen, H.: Funk-Kolleg. Pädag. Psych., Bd. 1, S. 173-204. Fischer-Taschenbuchverlag: Frankfurt/Main.

Heckhausen, H. (1980): Motivation und Handeln. Springer: Berlin.

Heider, F. (1958): The psychology of interpersonal relations. Wiley: New York

Lehr, U. (1979): Stereotypie und Wandlung der Geschlechtsrollen. In: Heigl-Evers, A. (Hrsg): Die Psychologie des 20. Jahrhunderts. Bd. 8, S. 264-275. Kindler: Zürich.

Löchel, E. (1983): Sex Differences in Achievement Motivation. In: Jaspers, J.; Fincham, D.; Hewstone, M. (Eds.): Attribution Theory and Research: Conceptual, Developmental and Social Dimensions. Academic Press: London.

Lunneborg, P.W.; Lillie, C. (1973): Sexism in graduate admissions: The letter of recommendation. American Psychologist 28, 187-189.

Nicholls, J.G. (1975): Causal attributions and other achievementelated cognitions: Effects of task outcome, attainment value and sex. Journal of Personality 31, 379-389.

Perrez, M. (1985): Soziale Kontingenzen bei Säuglingen als Antezedenten von Kontrollüberzeugungen. In: Albert, D. (Hrsg): Bericht über den 34. Kongreß der Deutschen Gesellschaft für Psychologie in Wien, Bd. 1, S. 391-394. Hogrefe: Göttingen.

Perrez, M. (1989): Diagnostik von Kontingenzerfahrungen in der frühen Kindheit. In: Krampen, C. (Hrsg): Diagnostik von Attributionen und Kontrollüberzeugungen, S. 172-183. Hogrefe: Göttingen.

Schattenburg, L.; Perrez, M.; Haering, G. (1988): Videofilm mit Leistungssituation bei 3jährigen Kindern als Stimulusmaterial für Fremdattributionen und FAF-VID-LEI: Fremdattributionsfragebogen zu diesem Videofilm mit Leistungssituation. Psychologisches Institut der Universität Fribourg.

Schattenburg, L. (1989): Geschlechtstypische Attributionen und seelische Gesundheit. Vortrag zum Symposium für Gesundheitspsychologie. Universität Regensburg.

Schattenburg, L.; Plancheral, B.; Perrez, M. (1990): Experimentelle Analyse geschlechtstypischer Fremdattributionen von Berufsschülern bei 3jährigen Kindern. Unveröffentl. Manuskript. Psychologisches Institut der Universität Fribourg.

Seligman, M.E.P. (1979): Erlernte Hilflosigkeit. Urban & Schwarzenberg: Wien.

Weiner, B.; Frieze, I.; Kukla, A.; Reed, L.; Rest, S.; Rosenbaum, R.M. (1971): Perceiving the cauces of sucess and failure. General Learning Press: New York.

Geschlechtsstereotype und psychische Gesundheit - Konzepte von PsychologInnen

Petra Born

Untersuchungen zu geschlechtsstereotypen Konzepten psychischer Gesundheit haben in Amerika eine inzwischen zwanzigjährige Tradition, während dieses Forschungsthema in Deutschland nur in der grauen Literatur[1] vertreten ist.

Vor der Darstellung der eigenen Untersuchung wird daher zunächst der derzeitige Forschungsstand kurz zusammengefaßt.

Überblick über bisherige Studien

Der eigentliche Beginn der Forschung zum später häufig als "Doppelstandard psychischer Gesundheit" bezeichneten Problem kann datiert werden mit einer Untersuchung von Neulinger (1968), der zum ersten Mal eine nach dem Geschlecht trennende Instruktion für die Beschreibung der gesunden Person verwendete.

Einhundertvierzehn TherapeutInnen verschiedener therapeutischer Richtungen brachten die zwanzig grundlegenden Bedürfnisse nach Murray (1938) danach in eine Rangfolge, wie gut sie die männliche und die weibliche gesunde Person ("optimally integrated person") beschrieben.

Trotz der hohen Korrelation (.91) der beiden so erhaltenen Rangreihen, zeigten sich für 18 der 20 Bedürfnisse signifikante Unterschiede. Die vier für die männliche gesunde Person charakteristischsten Bedürfnisse waren in absteigender Rangfolge: Bedürfnis nach Sexualität, Geselligkeitsbedürfnis, Dominanzstreben und Leistungsmotivation, wobei die beiden letztgenannten den gleichen Rang einnahmen. Die vier erstplazierten Bedürfnisse der gesunden weiblichen Person waren in abfallender Rangreihe: Geselligkeitsbedürfnis, Bedürfnis nach Sexualität, Hang zum Pflegen und Hang zu Sinnlichkeit. Weitere Unterschiede zeigten sich bei der Hilfsbedürftigkeit, der Neigung zu Respekt und dem Bedürfnis, Schaden zu vermeiden, die alle für die gesunde weibliche Person höher eingestuft wurden (Neulinger 1968, S. 553).

Die Versuchsteilnehmerinnen gewichteten bei der gesunden weiblichen Person das Bedürfnis nach Sexualität und die Leistungsmotivation höher und das Bedürfnis nach Selbsterniedrigung niedriger als die Versuchsteilnehmer (Neulinger et al. 1970, S. 377). Bei der männlichen gesunden Person unterschieden sich die Einstufungen der Versuchspersonen nur hinsichtlich der Leistungsmotivation, die von Teilnehmerinnen höher plaziert wurde als von Teilnehmern (Neulinger et al. 1970). Neulinger faßt die Beschreibung der gesunden weiblichen Person zusammen als:

1 Graue Literatur: unveröffentlichte Diplom- und Doktorarbeiten

"...affiliative, sex-oriented, nurturant, sensuous playmate, who clings to the strong, supporting male" (Neulinger 1968, S. 554).

Obwohl diese Ergebnisse mit einer Veröffentlichung von 1970 (Neulinger et al.) einem breiteren Fachpublikum zugänglich wurden, war es nicht diese, sondern die im gleichen Jahr publizierte Studie von Broverman et al., die der Thematik zum "wissenschaftlichen Durchbruch" verhalf.

Broverman et al. (1970) legten 79 TherapeutInnen den 122 Items umfassende Sex-Stereotype Questionnaire (SSQ; Rosenkrantz et al. 1968) in seiner dichotomen Form vor. Jeweils ca. ein Drittel der TeilnehmerInnen kreuzten den Pol an, der am ehesten den reifen, gesunden, sozial kompetenten, erwachsenen Mann bzw. eine solche Frau bzw. eine/n solche/n Erwachsene/n ("adult") beschrieb. Ausgewertet wurden lediglich die Antworten zu den 11 Items, bei denen der das feminine Stereotyp beschreibende Pol der sozial erwünschtere war und die Angaben zu den 27 Items, bei denen der das maskuline Stereotyp beschreibende Pol der sozial erwünschtere war.

Zum Verständnis des Ergebnisses ist es notwendig, die etwas komplizierte Auswertungsmethode kurz zu beschreiben.

Es wurden mehrere sog. Gesundheitswerte ("health-scores") berechnet. Ausgehend von der Annahme, daß die Angaben unter der Instruktion "gesunde/r Erwachsene/r" die (geschlechtsneutrale) Idealnorm psychischer Gesundheit beschreiben, wurde der relative Anteil der Versuchspersonen berechnet, die den Pol angekreuzt hatten, der von der Mehrzahl der Versuchspersonen angekreuzt worden war. Ein fiktives Beispiel[2]: Instruktion: "gesunde/r Erwachsene/r", Itempol: "sehr aggressiv": 70% aller Versuchspersonen, Itempol: "überhaupt nicht aggressiv": 30% aller Versuchspersonen, Gesundheitswert = 70%. Der Maskulinitäts-Gesundheitswert ("masculinity health score") gibt den relativen Anteil der Versuchspersonen wieder, die in der Instruktion "gesunder Mann" den Pol angekreuzt hatten, der in der Instruktion "gesunde(r) Erwachsene(r)" von der Mehrzahl der Versuchspersonen angekreuzt worden war. Fiktives Beispiel fortgesetzt: Instruktion "gesunder Mann", Itempol: "sehr aggressiv": 60% aller Versuchspersonen; d.h., der Maskulinitäts-Gesundheitswert liegt bei diesem Item bei 60%. Für den Femininitäts-Gesundheitswert gilt das Entsprechende (Instruktion "gesunde Frau", Itempol "sehr aggressiv": 20% aller Versuchspersonen; d.h., der Femininitäts-Gesundheitswert liegt bei diesem Item bei 20%). Die drei endgültigen Gesundheitswerte ergeben sich durch Mittelwertbildung über alle 38 Items.

Die Beschreibung des gesunden Mannes und des/der gesunden Erwachsenen unterschied sich nicht. Die Befragten attestierten jedoch der gesunden Frau signifikant weniger häufig die Eigenschaften des/der gesunden Erwachsenen. Eine Betrachtung auf Itemebene zeigt nach Angabe der AutorInnen, daß sich die gesunde Frau vom gesunden Mann und damit auch von dem/von der gesunden Erwachsenen in der folgenden Weise unterscheidet:

2 Itemkennwerte sind in der Veröffentlichung nicht enthalten.

> "...more submissive, less independent, more easily influenced, less aggressive, less competitive, more excitable in minor crisis, having...feelings more easily hurt, being more emotional, more conceited about...appearance, less objective and disliking math and science" (Broverman et al. 1970, S. 4, 5).

Diese gerne zitierte Doppelstandard-Aussage ist in dieser Form nicht korrekt. Aufgrund der Verwendung von dichotomen Items, die nur die beschriebene Häufigkeitsauszählung zulassen, beziehen sich die Unterschiede auf Häufigkeiten (von Versuchspersonen) und nicht auf Intensitäten (von Eigenschaften). Die gesunde Frau wurde also z.B. nicht als weniger aggressiv, sondern häufiger als überhaupt nicht aggressiv beschrieben.

Die Korrektur dieser sprachlichen Nachlässigkeit führt jedoch noch nicht zu einer grundlegenden inhaltlichen Änderung der Doppelstandard-Aussage. Wesentlich entscheidender ist ein anderer Aspekt der Methodik.

Als Konsequenz dieses Doppelstandards postulierten die AutorInnen eine Double-Bind-Situation für Frauen:

> "...to decide whether to exhibit those positive characteristics considered desirable for men and adults, and thus have their 'femininity' questionned, that is, be deviant in terms of being a woman; or to behave in the prescribed feminine manner, accept second-class adult status, and possibly live a lie to boot" (Broverman et al. 1970, S. 6).

Diese "berühmt" gewordene Double-Bind-Aussage beruht (genauso wie die obige zum Doppelstandard) auf einem Methodenartefakt. Wenn die soziale Erwünschtheit für das Konzept psychischer Gesundheit von Bedeutung ist, was nicht bezweifelt wird, muß die ungleiche Verteilung der sozial erwünschten, stereotyp femininen und stereotyp maskulinen Items (11:27) zu einem verzerrten Ergebnis führen. So konnte z.B. ein androgynes Konzept psychischer Gesundheit (Beschreibung aller drei Stimuluspersonen je zur Hälfte durch sozial erwünschte, stereotyp maskuline und sozial erwünschte, stereotyp feminine Items) gar nicht auftreten.

Die Bedeutung dieser Studie liegt also mehr in ihrer initiierenden Wirkung; die Ergebnisse selbst werden auch durch vielfaches Zitieren nicht valider.

Bis zum Ende der 70er Jahre konnte die Mehrzahl der Studien[3] stereotype Gesundheitskonzepte nachweisen (z.B. Johnson 1974, Anderson et al. 1975, Delk und Ryan 1975, 1977, Aslin 1977, Dreman 1978). In den 80er Jahren werden die Ergebnisse differenzierter. Neben stereotypen Konzepten (Marvit 1981) finden sich jetzt auch androzentrische (Wetmore-Foshay et al. 1981) und androgyne (Kravetz und Jones 1981). Auch Abwandlungen dieser eindeutigen Konzepte tauchen auf. So interpretieren Kabacoff et al. (1985) den von ihnen gefundenen Standard als "Superfrauen"-Standard: die gesunde Frau ist genauso maskulin wie der

3 Untersuchungen mit studentischen Stichproben werden hier nicht referiert. Siehe dazu z.B. Whitley 1979, Sherman 1980, Smith 1980.

gesunde Mann ("equivalent to men in the men‘s domain"), jedoch weiblicher ("better than men in the women‘s domain"). Nach der Untersuchung von Swenson und Ragucci (1984) ist der gesunde Mann androgyn und die gesunde Frau undifferenziert, d.h., die Kombination maskuliner und femininer Eigenschaften wird für beide Geschlechter als gesund betrachtet, sollte aber beim gesunden Mann stark und bei der gesunden Frau schwach ausgeprägt sein.

Die Mehrzahl der UntersucherInnen benutzte in diesen Folgestudien entweder den beschriebenen Sex-Stereotype Questionnaire oder das Sex-Role Inventory (SRI; Bem 1974).

Der Sex-Stereotype Questionnaire wurde in den meisten dieser Studien mit einer kontinuierlichen Skalierung versehen. Die dadurch mögliche getrennte Mittelwertbildung für die beiden Itemgruppen würde die "maskuline Schiefe" der Items neutralisieren. Allerdings wurde in den meisten Studien von dieser Möglichkeit kein Gebrauch gemacht, so daß die Ergebnisse als Artefakte betrachtet werden müssen (Anderson et al. 1975, Delk und Ryan 1975, 1977, Dreman 1978). Die Ähnlichkeit zwischen gesundem Mann und gesunder Person und die Unterschiede zur gesunden Frau sind nicht verwunderlich, wenn aufgrund der höheren Anzahl sozial erwünschter, stereotyp maskuliner Items die beiden zentralen Aspekte soziale Erwünschtheit und Geschlechtsstereotypie konfundiert sind.

Auch das Sex-Role Inventory ist nicht frei von Verzerrungen. Pedhazur und Tetenbaum (1979), die differenzierte Kritik an der Itemselektion und Skalenkonstruktion (z.B. 40 signifikante Mittelwertsdifferenzen bei 400 t-Tests auf 5%-Niveau) übten, konnten u.a. die laut gewordenen Zweifel an der postulierten gleich hohen sozialen Erwünschtheit der M- und der F-Items bestätigen. Die soziale Erwünschtheit der M- und der F-Items ist nicht nur nicht gleich, einige der F-Items wurden unter allen Instruktionen sogar als sozial unerwünscht eingestuft (z.B. "leichtgläubig", "kindlich"). Daher ist auch bei Untersuchungen mit dieser Skala zu bedenken, daß maskulin dominierte Beschreibungen der gesunden Person, der gesunden Frau und des gesunden Mannes dadurch bestimmt sein können, daß keine ausreichende Anzahl sozial erwünschter, stereotyp femininer Charakteristika zur Verfügung stand (Kravetz und Jones 1981, Marvit 1981, Kabacoff et al. 1985). Darüber hinaus beruht die diskriminative Validität der M- und der F-Skala des SRI vermutlich auf den beiden Items "maskulin" und "feminin" (Pedhazur und Tetenbaum, 1979). So konnte Marvit (1981) die vorher nachgewiesenen unterschiedlichen Gesundheitskonzepte bei einer Reanalyse der Daten ohne diese beiden Items nicht mehr bestätigen. Bem (1979) empfiehlt inzwischen die Verwendung einer kürzeren Fassung des SRI.

Die trotz der methodischen Einschränkungen deutlich werdende Konzept-Vielfalt der 80er Jahren kann mehrere Ursachen haben. Zum einen werden aufgrund der Transparenz des Untersuchungsdesigns bewußte Antworten im Sinne der Nicht-Stereotypie immer wahrscheinlicher. So schickte ein Teilnehmer an einer Untersuchung zum Vergleich von Selbstbild und Gesundheitskonzept das Material unbearbeitet mit der Bemerkung zurück, "he was not going to be trapped into answering something that would make it appear he stereotyped women" (Cavanaugh

1974). Das Untersuchungsthema wurde nicht nur durch die große Zahl von Untersuchungen, sondern auch durch Übersichtsartikel (z.B. Smith 1980) und Kontroversen (z.B. Abramowitz und Abramowitz 1977) immer bekannter. Die "American Psychological Association" setzt sich mit den vielfältigen Formen des "sex bias" auseinander und sensibilisiert ihre Mitglieder durch die Publikation entsprechender Task Force-Berichte und Richtlinien (APA 1975, 1977, 1978). Zum anderen setzte sich das Androgynitäts-Konzept von Bem (1974) immer mehr durch und führte zu differenzierteren Überlegungen darüber, wie maskuline und feminine Eigenschaften kombiniert sein können - auch in der Auswertung von Untersuchungen. Und schießlich - möglicherweise haben sich die Gesundheitskonzepte amerikanischer PsychologInnen tatsächlich geändert.

Deutsche Untersuchungen konnten mit dem Semantischen Differential (Seggebruch 1979) bzw. mit einer gekürzten Fassung des Gießen-Tests (Haunert 1980) stereotype Gesundheitskonzepte nachweisen.
In der Studie von Seggebruch beschrieben die Therapeuten den gesunden Mann im Unterschied zur gesunden Frau als

> "wissenschaftlich interessierter, entschlußkräftiger und systematischer im Vorgehen.... Darüber hinaus greift er auf seine geistige Kapazität stärker zurück und fällt seine Urteile rational" (S. 135). "Sexuelle, allgemeine Aktivität und Selbstbestimmung sind stärker... ausgeprägt" (S. 137).

Er ist hier dem Ideal sehr nahe, im Gegensatz zum emotionalen Bereich, zur Ausdauer und Kreativität. Entsprechend liegen die Differenzen zwischen der gesunden Frau und dem Ideal im intellektuellen Bereich.

> "Kreativität, Aktivität und Ausdauer, Selbstbestimmung, Entschlußkraft, sexuelle Aktivität, Beweglichkeit, Selbstbewußtsein, Kritikfähigkeit, das alles sind Merkmale, die ... für die Frau im Vergleich zur Idealvorstellung in signifikant geringerer Ausprägung gewählt werden" (S. 138).

Therapeutinnen sehen weniger Unterschiede zwischen dem gesunden Mann, der gesunden Frau und dem Ideal.

> "...während der Frau eine neutrale Haltung zugeschrieben wird, billigt man dem Mann eher eine Tendenz zur Führung in der Partnerschaft zu" (S. 140). "Auch bezüglich der sexuellen Aktivität vertreten die Therapeutinnen ein Frauenbild, das dem Rollenstereotyp weitgehend entspricht" (S. 142). "Im Gegensatz dazu werden dem Ideal insbesondere die Qualitäten Selbstbestimmung... und hohe Aktivität, aber auch viele emotionale Eigenschaften zugeordnet. Selbstbestimmung, Kreativität, Kritikfähigkeit und die geistigen Kapazitäten zu nutzen, scheinen zentrale Aspekte der Idealvorstellungen zu sein" (S. 142).

Die Ergebnisse der Untersuchung von Haunert (1980) sind ähnlich. Während zwischen den Idealvorstellungen für den gesunden Mann und den gesunden Menschen keine Unterschiede auftraten, unterschieden sich die gesunde Frau und der gesunde Mensch. Der gesunde Mensch ist - wie der gesunde Mann - stärker als die gesunde Frau daran interessiert, andere zu lenken, zeigt eine geringere Neigung, sich Gedanken über eigene Probleme zu machen, legt weniger Wert auf gutes Aussehen (Haunert 1980, S. 159). Der Unterschied in den Gesamteinstufungen ist sowohl für den Vergleich gesunder Mann/gesunde Frau als auch für den Vergleich gesunde Frau/gesunder Mensch signifikant, nicht jedoch für den Vergleich gesunder Mann/gesunder Mensch.

Eine Replikation der Untersuchung von Neulinger konnte nur einen geringen Teil der gefundenen Differenzen nachweisen (Berger et al. 1971). Deutsche Fachleute unterschiedlicher therapeutischer Richtungen stuften Geselligkeit, Sex und Sinnlichkeit (gleicher Rang) sowie Autonomie und Spielfreude (gleicher Rang) als die vier wichtigsten Bedürfnisse der gesunden männlichen Person ein[4]. Die vier charakteristischsten Bedürfnisse der gesunden weiblichen Person waren: Geselligkeit, Sex, Sinnlichkeit und Hang zum Pflegen (letztere auf dem gleichen Rang). Signifikant waren nur die Unterschiede im Hinblick auf Leistungsmotivation, Aggression und Dominanz, die für die gesunde männliche Person als signifikant wichtiger eingestuft wurden, und Hilfsbedürftigkeit, die für die gesunde weibliche Person als signifikant wichtiger eingestuft wurde. Männliche und weibliche TherapeutInnen stimmten hinsichtlich der gesunden Frau überein. Im Hinblick auf den gesunden Mann unterschieden sich Therapeutinnen von Therapeuten durch die positivere Bewertung der Aggressivität und die negativere Bewertung des Bedürfnisses, Kritik und Zurückweisung zu vermeiden.

Methodische Grenzen

Die Zahl sozial erwünschter, stereotyp femininer Eigenschaften und Verhaltensweisen war und ist geringer als die sozial erwünschter, stereotyp maskuliner. Hier stimmen amerikanische (z.B. Rosenkrantz et al. 1968) und deutsche Untersuchungen überein (siehe unten).

Dies führt bei der Untersuchung geschlechtsstereotyper Gesundheitskonzepte zu einem methodischen Dilemma. Die interne Validität verlangt die Verwendung einer Skala mit gleicher Anzahl von sozial erwünschten, stereotyp femininen und stereotyp maskulinen Items, wenn man differenziertere Aussagen über eventuell stereotyp geprägte Eigenschaften und Verhaltensweisen der gesunden Frau, des gesunden Mannes und der gesunden Person machen will. Gleichzeitig müßte die Skala - im Sinne einer repräsentativen Stichprobe aus den sozial erwünschten Geschlechtsstereotypen, also im Sinne einer hohen externen Validität - mehr ste-

4 Aus Gründen der Vergleichbarkeit mit der Originalstudie wurden auch hier - obwohl nicht sinnvoll - Mittelwerte für Rangdaten berechnet.

reotyp maskuline als stereotyp feminine Items enthalten (wie der Sex-Stereotype Questionnaire). Bei der ersten Alternative stellt sich ein weiteres Problem: aufgrund der höheren Anzahl sozial erwünschter, stereotyp maskuliner Eigenschaften und Verhaltensweisen müssen entweder einige interessierende maskuline Charakteristika unberücksichtigt bleiben oder stereotyp feminine eingeschlossen werden, die sozial weniger erwünscht sind (wie beim Sex-Role Inventory).

Ein weiteres Problem stellt der geschlechtsneutrale Standard dar - die "gesunde Person" ist eine nicht besonders gelungene Hilfskonstruktion. Viele Versuchspersonen stellen sich hier einen Mann vor (Stricker 1977, Wise und Rafferty 1982). Die Ähnlichkeit eines gesunden Mannes mit einer gesunden Person und die Unterschiede zwischen der gesunden Person und der gesunden Frau wären so nicht verwunderlich. Einige AutorInnen (z.B. Maffeo 1979) verweisen allerdings darauf, daß es sich hierbei nicht nur um ein sprachliches Problem handelt, sondern daß darin schon das zu untersuchende stereotype bzw. androzentrische Konzept seinen Ausdruck findet. Mangels besserer Alternativen sollte man nicht von vorneherein darauf verzichten, die "Idealnorm" in dieser Weise zu operationalisieren. Bei entsprechenden Ergebnissen ist diese Problematik jedoch zu berücksichtigen.

Untersuchung

Die eigene Untersuchung hatte das Ziel, das derzeitige Konzept psychischer Gesundheit von PsychologInnen zu erfassen. Im Hinblick auf das "Validitäts-Dilemma" erfolgte die Entscheidung zugunsten der internen Validität; dies erforderte die Konstruktion einer neuen Skala[5].

Methode

Material

Die Skala zur Erfassung von Geschlechtsstereotypen war in einer Voruntersuchung mit einer studentischen Stichprobe (N=150) konstruiert worden. Die Versuchspersonen hatten die Instruktion, anhand von Items ihr Bild der Frau und des Mannes zu beschreiben und die Ausprägung der unter Betracht stehenden Eigenschaft oder Verhaltensweise zu kennzeichnen, die sie als sozial erwünscht betrachteten. Jede Versuchsperson bearbeitete alle drei Instruktionen, die Reihenfolge der Instruktionen war ausbalanciert. Der Itempool setzte sich zusammen aus den Items des SSQ, des SRI und des Personal Attribute Questionnaire (PAQ; Spence

5 Diese Untersuchung war Teil einer umfangreicheren Studie (Born 1991). Hier werden nur das Material und die Aspekte der Durchführung beschrieben, die für die unter Betracht stehende Fragestellung relevant sind.

et al. 1974, 1975) sowie einigen neu formulierten. Als Ergebnis eines vierstufigen Selektionsverfahrens verblieben im vorletzten Selektionsschritt 47 sozial erwünschte, stereotyp maskuline und 24 sozial erwünschte, stereotyp feminine Items, die alle Selektionskriterien erfüllten. Eine Gruppierung der Items bestätigte für das feminine Stereotyp die bekannten Bereiche: Empathie, Wärme, Zurückhaltung und Rücksichtnahme. Auch für das maskuline Stereotyp zeigten sich die bereits in der Literatur beschriebenen Inhalte: Kompetenz im intellektuellen Bereich, im praktischen Bereich, in Konflikt- und Entscheidungssituationen, allgemeine Kompetenz, Selbstsicherheit, Unabhängigkeit, Körperkraft/Dynamik, Verläßlichkeit (z.B. Kimball 1977, Schenk 1979, Cook 1985).

Da die Zahl der beiden Itemtypen gleich hoch sein sollte, mußten die sozial erwünschten, stereotyp maskulinen Items um etwa 50% reduziert werden. Dazu wurden pro Inhaltsbereich Paare inhaltlich ähnlicher Items gebildet und jeweils die Alternative mit den besseren Kennwerten in den vorherigen Selektionsschritten ausgewählt. Bei den sozial erwünschten, stereotyp femininen Items wurden zwei Items aufgrund zu hoher Ähnlichkeit ausgeschlossen.

Die Tatsache, daß bei den stereotyp maskulinen Items die Möglichkeit bzw. Notwendigkeit gegeben war, aus den geeigneten noch einmal die besten auszuwählen, ist aufgrund der strengen Auswahlkriterien, denen beide Itemgruppen genügten, unproblematisch im Hinblick auf methodische Aspekte.

Die endgültige Skala zur Erfassung von Geschlechtsstereotypen (siehe Tabelle 1) enthält 22 Items, deren stereotyp femininer Pol sozial erwünscht ist (F+-Items; z.B. *Überhaupt nicht aggressiv*/Sehr aggressiv) und 22 Items, deren stereotyp maskuliner Pol sozial erwünscht ist (M+-Items; z.B. *Sehr realistisch*/Sehr unrealistisch); sie sind kontinuierlich skaliert (7-Punkte-Likert-Skalen).

Durchführung

Im September 1989 wurden 480 PsychologInnen angeschrieben und um die Teilnahme an der Untersuchung gebeten. Die letzte Rückantwort ging im Januar 1990 ein. Die Adressen wurden zufällig Branchenverzeichnissen, Mitgliedslisten von Berufsverbänden und für Hamburg dem Therapieführer (neueste Auflage: 1985/1986) entnommen.

Jede Versuchsperson erhielt nur eine der drei Instruktionen: Beschreibung des reifen, gesunden, sozial kompetenten, erwachsenen Mannes bzw. der reifen, gesunden, sozial kompetenten, erwachsenen Frau bzw. einer solchen Person.

Tabelle 1: F+- und M+-Items der Geschlechtsstereotypen-Skala

Sozial erwünschte Pole der F+-Items	Sozial erwünschte Pole der M+-Items
Überhaupt nicht aggressiv	Sehr realistisch
Sehr dankbar	Überhaupt nicht leicht zu beeinflussen
Sehr ruhig	Mag Mathematik und Naturwissenschaften sehr
Sieht sich nie als die Hauptfigur	Sehr starke Persönlichkeit
Sehr viel Verständnis für andere	Sehr aktiv
Sehr warm in Beziehungen zu anderen	Denkt sehr logisch
Mag Kunst und Literatur sehr	Überhaupt nicht verletzlich
Fühlt sich überhaupt nicht unbehaglich, wenn andere Gefühle äußern	Nie beunruhigt
Überhaupt nicht aufdringlich	Kann sich fast immer durchsetzen
Sehr liebevoll	Fähig, Gefühle und Gedanken zu trennen
Stark ausgeprägtes Gewissen	Überhaupt nicht abhängig
Sehr rücksichtsvoll	Große Begabung für technische Dinge
Zeigt sehr viel Mitgefühl	Wehrt sich unter Druck
Benutzt sehr selten Schimpfworte	Überhaupt nicht ängstlich
Fast immer bereit, andere zu trösten	Kann Sachverhalte sehr gut analysieren
Sehr treu	Verteidigt immer eigene Meinung
Sehr sensibel für die Bedürfnisse anderer	Hat Führungseigenschaften
Strahlt viel Wärme aus	Sehr selbstsicher
Sehr anpassungsfähig	Bereit, Risiken einzugehen
Sehr herzlich	Überhaupt nicht leichtgläubig
Beschwichtigt sehr oft in Auseinandersetzungen	Sehr verschwiegen
Sehr sensibel für die Gefühle anderer	Sehr systematisch

Stichprobe

Der Rücklauf erreichte mit 163 Exemplaren (34%) nicht die erhoffte 50%-Quote, lag jedoch im üblichen Rahmen (7% bis 70%; Friedrichs 1980, S. 237). Von den 163 zurückgeschickten Exemplaren waren 36 nicht brauchbar; dies waren nicht ausgefüllte und solche, bei denen von den TeilnehmerInnen die Instruktion zur Skala entfernt worden war.

Charakteristische Rücklaufwellen im Hinblick auf soziodemographische Merkmale waren nicht zu erkennen.

Die Stichprobe umfaßt 63 Frauen und 64 Männer. Das Durchschnittsalter der Teilnehmerinnen (M = 44.3, s = 8.9) und der Teilnehmer (M = 42.1, s = 6.4) unterschied sich nicht. Die mittlere Berufserfahrung lag bei 13.4 Jahren (Range von 2 bis 30 Jahren). Auch hier fanden sich keine Geschlechtsunterschiede (Psychologinnen: M = 14.0, s = 5.8; Psychologen: M = 12.8, s = 6.2).

Die Mehrzahl der PsychologInnen war in einer eigenen Praxis tätig (N = 77; 60.6%), 31 (24.4%) arbeiteten in einer Institution, 19 TeilnehmerInnen (15.0%) gaben beide Tätigkeitsbereiche an. Hier zeigte sich ein Unterschied zwischen männlichen und weiblichen Versuchspersonen: Die Zahl der Psychologen, die gleichzeitig in einer Institution und in einer freien Praxis tätig waren, war doppelt so hoch wie die der Psychologinnen. Durchschnittlich hatte jede Versuchsperson zwei Zusatzausbildungen; 43 TeilnehmerInnen hatten eine, 33 TeilnehmerInnen zwei und 34 TeilnehmerInnen drei Zusatzausbildungen. Sieben TeilnehmerInnen hatten vier und mehr Zusatzausbildungen. Dreizehn TeilnehmerInnen hatten den Titel "Klinische/r Psychologe/in BDP". Tabelle 2 gibt einen Überblick über die am häufigsten genannten Formen der Zusatzausbildungen.

Tabelle 2: Art der häufigsten Zusatzausbildungen getrennt nach dem Geschlecht der Versuchspersonen

Art der Zusatzausbildung	Männliche VPN	Weibliche VPN	Gesamt
Gesprächstherapie	28	32	60
Verhaltenstherapie	29	23	52
Psychoanalyse	7	11	18
Familientherapie	8	7	15
Gestalttherapie	7	6	13
Klinische Hypnose	7	1	8
Psychodrama	3	3	6
Transaktionsanalyse	3	3	6

Zu den Arbeitsschwerpunkten wurden von 125 TeilnehmerInnen 242 Angaben gemacht (siehe Tabelle 3).

Die Stichprobe läßt sich charakterisieren als überwiegend in freier Praxis tätige PsychologInnen mittleren Alters mit langjähriger Berufserfahrung und Zusatzausbildungen vorwiegend in Gesprächs- und Verhaltenstherapie.

Tabelle 3: Absolute und prozentuale Häufigkeiten der Arbeitsschwerpunkte

Arbeits-schwerpunkt	Geschlecht der VPN Mann/Frau	Absolute Häufigkeit der Nennungen	% bezogen auf Zahl der Nennungen	% bezogen auf Zahl der Personen
Forschung	6/3	9	3.7	7.2
Lehre	9/9	18	7.4	14.4
Diagnostik	19/12	31	12.8	24.8
Beratung	31/32	63	26.0	50.4
Therapie	60/61	121	50.0	96.8
Gesamt	125/117	242	100.0	193.6

Versuchsplan

Die Auswertung erfolgte varianzanalytisch mit den Faktoren Geschlecht der Stimulusperson und Geschlecht der Versuchsperson. Die abhängigen Variablen waren jeweils der Mittelwert über die 22 M+- und über die 22 F+-Items sowie die Mittelwerte der einzelnen 44 Items.[6]

Die Items waren so angeordnet, daß die sozial erwünschten Pole bei beiden Itemgruppen mit 1.00 skaliert waren und die jeweils gegenstereotypen, sozial weniger erwünschten Pole mit 7.00.

Tabelle 4 zeigt Operationalisierungen für denkbare bzw. in der bisherigen Literatur erwähnte Konzepte psychischer Gesundheit anhand der hier verwendeten Skala. Dabei wurde die Skalenmitte (> 3 und < 5) als undifferenzierter Mittelbereich (ähnlich der Klassifizierung von Bem ab 1977) ausgeklammert. Da für beide Itemgruppen die sozial erwünschten Pole mit 1.00 und die sozial weniger erwünschten mit 7.00 skaliert waren, entspricht bei den M+-Items der Bereich zwischen 1.00 und 3.00 der sozial erwünschten, stereotyp maskulinen und der Bereich zwischen 5.00 und 7.00 der sozial weniger erwünschten, stereotyp femininen Ausprägung einer Eigenschaft oder Verhaltensweise. Bei den F+-Items verhält es sich entsprechend: 1.00 bis 3.00 repräsentiert die sozial erwünschte, stereotyp feminine und 5.00 bis 7.00 die sozial weniger erwünschte, stereotyp maskuline Ausprägung der Eigenschaft oder Verhaltensweise.

6 Wegen der großen Zahl der Vergleiche wurde das α pro Vergleich auf .001 gesetzt, so daß die Wahrscheinlichkeit des Fehlers I. Art für die gesamte Fragestellung bei .04 liegt.

Tabelle 4: Idealtypische Grenzen der Mittelwerte (M) der M+- und der F+-Items für verschiedene Konzepte psychischer Gesundheit

Instruktion	gesunder Mann		gesunde Frau		gesunde Person	
Itemtyp	M+	F+	M+	F+	M+	F+
Konzept						
stereotyp_1	$1 \leq M \leq 3$	$5 \leq M \leq 7$	$5 \leq M \leq 7$	$1 \leq M \leq 3$	$1 \leq M \leq 3$	$5 \leq M \leq 7$
stereotyp_2	$1 \leq M \leq 3$	$5 \leq M \leq 7$	$5 \leq M \leq 7$	$1 \leq M \leq 3$	$1 \leq M \leq 3$	$1 \leq M \leq 3$
androzentrisch	$1 \leq M \leq 3$	$5 \leq M \leq 7$	$1 \leq M \leq 3$	$5 \leq M \leq 7$	$1 \leq M \leq 3$	$5 \leq M \leq 7$
gynäzentrisch	$5 \leq M \leq 7$	$1 \leq M \leq 3$	$5 \leq M \leq 7$	$1 \leq M \leq 3$	$5 \leq M \leq 7$	$1 \leq M \leq 3$
androgyn	$1 \leq M \leq 3$	$1 \leq M \leq 3$	$1 \leq M \leq 3$	$1 \leq M \leq 3$	$1 \leq M \leq 3$	$1 \leq M \leq 3$

Ein androgynes Konzept psychischer Gesundheit wäre dann gegeben, wenn die Werte beider Itemgruppen unter allen Instruktionen zwischen 1.00 und 3.00 lägen. Dann würden der gesunde Mann, die gesunde Frau und die gesunde Person jeweils durch sozial erwünschte, stereotyp maskuline (M+: 1.00-3.00) und sozial erwünschte, stereotyp feminine (F+: 1.00-3.00) Eigenschaften und Verhaltensweisen beschrieben. Bei einem androzentrischen Gesundheitskonzept dominiert das maskuline Stereotyp, d.h., die Mittelwerte der M+-Items liegen bei allen Instruktionen zwischen 1.00 und 3.00 (sozial erwünschte, stereotyp maskuline Ausprägung) und die der F+-Items zwischen 5.00 und 7.00 (sozial weniger erwünschte, aber eben auch stereotyp maskuline Ausprägung). Bei einem gynäzentrischen Konzept (immerhin *denkbar*) würden bei allen Instruktionen und Itemgruppen die stereotyp femininen Ausprägungen gekennzeichnet (F+: 1.00-3.00, M+: 5.00-7.00), auch wenn dies bei den M+-Items die sozial weniger erwünschten wären. Das stereotype Konzept_1 und Konzept_2 unterscheidet sich in der Beschreibung der gesunden Person; bei beiden Varianten werden die gesunde Frau und der gesunde Mann entsprechend dem jeweiligen Geschlechtsstereotyp beschrieben. Das erste Konzept entspricht dem von Broverman et al. (1970) postulierten Doppelstandard: hier ist auch die gesunde Person stereotyp maskulin (M+: 1.00-3.00, F+: 5.00-7.00). Das stereotype Konzept_2 beschreibt ebenfalls ein stereotypes Gesundheitskonzept; hier entsprechen die gesunde Frau und der gesunde Mann wiederum den jeweiligen Geschlechtsstereotypen, die gesunde Person ist jedoch androgyn (M+: 1.00-3.00, F+: 1.00-3.00).

Ergebnis

Vergleich der Mittelwerte

Keiner der Faktoren erreichte Signifikanz. Sowohl im Hinblick auf die sozial erwünschten, stereotyp maskulinen als auch im Hinblick auf die sozial erwünschten, stereotyp femininen Eigenschaften und Verhaltensweisen stimmen die Beschreibungen des gesunden Mannes und der gesunden Frau mit der Idealnorm (gesunde Person) überein (vgl. Tabelle 5). Männliche und weibliche Versuchspersonen unterscheiden sich nicht signifikant in diesen Einstufungen.

Tabelle 5: Mittelwerte der M+- und der F+-Items unter den verschiedenen Instruktionen

Instruktion	gesunder Mann		gesunde Frau		gesunde Person	
Itemtyp	M+	F+	M+	F+	M+	F+
M	2.96	3.44	2.90	3.02	2.92	3.13
s	0.55	0.76	0.49	0.42	0.52	0.50
N	42		40		43	

Itemanalyse

Für sechs Items (2 M+, 4 F+) zeigten sich signifikante Effekte ($p \leq .001$) in Abhängigkeit von der Instruktion. Mitgefühl und Wärme sowie die Sensibilität für die Gefühle und Bedürfnisse anderer sind beim gesunden Mann signifikant weniger ausgeprägt als bei der gesunden Frau; diese mag Mathematik und Naturwissenschaften signifikant weniger als der gesunde Mann und hat weniger Begabung für technische Dinge. Gesunde Frau und gesunde Person unterscheiden sich in diesen vier Charakteristika nicht. Gesunde Person und gesunder Mann unterscheiden sich nur im Hinblick auf die größere technische Begabung des letzteren bedeutsam.

Diskussion

Das Gesundheitskonzept für die gesunde Frau, den gesunden Mann und die gesunde Person (Idealnorm) unterscheidet sich nicht signifikant. Auch Unterschiede in Abhängigkeit vom Geschlecht der Versuchspersonen konnten nicht nachgewiesen werden. Männliche und weibliche PsychologInnen vertreten also ein nicht-stereotypes Gesundheitskonzept.

Auf Merkmalsebene finden sich einzelne signifikante Unterschiede, die überwiegend die klassischen Geschlechtsstereotype reflektieren, jedoch im Gesamt der Merkmale kompensiert werden.

Das hier gefundene Gesundheitskonzept entspricht keiner der zuvor operationalisierten Definitionen und erlaubt zwei alternative Interpretationen.
Betrachtet man die Ausprägung der sozial erwünschten, stereotyp maskulinen Charakteristika, könnte es sich sowohl um ein androzentrisches als auch um ein androgynes Gesundheitskonzept handeln. Eine eindeutige Zuordnung scheitert an der Ausprägung der sozial erwünschten, stereotyp femininen Eigenschaften und Verhaltensweisen.

Angesichts der jeweils geringen Mittelwertsunterschiede der M+- und der F+-Items und der Tatsache, daß die Mittelwerte der F+-Items nur knapp außerhalb der (eben nur) idealtypischen Grenzen liegen, könnte man das hier gefundene Konzept als androgyn bezeichnen. Andererseits zeigt eine Betrachtung auf Itemebene (siehe Born 1991), daß die Mehrzahl der F+-Items tatsächlich im undifferenzierten Bereich liegt, ganz im Gegensatz zu den M+-Items, die in der Mehrzahl am extremen Skalenende liegen. Die Mittelwerte der F+-Items sind also tatsächlich "undifferenziert" und ergeben sich nicht etwa durch Kompensation extremer Werte. Ein neuer androzentrischer Standard also, bei dem die gesunde Frau, der gesunde Mann und die gesunde Person sozial erwünschte, stereotyp maskuline Eigenschaften und Verhaltensweisen aufweisen, während sie hinsichtlich ihrer femininen Anteile unbestimmt sind?

Eine Kombination dieser beiden Interpretationsalternativen - im Sinne eines modifizierten androgynen Standards, mit einem stärkeren maskulinen und einem schwächeren femininen Anteil - scheint den Daten am ehesten gerecht zu werden.

Möglicherweise läßt sich dieses Ergebnis durch die Beachtung eines bisher noch nicht diskutierten Aspektes erklären. Es ist zu fragen, ob die ursprüngliche Gleichsetzung von sozialer Erwünschtheit mit Gesundheit (noch) haltbar ist. Die Tatsache, daß eine Eigenschaft oder Verhaltensweise sozial erwünscht ist, sagt noch nichts über deren Bedeutung für das Konzept einer gesunden Person aus. Die soziale Erwünschtheit mag eine notwendige Voraussetzung für das Gesundheitskonzept sein, sie muß keine hinreichende sein.

Mit dieser Zusatzannahme könnte das Ergebnis dieser Untersuchung dahingehend interpretiert werden, daß die stereotyp femininen Eigenschaften und Verhaltensweisen zwar sozial erwünscht sind, aber nicht in gleicher Weise wichtig für die psychische Gesundheit wie die stereotyp maskulinen Eigenschaften und Verhaltensweisen. Unterstützt wird diese Interpretation durch Ergebnisse zur Wichtigkeit verschiedener Therapieinhalte aus dem zweiten, hier nicht referierten Untersuchungsteil. Diese Therapieinhalte (11 stereotyp maskuline und 11 stereotyp feminine) stammten aus der beschriebenen Skala, sind also mit der Hälfte der Eigenschaften und Verhaltensweisen des Gesundheitskonzepts identisch. Die stereotyp maskulinen Therapieinhalte wurden als signifikant wichtiger eingestuft als die stereotyp femininen, und zwar unabhängig vom Geschlecht und der Geschlechtsrolle der diagnostisch zu beurteilenden Person.

Aus der Kombination dieser Ergebnisse kann der Schluß gezogen werden, daß ein Mann und eine Frau dann als gesund betrachtet werden, wenn sie sozial erwünschte, stereotyp maskuline Eigenschaften und Verhaltensweisen zeigen, während stereotyp feminine Persönlichkeitsanteile von geringerer Bedeutung sind.

Diese Schlußfolgerung steht in Einklang mit den neueren Ergebnissen zum Zusammenhang von Androgynität und psychischem Wohlbefinden. Die ursprüngliche Annahme, androgyne Personen seien gesünder als stereotyp-orientierte ("sex-typed"), muß möglicherweise revidiert werden. Bassoff und Glass (1982) wiesen in ihrer Meta-Analyse einen starken Zusammenhang von Maskulinität und psychischer Gesundheit und einen schwachen Zusammenhang von Femininität und psychischer Gesundheit nach. Androgynität korreliert zwar stärker mit psychischer Gesundheit als Femininität, jedoch ist es die maskuline Komponente der Androgynität, und nicht die Integration von Femininität und Maskulinität, die für diese höhere Korrelation verantwortlich ist. Im Zusammenhang mit psychischer Gesundheit ist nach dieser Meta-Analyse Femininität eine größtenteils irrelevante Komponente der Androgynität.

Weitergehende Fragen, ob z.B. ein solches Gesundheitskonzept Frauen nicht auch wieder vor die Alternative "weiblich oder gesund" stellt (ähnlich wie bei einem stereotypen Doppelstandard), ob diese Alternative angesichts der Ergebnisse zum Zusammenhang von Geschlechtsrolle und psychischer Gesundheit möglicherweise "angemessen" ist und welchen Preis androgyne Frauen für das Erfüllen dieser Gesundheitsnorm zahlen (soziale Sanktionen, Doppelbelastung), sind angesichts des derzeitigen Forschungsstandes nur ideologisch zu beantworten.

Vor einer allzuschnellen Generalisierung der hier gefundenen Ergebnisse muß gewarnt werden. Es ist noch zu untersuchen, ob und wie diese in einem Papier-und-Bleistift-Verfahren erfaßte Norm in der realen therapeutischen Interaktion mit KlientInnen, die mehr sind als nur "Mann" oder "Frau" verhaltenswirksam wird. Dazu müßte u.a. nachgewiesen werden, daß androgyne oder maskulin-orientierte KlientInnen günstigere diagnostische Urteile z.B. im Hinblick auf intellektuelles Niveau, emotionale Reife, soziale Anpassung erhalten als stereotyp-orientierte. Eine mögliche Konsequenz könnte allerdings auch sein, daß diagnostische Urteile diese Norm reflektieren (im Sinne eines "bias") und nicht die tatsächlichen Charakteristika der individuellen KlientInnen. Zu prüfen wäre auch, ob sich das Verhalten von TherapeutInnen und die Therapieziele an dieser Norm orientieren, dies hieße, die Integration gegenstereotyper Anteile zu unterstützen und nicht stereotype Verhaltensmuster zu verstärken. Auch hier besteht die Gefahr, daß die "Norm" nicht den Bedürfnissen der KlientInnen entspricht.

Literatur

Abramowitz, S.I.; Abramowitz, C.V. (1977): Sex-Biased Researchers of Sex Bias in Psychotherapy and Impartial Reviewers. American Psychologist 32, 893-894.

American Psychological Association (1975): Report of the Task Force on Sex Bias and Sex-Role Stereotyping in Psychotherapeutic Practice. American Psychologist 30, 1169-1175.

American Psychological Association (1977): Guidelines for Nonsexist Language in APA Journals. American Psychologist 32, 487-494.

American Psychological Association (1978): Task Force on Sex Bias and Sex-Role Stereotyping in Psychotherapeutic Practice: Guidelines for Therapy with Women. American Psychologist 33, 1122-1123.

Anderson, M. and the Feminist Psychotherapy Group (1975): Sex Role Stereotyping and Clinical Psychologists: An Australian Study. Australian Psychologist 1975, 10, 325-331.

Aslin, A.L. (1977): Feminist and Community Mental Health Center Psychotherapists‘ Expectations of Mental Health for Women. Sex Roles 3, 537-545.

Bassoff, E.S.; Glass, G.V. (1982): The Relationship Between Sex Roles and Mental Health: A Meta-Analysis of Twenty-Six Studies. Counseling Psychologist 10, 105-112.

Bem, S.L. (1974): The Measurement of Psychological Androgyny. Journal of Consulting and Clinical Psychology 42, 155-162.

Bem, S.L. (1977): On the Utility of Alternative Procedures for Assessing Psychological Androgyny. Journal of Consulting and Clinical Psychology 45, 196-205.

Bem, S.L. (1979): Theory and Measurement of Androgyny: A Reply to the Pedhazur-Tetenbaum and Locksley-Colten Critiques. Journal of Personality and Social Psychology 37, 1047-1054.

Berger, F.; Fertsch-Röver, C.; Wolff, E. (1971): Mental Health - Problematik eines Begriffs. Unveröffentlichte Semesterarbeit. Gießen.

Born, P. (1991): Der Einfluß von Geschlechtsstereotypen und Geschlechtsrollen auf das Konzept psychischer Gesundheit und das diagnostische Urteil. Unveröffentlichte Dissertation. Gießen.

Broverman, I.K.; Broverman, D.M.; Clarkson, F.E.; Rosenkrantz, P.S.; Vogel, S.R. (1970): Sex-Role Stereotypes and Clinical Judgements of Mental Health. Journal of Consulting and Clinical Psychology 34, 1-7.

Cavanaugh, P. (1977): Sex-Role Stereotypes: A Current Appraisal of High School Counsellors. Unpublished Paper, University of British Columbia, 1974. In: D.E. Smith; S.J. David (eds): Women Look at Psychiatry, S. 126. Press Gang Publishers: Vancouver.

Cook, E.P. (1985): Psychological Androgyny. Pergamon Press: New York.

Delk, J.L.; Ryan, T.F. (1975): Sex Role Stereotyping and A-B Therapist Status: Who is more Chauvinistic? Journal of Consulting and Clinical Psychology 43, 589.

Delk, J.L.; Ryan, T.F. (1977): A-B Status and Sex Stereotyping among Psychotherapists and Patients. Journal of Nervous and Mental Disease 164, 253-262.

Dreman, S.B. (1978): Sex-Role Stereotyping in Mental Health Standards in Israel. Journal of Clinical Psychology 34, 961-966.

Friedrichs, J. (1980): Methoden empirischer Sozialforschung. Westdeutscher Verlag: Opladen.

Haunert, P. (1980): Geschlechtsspezifische Idealvorstellungen von Medizinern und Diplompsychologen über psychische Gesundheit. Unveröffentlichte Diplomarbeit. Gießen.

Johnson, P.I. (1974): The Relationship between Sex-Role Stereotypes and Concepts of Mental Health. Doctoral Dissertation, Arizona State University, 1974; Dissertation Abstracts International 34, 5195B. In: Whitley, B.E.: Sex Roles and Psychotherapy: A Current Appraisal. Psychological Bulletin 1979, 86, 1309-1321.

Kabacoff, R.I.; Marvit, S.J.; Orlofsky, J.L. (1985): Correlates of Sex Role Stereotyping among Mental Health Professionals. Professional Psychology 16, 98-105.

Kimball, M. (1977): Women, Sex Roles and Mental Health: Catch 22. In: D.E. Smith; S.J. David (eds): Women look at Psychiatry, S. 121-142. Press Gang Publishers: Vancouver.

Kravetz, D.F.; Jones, L.E. (1981): Androgyny as a Standard for Mental Health. American Journal of Orthopsychiatry 51, 502-509.

Maffeo, P.A. (1979): Thoughts on Stricker's "Implications of Research for Psychotherapeutic Treatment of Women". American Psychologist 34, 690-695.

Marvit, S.J. (1981): Assessment of Sex-Role Stereotyping among Male and Female Psychologist Practitioners. Journal of Personality Assessment 45, 593-599.

Murray, H.A. (1938): Explorations in Personality. A Clinical and Experimental Study of 50 Men of College Age. Oxford University Press: New York.

Neulinger, J. (1968): Perceptions of the Optimally Integrated Person: A Redefinition of Mental Health. Proceedings of the 76th Annual Convention of the American Psychological Association 3, 553-554.

Neulinger, J.; Schillinger, M.; Stein, M.L.; Welkowitz, J. (1970): Perceptions of the Optimally Integrated Person as a Function of Therapist's Characteristics. Perceptual and Motor Skills 30, 375-384.

Pedhazur, E.J.; Tetenbaum, T.J. (1979): Bem Sex Role Inventory: A Theoretical and Methodological Critique. Journal of Personality and Social Psychology 37, 996-1016.

Rosenkrantz, P.; Vogel, S.; Bee, H.; Broverman, I.; Broverman, D.M. (1968): Sex-Role Stereotypes and Self-Concepts in College Students. Journal of Consulting and Clinical Psychology 32, 287-295.

Schenk, H. (1979): Geschlechtsrollenwandel und Sexismus. Zur Sozialpsychologie geschlechtsspezifischen Verhaltens. Beltz: Weinheim.

Seggebruch, G. (1979): Ein Beitrag zur Erforschung der Sichtweisen der Klienten bei Therapeuten und Therapeutinnen. Unveröffentlichte Dissertation. Braunschweig.

Sherman, J.A. (1980): Therapist Attitudes and Sex-Role Stereotyping. In: A.M. Brodsky; R.T. Hare-Mustin (eds): Women and Psychotherapy. An Assessment of Research and Practice, S. 35-66. Guilford Press: New York.

Smith, M.L. (1980): Sex Bias in Counseling and Psychotherapy. Psychological Bulletin 87, 392-407.

Spence, J.T.; Helmreich, R.; Stapp, J. (1974): The Personal Attribute Questionnaire: A Measure of Sex-Role Stereotypes and Masculinity-Femininity. Journal Supplement Abstract Service Catalog of Selected Documents in Psychology 4, 43-44.

Spence, J.T.; Helmreich, R.; Stapp, J. (1975): Ratings of Self and Peers on Sex-Role Attributes and their Relation to Self-Esteem and Conceptions of Masculinity and Femininity. Journal of Personality and Social Psychology 32, 29-39.

Stricker, G. (1977): Implications of Research for Psychotherapeutic Treatment of Women. American Psychologist 32, 14-22.

Swenson, E.W.; Ragucci, R. (1984): Effects of Sex-Role Stereotypes and Androgynous Alternatives on Mental Health Judgements of Psychotherapists. Psychological Reports 54, 475-481.

Wetmore-Foshay, A.A.; O'Neill, P.; Foster, J.A. (1981): Sex Role Stereotyping among School Counselors. Canadian Counselor 15, 180-184.

Whitley, B.E. (1979): Sex Roles and Psychotherapy: A Current Appraisal. Psychological Bulletin 86, 1309-1321.

Wise, E.; Rafferty, J. (1982): Sex Bias and Language. Sex Roles 8, 1189-1196.

Das Frauenbild in der Prävention - Psychologisierung der weiblichen Gesundheit?

Ulrike Maschewsky-Schneider, Ute Sonntag, Rosemarie Klesse

1. Einleitung

Frauen "leiden und klagen" mehr als Männer, äußern mehr Beschwerden, nehmen mehr medizinische Leistungen in Anspruch, bekommen mehr Medikamente verschrieben und werden häufiger als Männer wegen seelischer Leiden behandelt. Männer äußern weniger Beschwerden, "klagen und jammern" nicht, nehmen weniger Leistungen in Anspruch, haben eher organische und chronische Krankheiten, wie z.B. koronare Herzkrankheiten und sind geneigt, Beschwerden nicht zu äußern oder wahrzunehmen. Dieses Männer- und Frauenbild konnte für den Bereich der Beschwerden und subjektiven Selbst- und Fremdsicht der Geschlechter belegt werden. Die Unterschiede zeigen sich bei den medizinisch-epidemiologischen Indikatoren wie Krankheiten oder Arbeitsunfähigkeit nicht in dieser Schärfe, bzw. diese Indikatoren weisen in die entgegengesetzte Richtung. So ist die Lebenserwartung der Frauen deutlich höher als die der Männer.

Es konnte gezeigt werden, wie die Pathologisierung des Frauenbildes, also die Entwicklung eines Bildes der Frauen als Leidende, Kranke mit der Entwicklung des Frauenbildes der bürgerlichen Gesellschaft entstand. Die Medizin hat dabei eine wesentliche Rolle gespielt. Frauen werden in der Medizin anders behandelt und diagnostiziert als Männer. Die angeblich höhere Klagsamkeit und Leidensfähigkeit der Frau wird zum Ausgangspunkt einer Psychologisierung der weiblichen Krankenrolle. Frauen werden eher seelische, Männern manifeste, organische Krankheiten zugeschrieben. Mit der Pathologisierung des Frauenbildes geht die Psychologisierung der weiblichen Gesundheit einher.

In diesem Beitrag soll gezeigt werden, daß dieses Frauenbild auch in die neueren Ansätze der Gesundheitsförderung Eingang gefunden hat. In der Entwicklung von der Krankheitsprävention zur Gesundheitsförderung läßt sich eine Psychologisierung der Ansätze und Maßnahmen aufzeigen, wobei die Frauen eine besonders bedeutsame Rolle spielen. Die höhere Sensibilität der Frauen und ihre Bereitschaft, persönliche Veränderungen zu vollziehen, lassen sie als geeignete Zielgruppe für Gesundheitsförderung erscheinen. Es soll diskutiert werden, ob diese Psychologisierung der weiblichen Gesundheit in der Gesundheitsförderung für die Frauen einen Gewinn oder Nachteil darstellt. Macht sie umfassende Veränderungen und Autonomiegewinn der Frauen möglich oder setzt sie die medizinische Pathologisierung fort, indem sie die Frauen als entwicklungsbedürftig und defizitär betrachtet?

Diese These wird zunächst auf dem Hintergrund einer kritischen Auseinandersetzung mit eigenen Daten zur Geschlechtsspezifität in der Erfassung von Beschwerden und Persönlichkeitsbildern diskutiert. Es soll exemplarisch gezeigt werden, wie die Erhebungsinstrumente selbst die männlichen und weiblichen Rollenbilder perpetuieren. In einem zweiten Schritt wird an Ergebnissen einer qualitativen Befragung von Frauen zu ihrem Gesundheitshandeln gezeigt, daß die stärkere Bereitschaft der Frauen, Beschwerden zu äußern und wahrzunehmen, nicht im Sinne einer größeren Klagsamkeit oder gar Schwäche der Frauen interpretiert werden darf. Am Beispiel objektiv und subjektiv stark belasteter Frauen wurde deutlich, daß sog. "Durchhaltestrategien" bei Frauen die bei weitem häufigste Bewältigungsstrategie darstellen.

Es sollen Thesen entwickelt werden, welche Konsequenzen für die Gesundheitsförderung aus diesen Ergebnissen zu ziehen sind. Kriterien für Strategien, die den Frauen Veränderungen ihrer Situation ermöglichen und ihnen Wege zu einer aktiven und selbstbewußten Handlungsweise eröffnen, sollen aufgezeigt werden.

2. Gesundheitsförderung und Gewinn von Handlungsfähigkeit

Mit der Ablösung des Begriffs der Krankheitensprävention durch den Begriff der Gesundheitsförderung wurde nicht nur ein auf wenige Kausalzusammenhänge reduziertes Ätiologiemodell, das Risikofaktorenkonzept, durch ein komplexes und integratives Bedingungsmodell abgelöst. Es wurde auch eine neue Perspektive für Modelle und Programme zur allgemeinen Förderung der Gesundheit formuliert. Waren Präventionsprogramme, etwa zur Verhütung von Herz-Kreislauf-Krankheiten oder des Lungenkrebs, auf die Vermeidung von verhaltensbedingten Risiken gerichtet, so wurden Krankheit und Gesundheit nun unter dem Gesichtspunkt der gesamten Lebensweise betrachtet. Dies schloß sowohl die äußeren, objektiven Bedingungen, wie Wohnen, Arbeit, gesundheitliche Versorgung, ökonomische, politische und kulturelle Ressourcen, als auch die inneren, subjektiven Bedingungen, wie persönliche Fähigkeiten und Kompetenzen, Wissen, Gesundheitszustand und Veränderungsbereitschaft ein. Gesundheitsförderung sollte auf all diesen Ebenen aktiv werden und eingreifen (s.a. Ottawa Charta 1986). Mit diesem Ansatz ging eine zunehmende Besetzung der Gesundheitsförderung und Prävention durch die Sozialwissenschaften, besonders der Soziologie, Psychologie und Pädagogik einher. Der Medizin und Sozialmedizin wurde das ausschließliche Privileg für die Prävention abgesprochen.

Während die Soziologie sich weitgehend darauf beschränken mußte, die sozialethischen Prinzipien einer Strukturänderung der Gesellschaft zu fordern und die sozialen und ökologischen Bedingungen dafür zu erforschen, hatten es Pädagogik und Psychologie leichter. Ihre Forderungen waren aufgrund der Kompetenzen ihres Faches direkt umsetzbar, denn ihr Tun setzte am Menschen selbst an. Sie konnten und wollten vermitteln, wie dieser mehr und bessere Handlungskompetenzen erlangen kann, um mit schwierigen, belastenden und gesundheitsschädigenden Situationen oder eigenen Verhaltensweisen umzugehen. In psychologisch ausgerichteten Raucherentwöhnungskursen, Abnahme- und Streßkursen findet dies seinen Ausdruck. Die Angebote der Erwachsenenbildungseinrichtungen, der Krankenkassen, freier Träger oder auch teilweise des kommerziellen Marktes, mit ihren breit ausgerichteten Programmen, die von "Frauen in der Lebensmitte", über "Rückenschule" bis zur "Bioenergetik" reichen, zeigen das ebenso, wie neue institutionelle Angebote, wie die Einrichtung von Beratungsstellen, Kontaktstellen oder Selbsthilfegruppen. In der Ottawa Charta findet diese Orientierung in dem Prinzip "Persönliche Kompetenzen entwickeln" seinen Niederschlag.

In einem umfassend verstandenen Sinne schließt Gesundheitsförderung also die gesundheitsgerechte Gestaltung aller Lebensbereiche, wie Arbeit, Wohnen, Bildung, Freizeit, Familie, Partnerschaft, soziale und medizinische Versorgung ein. Dazu müssen sowohl auf der persönlichen als auch auf der institutionellen Ebene Handlungskompetenzen entwickelt werden. Das heißt, die Einrichtungen, Organisationen und Institutionen, die Gesundheit vermitteln, müssen ihre Zielgruppen und deren Bedarf und Fähigkeiten kennen; die Einzelnen müssen die Kompetenz entwickeln, ihr Leben aktiv in Richtung auf mehr Gesundheit zu verändern.

Dieser Begriff von Gesundheitförderung impliziert, daß der Erhalt von Gesundheit ein Ziel der Lebensplanung und -gestaltung der Menschen ist. Er setzt auch voraus, daß der Erhalt und die Herstellung von Gesundheit Realisierungschancen im Lebensumfeld der jeweiligen Betroffenen hat.

Dabei ist zu berücksichtigen, daß Gesundheit in ihrer gesellschaftlichen und persönlichen Funktion eine doppelte, sogar widersprüchliche Bedeutung hat. Persönlich bedeutet Gesundheit: frei sein von Krankheit, Leiden und Schmerz; Wohlbefinden; Glück; soziale Handlungsfähigkeit; Bewältigung der Beziehung Körper-Seele-Umwelt. Gesundheit ist aber auch funktionalisiert im Sinne eines Zwangs zur "generalisierten Leistungsfähigkeit" (Horn 1983). Gesundsein heißt, die Anforderungen der Gesellschaft an die Einzelnen wie: Arbeitsfähigkeit, Sorge für die Familie, Teilhabe am gesellschaftlichen Leben etc., erfüllen zu können.

Gesundheit im genannten Sinne ist jedoch kein anthropologisches Grundrecht, kein Anspruch des einzelnen gegenüber der Gesellschaft. Vielmehr ist das Gegenteil der Fall: Gesundheit muß "aufs Spiel gesetzt", riskiert werden. Die eigene Gesundheit muß ausgebeutet werden, um die gesellschaftlichen Leistungsstandards zu erfüllen. Die Realisierungschancen für Gesundheit sind in dieser widersprüchlichen gesellschaftlichen Bedeutung von Gesundheit zu begreifen. Ob Gesundheit zum Ziel von Lebensplanung und -gestaltung des Einzelnen wird, hängt davon ab, welche Chancen er für sich sieht, mit diesem Widerspruch umzugehen und sein Lebensumfeld aktiv in Richtung auf mehr Gesundheit zu gestalten, oder ob er sich in einer gesundheitsgefährdenden Welt hilflos ausgeliefert sieht.

Gesundheitsförderung setzt die positive Bewertung der Gesundheit durch den Einzelnen voraus. Sie will nicht Verhalten modifizieren, sondern Strukturen schaffen, in denen aktives, gesundheitsförderndes Handeln möglich ist. Sie fordert zu einem bewußten Umgang mit den Risiken der ökologischen, sozialen und persönlichen Umwelt auf und gibt Hilfen und Unterstützung zur persönlichen und kollektiven Bewältigung dieser Risiken. Damit leistet sie einen nicht von der Hand zu weisenden Beitrag in der Verbesserung der Entscheidungs- und Handlungsfähigkeit des einzelnen.

Dieses Gesundheitshandeln kann im Sinne von Beck (1986) als "aktives Handlungsmodell des Alltags" (ebd., S. 217) verstanden werden. Gesundheitsförderung als gesundheitspolitisches Konzept ist als Prozeß der "Standardisierung der gesellschaftlichen Individualisierung" zu begreifen. Beck sieht diesen Prozeß auf drei Ebenen: erstens der Auflösung bestehender Sozialformen und -bindungen, wie etwa die der Familie; zweitens den Verlust von Wertorientierungen für das Handeln (z. B. der Familien- und Partnerorientierung) und drittens die Veränderung und Neubestimmung der sozialen Einbindungen.

Letztere bringen ihrerseits neue Kontroll- und Reintegrationsmechanismen hervor. Mit der Herauslösung des Einzelnen aus bestehenden Strukturen und Normen (Individualisierung) werden dessen Handlungsspielräume erweitert. Es entsteht aber auch der Zwang zur Entscheidung für die eine oder andere Richtung der persönlichen Entwicklung. Es vollzieht sich der Wandel von der Normal- zur Wahlbiographie.

> "Gefordert ist ein aktives Handlungsmodell des Alltags, daß das Ich zum Zentrum hat, ihm Handlungschancen zuweist und öffnet und es auf diese Weise erlaubt, die aufbrechenden Gestaltungs- und Entscheidungsmöglichkeiten in bezug auf den eigenen Lebenslauf sinnvoll kleinzuarbeiten.... Für den einzelnen sind die ihn determinierenden institutionellen Lagen nicht mehr nur Ereignisse und Verhältnisse, die über ihn hereinbrechen, sondern mindestens auch Konsequenzen der von ihm selbst getroffenen Entscheidungen, die er als solche sehen und verarbeiten muß... In der individualisierten Gesellschaft nehmen also nicht nur, rein quantitativ betrachtet, die Risiken zu, sondern es entstehen auch qualitativ neue Formen des persönlichen Risikos: es kommen, was zusätzlich belastend ist, auch neue Formen der Schuldzuweisung auf" (ebd., S. 217ff.).

Dieser Individualisierungsprozeß geht mit der Entstehung neuer Normierungen einher, die teilweise hochgradig standardisiert, also vereinheitlicht sind. So wird z.B. die Entscheidung für eine gesundheitsbewußte oder ökologische Lebensweise von - zumindest für die jeweilige gesellschaftliche Sozialgruppe verbindlichen - Modetrends und Vorschriften geleitet. Diese Vereinheitlichung neuer Handlungsmöglichkeiten birgt aber auch die Gefahr einer zunehmenden Steuerung und Kontrolle der Einzelnen in sich.

Auf diesem Hintergrund erhalten Ansätze der Gesundheitsförderung, die als Modelle des Gesundheitshandelns angelegt sind, eine neue Bewertung. Sie sind Teil der sich neu konstituierenden Regulierungsmechanismen und unterstützen die Einzelnen in ihrer Entscheidung für oder gegen eine spezifische Lebensweise oder Risikokonstellation. Die Prinzipien der Ottawa Charta sind im Sinne von Beck als Setzung neuer Normierungen und Wertmaßstäbe für Gesundheit zu beurteilen.

Für die Frauenforschung stellt sich die Frage, welchen Stellenwert frauenspezifische Ansätze bei der Entwicklung der Gesundheitsförderung gehabt haben bzw. mit welchem Frauenbild dieser Ansatz der gesundheitsgerechten Gestaltung von äußeren und inneren Lebenswelten verbunden ist.

Das Menschenbild der Prävention der 60er bis in die späten 70er Jahre war in dieser Hinsicht unmißverständlich - die Frauen kamen als Zielgruppe für Prävention nicht vor. Gesundheitspädagogischen Angeboten und Aufrufen in den Medien, etwa zur Raucherentwöhnung oder zum Alkoholverzicht, lag wie selbstverständlich ein männliches Menschenbild zugrunde. Die Frauen wurden lediglich in ihrer Rollenfunktion als Mutter, Schwangere oder Partnerin des Ehemannes gesehen, deren Aufgabe es ist, für die Gesundheit anderer zu sorgen, ihre eigene aber nicht zum Thema zu machen. Dabei nahmen Prävention und Gesundheitserziehung es zunächst als nicht einmal bemerkenswert auf, daß ihre Angebote vornehmlich von Frauen genutzt wurden.

Erst mit der Entwicklung der Frauenbewegung vollzog sich eine Umorientierung in der Prävention und Gesundheitsförderung, und die Frauen als spezifische Zielgruppe kamen in den Blick. Verstärkt und notwendig wurde diese Entwicklung durch Veränderungen im Spektrum des klassischen Gesundheitsverhaltens bei Frauen, wie etwa die Zunahme des Rauchens und des Alkoholkonsums bei Frauen, Medikamentenabhängigkeit und ernährungsabhängige Probleme wie Bulimarexie oder Magersucht.

Mit der Entstehung der Gesundheitsförderung ging die Entwicklung einer frauenspezifischen Sichtweise einher. Gesundheitsförderung für Frauen sollte deren besondere Lebenslage, ihre Rolle in der Gesellschaft und ihre objektiven und subjektiven Benachteiligungen berücksichtigen und verändern helfen. War der Anspruch auch hier anfangs sehr weitgefaßt (Schneider 1981), so entwickelten sich jedoch in der Praxis Angebote und Programme mit einer eher psychologischen und gesundheitspädagogischen Ausrichtung. Frauentherapie und -beratungszentren, Frauengesundheitsläden, Frauencafés und andere Initiativen ebenso wie die schon erwähnten Angebote der Erwachsenenbildungseinrichtungen konzentrierten sich darauf, Frauen bei der Entwicklung zu mehr Autonomie, Selbstbewußtsein und aktiver Handlungskompetenz zu unterstützen.

Das in diese Entwicklung eingebundene Frauenbild bewegte sich dabei in der Kontroverse darum, ob am Mangel, an den Defiziten, die Frauen in dieser Gesellschaft haben, anzusetzen sei oder aber an ihren aktiven Fähigkeiten und Kompetenzen. Die Auseinandersetzung um die Frage, ob Frauen klagsamer als Männer seien und wie die damit einhergehende Bewertung der weiblichen Persönlichkeitsstruktur zu beurteilen sei, ist Ausdruck dieser Kontroverse. Im folgenden soll der Versuch einer Bewertung dieser Kontroverse auch auf dem Hintergrund eigener empirischer Untersuchungen gemacht werden, um damit der Frage nach dem Frauenbild in der Gesundheitsförderung näher zu kommen.

3. Psychologisierung der weiblichen Gesundheit und Pathologisierung des Frauenbildes

3.1 Weibliches Beschwerdesyndrom als Ausdruck geschlechtsspezifischer Gesundheitsstandards

Unbestreitbarer Verdienst der medizinischen Psychologie ist es, belegt zu haben, welche Bedeutung den Beschwerden im Krankeitsprozeß beizumessen ist. Brähler und Scheer (1984) zeigen verschiedene Verknüpfungen, in denen organischer Befund und Beschwerden miteinander auftreten. Ein organischer Befund muß nicht immer mit Beschwerden oder gar organspezifischen Beschwerden einhergehen und umgekehrt. Die Autoren betonen die Bedeutung dieser Ergebnisse für die ärztliche Praxis.

> "Die subjektive Bedeutung und Verarbeitung der Krankheit ist mitbestimmend für langfristige Behandlungsergebnisse. Es scheint daher wichtig, ärztlicherseits nicht nur den organischen Befund zu betrachten, sondern dem subjektiven Empfinden des Patienten gleichgewichtige Aufmerksamkeit zu schenken." (ebd., S. 192)

Auf der Basis des Gießener Beschwerdebogens konnte gezeigt werden, daß Frauen mehr Beschwerden angeben als Männer (Beckmann et al. 1975; Brähler und Scheer 1984). Frauen leiden insgesamt mehr, geben mehr Gliederschmerzen und Erschöpfungszustände an als Männer. Selbst bei Vorliegen der gleichen Erkrankung geben Frauen mehr Beschwerden an. Dies wurde im Sinne einer größeren Klagsamkeit oder Leidensfähigkeit der Frauen interpretiert. Die Autoren konnten zeigen, daß geschlechtsspezifische Unterschiede bereits in der Pubertät bzw. Vorpubertät entstehen. Ab dieser Lebensphase nennen Mädchen deutlich häufiger als Jungen Beschwerden, während dies im jüngeren Alter nicht der Fall ist. Brähler und Möhring (1986) diskutieren als Erklärung hierfür, daß Männer und Frauen ein unterschiedliches Verhältnis zu ihrem Körper haben. Frauen nehmen ihn differenzierter wahr und sind stärker auf ihren Körper bezogen.

Ihre empirischen Untersuchungen zeigen auch, daß Geschlechtsunterschiede nicht die alleinige oder wichtigste Differenzierung darstellen. Erkrankte Personen nennen ebenfalls viele Beschwerden, und das Alter ist eine bedeutsame Variable für manche Beschwerdekomplexe. Wichtiger als Alter und Geschlecht bei der Nennung von Beschwerden war der Einfluß des Partners. Die Autoren belegen eine hohe Kongruenz von Beschwerden bei Ehepartnern.

In den 70er Jahren beschäftigte sich auch die amerikanische Public Health Forschung und die Psychologie mit der Frage der geschlechtsspezifischen Unterschiede von Gesundheit und Krankheit. Nathanson (1975) diskutiert verschiedene Erklärungsansätze für das Phänomen, daß Frauen zwar länger leben als Männer, Morbiditätsindikatoren wie körperliche und geistige Gesundheit und Inanspruchnahme medizinischer Versorgung aber auf ein schlechteres gesundheitliches Befinden hindeuten. Dieser Widerspruch lasse sich so erklären, daß (1) Frauen mehr Krankheiten angeben, weil es für sie kulturell eher akzeptiert ist als für Männer; oder (2) die Krankenrolle zu den weiblichen Rollenanforderungen paßt; bzw. (3) Frauen kränker sind als Männer, weil ihre sozialen Rollen belastender sind als die der Männer. Auf der Basis ihrer empirischen Analysen kommt sie zu dem Ergebnis, daß die beste Erklärung wohl in dem Zusammengehen von Krankenrolle und anderen weiblichen Rollenerwartungen zu suchen ist. Mechanic (1978) kommt zu der Aussage, daß die Angaben von mehr subjektiven Beschwerden bei Frauen eine Widerspiegelung ihrer geschlechtsspezifischen Definition der Krankheitsrolle und ihrer Lebenssituation ist.

Neben Untersuchungen zur Depressivität und zu seelischen Erkrankungen (z.B. Chesler 1974) wurden Untersuchungen zum Medikamentengebrauch durchgeführt (Glaeske 1989, Ellinger-Weber und Kruse 1989). Ein Zusammenhang von subjektiven Beschwerden und Gebrauch von Medikamenten wie Schlaf-, Beruhigungs- und Schmerzmittel wurde aufgezeigt. Glaeske (1989) konnte auf der Basis von ärztlichem Verschreibungsverhalten und Verbrauchszahlen belegen, daß Frauen doppelt so häufig wie Männer Beruhigungsmittel verschrieben bekamen. Ein Trend zur verstärkten Verordnung von Neuroleptika und Antidepressiva an Frauen zur Behandlung frauentypischer Beschwerden wie psychosomatisch-vegetativer Leiden und Angst- und Spannungszuständen ist zu beobachten. 1989 bekamen Frauen diese Mittel drei- bis viermal häufiger als Männer verschrieben. Dabei handelt es sich um Medikamente, deren therapeutische Verwendung eigentlich bei Psychosen und Schizophrenien angezeigt ist.

Diese Behandlungsweisen decken sich auch mit neueren statistischen Untersuchungen zur Morbidität und Diagnosen von Krankheiten bei Frauen und Männern. Zoike (1991) konnte auf der Basis von Krankheitsarten-Statistiken der betrieblichen Krankenversicherungen aller Betriebskrankenkassen der alten Bundesrepublik Deutschland für die Jahre 1979 bis 1989 zeigen, daß Frauen fast doppelt so viele Arbeitsunfähigkeitstage wegen psychischer Erkrankungen hatten als Männer, obwohl sie insgesamt nicht häufiger als Männer dem Arbeitsplatz aus gesundheitlichen Gründen fernblieben. Selbst bei den Behandlungstagen im Krankenhaus stehen die psychiatrischen Krankheiten bei den Frauen als Grund für die Krankenhausbehandlung an zweiter Stelle, während sie bei den Männern unter den vier häufigsten Gründen gar nicht vorkamen.

Klinische und epidemiologische Studien in den USA konnten zeigen, daß bei Frauen zur Diagnose und Therapie koronarer Herzkrankheiten seltener bzw. erst in einem späteren Stadium der Erkrankung alle medizinisch-technischen Möglichkeiten, wie z.B. Angiographie oder Bypass-Operationen ausgeschöpft wurden (Wenger 1990). Verschiedene Erklärungen werden dazu herangezogen. Frauen sind in der Regel älter, wenn sie erkranken und das Behandlungsrisiko höher und die Heilungschancen damit geringer. Ein wichtiger Grund ist, daß der Myokardinfarkt als typische Erkrankung der Männer gilt, Frauen dagegen häufiger unter Angina Pectoris mit all den daran gebundenen Leiden und Schmerzen erkranken. Bei Patienten und Patientinnen mit Angina Pectoris ist das Risiko, später einen Infarkt zu erleiden, bei den Frauen nur halb so groß wie bei den Männern. Es ist zu vermuten, daß auf diesem Hintergrund die Herzbeschwerden der Frauen durch die Medizin eher im Sinne nicht organisch bedingter Störungen interpretiert werden. Dies könnte dann ebenfalls Ausdruck der Psychosomatisierung der weiblichen Krankheit sein.

In einer im Rahmen der Deutschen Herz-Kreislauf-Präventionsstudie durchgeführten medizinischen Untersuchung und Befragung einer repräsentativen Stichprobe von 2489 Frauen und 2302 Männern gaben - wie aus anderen Untersuchungen auch bekannt - Frauen deutlich mehr Beschwerden und Befindensstörungen an als Männer. 24% der befragten Frauen, aber nur 15% aller Männer lagen im sogenannten "Auffälligkeitsbereich". Durchschnittlich gaben Frauen eine Beschwerde 1,5 mal häufiger an als Männer (erhoben nach Zerssen 1981).

Männer fühlten sich subjektiv eher gesünder (46%) als Frauen (39%) und suchten seltener als diese den Arzt auf. Nur 37% der befragten Männer, aber 51% der Frauen waren in den letzten vier Wochen beim Arzt gewesen. Die Befragung und medizinische Untersuchung konnte auch nachweisen, daß Unterschiede bei Männern und Frauen hinsichtlich des Gesundheitsverhaltens bestehen. Typisch männliche Verhaltensweisen wie: Rauchen, Alkoholkonsum, mehr körperliche Bewegung lassen sich gegenüber weiblichen Verhaltensweisen, wie z.B.: Bevorzugung einer gesunden oder diätetischen Ernährung, abgrenzen (Maschewsky-Schneider et al. 1988). Nach eigenen Angaben nahmen Frauen bis zu fünfmal häufiger als Männer Beruhigungsmittel, Schlafmittel, Schmerzmittel, aber auch blutdrucksenkende und blutdrucksteigernde Medikamente.

In den empirischen Ergebnissen zur gesundheitlichen Lage der Frauen, ihren Beschwerden, ihrer Diagnostik und Therapie durch die Medizin wird eine Sicht auf die weibliche Gesundheit und Krankheit deutlich, die mit dem Begriff "Psychologisierung" zu umschreiben wäre. Während Männern eine klare Organfixierung ihrer Leiden und eine entsprechende medizinisch-technische Behandlung zugesprochen wird, werden die Leiden und Beschwerden der Frauen als eher seelisch oder psychosomatisch, ohne eigentlichen organischen Befund begriffen.

Das Zusammengehen von Selbst- und Fremdsicht in der Interpretation des gesundheitlichen Befindens der Geschlechter belegten bereits in den 70er Jahren durchgeführte Untersuchungen. Die Psychologin Brovermann (1970) zeigte eine Übereinstimmung zwischen Geschlechtsrollenstereotypen und Gesundheitsvorstellungen. Drei Gruppen von Experten und Expertinnen sollten eine gesunde Frau, einen gesunden Mann oder einen gesunden Menschen, geschlechtsunspezifisch, beschreiben. Die Gruppe, die einen gesunden Mann und die, die einen gesunden Menschen beschreiben sollten, kamen zu sehr ähnlichen Ergebnissen. Die Beschreibung der gesunden Frau wich allerdings davon ab. Diese wurde, verglichen mit der in den beiden anderen Gruppen gesetzten Norm, als weniger gesund beschrieben. Daraus wurde gefolgert, daß es einen unterschiedlichen Gesundheitsstandard für Männer und Frauen gibt. Männliche und weibliche Experten unterschieden sich in der Zuordnung der Geschlechtsstereotypen nicht wesentlich, was auf eine Kongruenz der Selbst- und Fremdsicht der Geschlechter hindeutet.

3.2 Beschwerden und Leiden als methodischer Artefakt?

In frauenspezifischen Ansätzen (Vogt 1983, Kluitmann 1989) wird diskutiert, inwieweit die aufgeführten Ergebnisse zur stärkeren "Klagsamkeit" der Frauen methodische Artefakte sein könnten. Meßinstrumente zur Erfassung von Beschwerden orientieren sich vor allem am weiblichen Krankheitsbild psychischer und psychosomatischer Störungen. Eher männliche Verhaltensmuster wie Aggression, Wut oder Ärger kämen als Beschwerden nicht ins Blickfeld. Diese These wäre dahingehend zu erweitern, daß es "typisch männliche" und "typisch weibliche" Meßinstrumente gibt. Gemeint ist damit, daß es solche Gesundheitsindikatoren und Instrumente gibt, die die typisch weiblichen Leiden erfassen, also etwa Beschwerden, und solche, die die typisch männlichen Leiden, wie etwa organische Erkrankungen, Fehlzeiten am Arbeitsplatz, Krankenhaus- Bettlägerigkeitstage, messen. Die geschlechtsspezifischen Gesundheitsstandards schlagen sich also unmittelbar in den Meßinstrumenten nieder, so daß die wissenschaftlichen Ergebnisse zur gesundheitlichen Lage von Männern und Frauen zwingend diese Standards widerspiegeln.

Um dieser Frage nachzugehen, haben wir die o.g. Beschwerdeliste (Zerssen) nach dem Kriterium, welche Leiden die Frauen im Verhältnis zu Männern besonders häufig und welche sie im Verhältnis weniger häufig nennen sortiert. Dabei ergibt sich so etwas wie ein "typisch weibliches" und "eher männliches" Beschwerdesyndrom (siehe Tabelle 1, S. 120).

Frauen leiden dann eher unter: Übelkeit, Schwindelgefühl, Kloßgefühl im Hals, Schwächegefühl, Schwere in den Beinen, Überempfindlichkeit gegen Kälte, Schlaflosigkeit, Mattigkeit, Unruhe in den Beinen, Überempfindlichkeit gegen Wärme, übermäßiges Schlafbedürfnis, Zittern.

Männer geben eher an: Stiche und Schmerzen in der Brust, Sodbrennen oder saures Aufstoßen, starkes Schwitzen, Schluckbeschwerden, Druck-/Völlegefühl im Leib, Kreuz-/Rückenschmerzen, Kurzatmigkeit, Grübelei, innere Unruhe, Gewichtsabnahme, Reizbarkeit, Nacken-/Schulter-Schmerz.

Aus diesen Nennungen ergibt sich eine deutliche Organfixierung männlicher Beschwerden und ein auf psychisches Befinden orientiertes weibliches Leiden. Schwäche, Mattigkeit, Zittern und Kloßgefühl im Hals - gemeint ist vielleicht "den Tränen nahe sein, alles herunterschlucken" - sind Leiden, die dem Weiblichkeitsbild entsprechen, während Männer ihre organische Fixierung am Herzen, im Magen-/Darmbereich und im Skelettsystem festmachen.

Greift man den von Vogt und Kluitmann geäußerten Gedanken auf, Indikatoren mit heranzuziehen, die nicht primär auf Krankheit, sondern auf Bewältigungsstrategien und Verhaltenstypologien bezogen sind, so ergibt sich ein anderes Bild. In der Deutschen Herz-Kreislauf-Präventionsstudie wurden Männer und Frauen nach ihrem Befinden abends nach Beendigung der Hauptbeschäftigung, also der Erwerbs- und/oder Familienarbeit gefragt. Deutlich mehr Männer (57%) als

Tabelle 1: Typische Männer- und Frauen-Beschwerden nach ZERSSEN

Frauen n=2.489 Beschwerden	Index [1)]	Männer n=2.302 Beschwerden	Index [1)]
Übelkeit	2.5	Stiche, Schmerzen in der Brust	1.0
Schwindelgefühl	2.2	Sodbrennen, saures Aufstoßen	1.0
Kloßgefühl im Hals	1.7	starkes Schwitzen	0.9
Schwächegefühl	1.7	Schluckbeschwerden	1.2
Schwere in den Beinen	1.6	Druck-/Völlegefühl im Leib	1.2
Überempfindlichkeit gegen Kälte	1.6	Kreuz-/Rückenschmwerzen	1.2
Schlaflosigkeit	1.6	Kurzatmigkeit	1.3
Mattigkeit	1.5	Grübelei	1.3
Unruhe in den Beinen	1.5	innere Unruhe	1.3
Überempfindlichkeit gegen Wärme	1.5	Gewichtsabnahme	1.3
übermäßiges Schlafbedürfnis	1.5	Reizbarkeit	1.4
Zittern	1.5	Nacken-/Schulterschmerz	1.4

Datenquelle: Nationaler Untersuchungssurvey der Deutschen Herz-Kreislauf-Präventionsstudie 1984-1986 (25-69jährige)

1) Der Index wurde gebildet als Verhältniszahl: Prozent Nennungen der Beschwerde bei Frauen: Prozent Nennungen der Beschwerden bei Männern. Der Index sagt also aus, wievielmal häufiger Frauen diese Beschwerden im Vergliech zu Männern nennen.

Frauen (47%) können abends nicht abschalten; auch Männer fühlen sich abends müde und erschöpft (69% vs. 71%) und unbefriedigt und bedrückt (27% vs. 30%).

Frauen haben dagegen ein stärkeres Schlafbedürfnis als Männer (48%). Männer fühlen sich aber in all ihren Lebensbeziehungen, also in Beruf, Familie, Wohnung und mit der finanziellen Situation, generell unzufriedener als Frauen.

Dem Rat der o.g. Autorinnen folgend läßt sich auch das Antwortverhalten von Männern und Frauen im Hinblick auf das sogenannte Verhaltensmuster Typ-A vergleichen. Dieses wurde über die BORTNER-Skala erfaßt. Das Verhaltensmuster-A umschreibt einen für die Entwicklung koronarer Herzkrankheiten besonders anfälligen Verhaltenstyp. Dieser Verhaltenstyp ist geprägt durch Ehrgeiz, Anstrengungsbereitschaft, Aggressivität, Ungeduld und ein ständiges Gefühl des Zeitdrucks. Gilt die Leidensrolle der Frau als Sinnbild von Weiblichkeit schlechthin, dann der Verhaltenstyp-A als Sinnbild des leistungsorientierten und durchsetzungsfähigen Mannes.

Die Ergebnisse einer qualitativen Betrachtung des Antwortverhaltens von Frauen und Männern bezüglich der Indikatoren des Verhaltenstyp-A stellen die Angemessenheit der Meßinstrumente zur Erfassung geschlechtsrollenstereotyper Gesundheitsindikatoren und Verhaltensmuster in Frage. Sortiert man die Verhaltensmerkmale nach dem Kriterium, ob sie mehr von Männern oder von Frauen genannt werden, so zeigen sich auch hier typisch männliche und typisch weibliche Verhaltensmuster (siehe Tabelle 2, S. 122).

Bei den Indikatoren für das Verhaltensmuster Typ-A hatten Frauen bei folgenden Merkmalen höhere Werte als Männer. Frauen waren eher: pünktlich, schnell, einsatzbereit und ernsthaft, hatten eher wenig Interessen und erledigten häufig mehrere Aufgaben gleichzeitig. Deutlich dominierten sie bei den eher Typ-B-orientierten Merkmalen. Sie waren: nicht konkurrenzorientiert, gute Zuhörerinnen, nicht gehetzt, eher geduldig, sie nehmen die Dinge wie sie kommen, sind langsam und abwägend, mit sich selbst zufrieden und auch mit der derzeitigen Situation zufrieden.

Männer hatten dagegen beim Typ-A bei folgenden Merkmalen höhere Werte. Sie waren: konkurrenzorientiert, unterbrechen ihre Gesprächspartner häufiger, sind gehetzt und eilig, ungeduldig, aber zielorientiert, energisch, anerkennungsorientiert und ehrgeizig. Weniger Merkmale weisen sie beim Typ-B auf. Sie sind eher einmal unpünktlich, erledigen Dinge nacheinander und langsam, sind gelassen und haben viele Interessen. Erstaunlicherweise unterscheiden sich Männer und Frauen nicht im Hinblick auf ihre Fähigkeit oder Unfähigkeit, Gefühle äußern zu können. Diese Selbsteinschätzung von Männern und Frauen machen die Geschlechtsrollenstereotype überdeutlich. Selbst da, wo Frauen Merkmale des Typ-A ausgeprägter als Männer zeigen, sind diese eher weiblichen Verhaltensnormen zuzuordnen. Frauen sind diszipliniert (pünktlich und einsatzbereit), müssen - wegen ihrer doppelten Verpflichtungen in Familie und Beruf - ihre Aufgaben schnell und oft nebeneinander erledigen (Wäsche waschen, Kochen, Putzen, Kinder betreuen), und sie sollen sich über Familie und Beruf hinaus nicht mit zuviel anderen Dingen

Tabelle 2: Typisch männliche und weibliche Verhaltensmuster (BORTNER-Skala)

Frauen (n=913)				Männer (n=817)			
Typ-A Merkmal	Score	Typ-B Merkmal	Score	Typ-A Merkmal	Score	Typ-B Merkmal	Score
pünktlich	5.18	nicht konkurrenzorientiert	2.15	konkurrenzorientiert	2.92	eher mal unpünktlich	5.08
schnell	4.45	gute Zuhörerin	2.14	unterbricht Gesprächspartner	2.43	erledigt Dinge nacheinander	2.72
einsatzbereit und ernsthaft	4.24	nicht gehetzt	3.27	gehetzt, eilig	3.57	erledigt Dinge langsam	4.24
wenig Interessen	2.81	geduldig	3.30	ungeduldig	3.41	gelassen	4.00
erledigt mehrere Aufgaben gleichzeitig	2.80	nimmt die Dinge wie sie kommen	3.19	zielorientiert	3.69	viele Interessen	2.76
		langsam, abwägend	3.31	energisch	3.46	Gefühle äußern	3.35
		mit sich selbst zufrieden	3.92	anerkennungsorientiert	4.17		
		zufrieden mit der derzeitigen Situation	2.16	ehrgeizig	2.60		
		Gefühle äußern	3.34				

Datenquelle: Bremer Gesundheitssurvey der Deutschen Herz-Kreislauf-Präventionsstudie 1984 (25-69jährige)

Der Score geht von 1 bis 6; hohe Werte indizieren eine starke Typ-A-Ausprägung. Zur Bildung von Geschlechtsrollen-Stereotypen wurden den Frauen alle die Persönlichkeitsmerkmale dem Typ-A zugeordnet, wo sie höhere Scores als die Männer hatten und dem Typ-B, wo sie niedrigere hatten. Analog wurde bei den Männern verfahren. Beispiel Konkurrenzorientierung: Männer 2.92 im Typ-A; Frauen 2.15 im Typ-B. Methodisch einschränkend ist zu sagen, daß die Score-Relation bei den Männern zu den Frauen nicht im engeren Sinne quantitativ zu werten ist, sondern lediglich als qualitative Differenzierung.

beschäftigen (wenig Interessen). Von ihnen wird allerdings erwartet, daß sie sich zurücknehmen können (nicht konkurrenzorientiert zu sein).

Sie sollen keine voreiligen oder gar vorwitzigen Entscheidungen treffen, also eher langsam und abwägend ihre Meinung vertreten.

Von den Männern wird dagegen etwas ganz anderes erwartet. Sie dürfen die Dinge ruhig einmal schleifen lassen, sind gelassen und können die im Arbeitsprozeß erlernte Arbeitshaltung, die Dinge nacheinander zu erledigen, auch auf den außerberuflichen Bereich übertragen. Orientiert an den Normen der Erwerbsarbeit wird von ihnen jedoch eine entsprechende Leistungs- und Einsatzbereitschaft erwartet, sowie Konkurrenz- und Zielorientierung, Ehrgeiz und Energie. Sie dürfen auch eher ungeduldig sein und ihrem Gesprächspartner ins Wort fallen.

Diese Ergebnisse zeigen, daß zumindest ein Teil der Stigmatisierung des typisch weiblichen Gesundheitsverhaltens auf die Unzulänglichkeit der Meßinstrumente zurückzuführen ist. Diese scheinen selbst Reflex männlicher und weiblicher Verhaltensnormen zu sein. Sie geben den Frauen und Männern nicht die Chance, eine Selbstsicht von Gesundheit zu präsentieren, die von dieser Norm abweicht.

3.3 Weibliche somatische Kultur

Mehr theoretische und historische Ansätze suchen nach einer Erklärung dieser Unterschiede in der historisch gewachsenen Frauenrolle in der bürgerlichen Gesellschaft. So konnten Ehrenreich und English (1976) in einer Aufarbeitung der Entwicklung der Medizin in der bürgerlichen Gesellschaft zeigen, daß diese einen erheblichen Beitrag zur Stigmatisierung der Frau als Kranke und Leidende geleistet hat. Die Medizin des 19. Jahrhunderts habe weibliche Körperfunktionen wie Menstruation, Schwangerschaft und Geburt pathologisiert und zu behandlungsbedürftigen Krankheitszuständen gemacht. Auch die Tuberkulose als bedeutsame Krankheit des vergangenen Jahrhunderts habe bei der Entwicklung des Frauenbildes zusätzlich eine wichtige Rolle gespielt. Schönheits- und Weiblichkeitsbild der Frau des 19. Jahrunderts sei die bleiche, leidende, menstruierende oder tuberkulöse Frau gewesen. Mit der Entwicklung dieses Frauenbildes gehe auch die Verbannung der Frauen ins Haus und ihre Ausgrenzung aus dem gesellschaftlichen Leben einher.

Rodenstein (1984) präzisiert diese historische Beschreibung, wenn sie die Medikalisierung des weiblichen Körpers in den Zusammenhang mit der patriarchalen Herrschaftsgewinnung über die Frauen stellt. Die Krankheits- und Leidensrolle der Frau entstehe mit der bürgerlichen Gesellschaft und der Entwicklung der naturwissenschaftlichen Medizin im vergangenen Jahrhundert. Rodenstein nennt dies die "Pathologisierung der Frauen auf der Basis ihres Geschlechtscharakters" (ebd., S.107). Mit der Ausbildung der bürgerlichen Gesellschaft habe sich auch die Stellung der Frauen wesentlich verändert. Anstelle festgeschriebener Standesdefinitionen treten die Charakterdefinitionen. Während dem Mann Einfluß, Macht,

Außenvertretung der Familie, Rationalität und Aktivität zugeschrieben werden, beschränke sich der Einflußbereich der Frauen auf den Innenbereich. Einfühlungsvermögen und Sensibilität werden von ihr verlangt. Prokop (1983) beschreibt dieses Weiblichkeitsbild anschaulich:

> "Die bewußte, zwanghafte Anpassung, sei es an Bedürfnisse anderer, sei es an Machtverhältnisse, ist die Kehrseite der weiblichen Sensibilität. Die Idealbilder des Weiblichen wie die Rollenvorschriften schließen bis in die Gegenwart eine offene, d.h. kämpferische Formulierung und Verteidigung von Eigeninteressen und Erkenntnissen aus. Den Frauen - vom selbständigen Zugang zur Welt ausgeschlossen, wurde anerzogen: Ihr Interesse auf das "Private" zu beschränken; durch Schmeicheln und Geschick ans Ziel zu kommen, weder Intellekt noch Vorstellungskraft zu zeigen, ja zu besitzen; Phantasien an die Stelle der konflikthaften Auseinandersetzung zu setzen, kurz die Autoritäten und ihre Regeln nicht in Frage zu stellen, sondern allenfalls zu sehen, wie mit List ein Vorteil herauszuholen ist" (ebd., S.311).

In der Krankheits- und Leidensrolle sei die Frau von nach außen gewandten Anforderungen im doppelten Sinne befreit, nämlich sowohl ausgeschlossen aus der Sphäre gesellschaftlicher Einflußnahme, aber auch entlastet in dem Sinne, daß die Frau in der Krankenrolle ihren stillen Widerstand gegen das ihr gesellschaftlich vorgegebene Frauenbild leiste. Krankheit und Leiden seien Sinnbild des Weiblichen schlechthin.

> "Die Krankheit bringt zugleich auch so etwas wie Identitäts- und Statusgewinn für die Frauen der bürgerlichen Schichten. Ihre Sensibilität und ihr Leiden scheinen ihnen Anerkennung zu verschaffen, dokumentieren sie doch ein sehr 'weibliches' Verhalten. So erhält das Kranksein auch ein befriedigendes Moment für die Frau selbst. In der Krankheit kann sie - und das ist vielleicht der eigentliche Gewinn - tatsächlich dem Rollenbild entsprechen, das von ihr erwartet wird. Mit der Krankheit wird sie hilflos, abhängig, passiv und schwach" (Rodenstein 1984, S.110).

Rodenstein nennt dies die Entwicklung der weiblichen somatischen Kultur.

Während die historische Sichtweise zeigt, wie die Entstehung eines Frauenbildes, das die Frau zu Passivität, Schwäche und Hilflosigkeit verdammt, mit dem Bild der kranken, klagsamen und leidenden Frau verbunden ist, untersucht die Psychologie die innerpsychischen Wirkmechanismen von Leiden, Passivität, Abhängigkeit und Ausgeliefertsein auf dem Hintergrund geschlechtsrollentypischer Zuweisungsprozesse. Frauen berichten und empfinden mehr Beschwerden, weil die Krankheits- und Leidensrolle dem weiblichen Rollenbild in unserer Gesellschaft entspricht. Sie sind Ausdruck typischer Konflikte von Frauen in unserer Gesellschaft und Teil der weiblichen Geschlechtsidentität. Vogt (1985) spricht hier vom "Frauensyndrom".

Therapeutisch-praktische Ansätze beschreiben eindrucksvoll, in welch leidvolle Beziehungsmuster zu Männern Frauen sich oft begeben, um dem gesellschaftlich geforderten Weiblichkeitsbild zu entsprechen. Trotz Frauenbewegung und der Entwicklung eines Bildes von der autonomen, selbstbewußten Frau, ist Abhängigkeit als Beziehungsmuster für viele Frauen zum gesellschaftlich akzeptierten Leiden geworden. Die zunehmende Berufstätigkeit der Frauen in immer qualifizierteren und verantwortungsreicheren Tätigkeiten und ein wachsender Anteil alleinerziehender Mütter verwehrt ihnen die Krankenrolle als Ausdruck weiblicher Verhaltensnorm. Die moderne Frau ist fit, schlank, attraktiv, nach außen orientiert und kontaktfreudig. Die Zunahme von Alkohol- und Zigarettenkonsum kann vielleicht in diesem Zusammenhang ebenso als Verschiebung der Krankenrolle gedeutet werden wie der Versuch, durch psycho-vegetativ wirkende Medikamente die inneren Konflikte, die für die Frauen aus dem Widerspruch alter und neuer Frauenbilder entstehen, niederzudrücken.

Das ist etwas genauer zu erläutern. Aus ihrer praktischen Erfahrung als Therapeutin mit Frauen aus Familien mit alkohol- oder medikamenten-abhängigen Eltern, sexuell mißbrauchten oder körperlich mißhandelten Frauen belegt Norwood (1988) wie Abhängigkeit und Kontrolle bei diesen Frauen zum durchgängigen Beziehungsmuster wurden. Die Mißachtung und Entwertung, die sie als Mädchen erfahren hatten, läßt diese Frauen immer wieder in Partnerbeziehungen hineingeraten, in denen sich diese Erfahrungen wiederholen. In diesen Beziehungen entsteht ein scheinbar undurchbrechbarer Kreislauf, in dem Entwertungserfahrungen zu immer stärkerer innerer Abhängigkeit führen. Wenn die von Norwood beschriebenen Fälle und Zusammenhänge auch nicht die Allgemeinheit der Frauen betreffen mögen, so sagen sie doch in dem hier diskutierten Zusammenhang sehr viel über neue Ausdrucksformen weiblicher Identität, bzw. der gesellschaftlichen Verweigerung einer eigenständigen weiblichen Identität aus. Das innere Leiden an der Abhängigkeit in schwierigen Partnerbeziehungen, daraus erwachsene Beschwerden, Leiden bis hin zu Depressionen sind heute wesentlicher Bestandteil der weiblichen Krankheitsrolle.

Die von Norwood beschriebenen Partnerbeziehungen sind sicher keine Hervorbringungen des 20. Jahrhunderts; neu ist, daß das Leiden der Frauen an der Beziehung als Krankheit definiert wird. Im Sinne von Rodenstein kann dies als Wandel in der weiblichen somatischen Kultur bezeichnet werden. Dieser Wandel ist als Wandel der Erscheinungsform der Verquickung von Weiblichkeits- und Krankheitsrolle zu begreifen. Ob dahinter auch ein Wandel in den Geschlechtscharakteren selbst oder zumindest in der Sichtweise auf diese steht, kann hier nicht beantwortet werden. Wenn die Psychologie die weiblichen Abhängigkeitsmuster in der gegenseitigen Abhängigkeit der Geschlechter voneinander und in der Auseinandersetzung zwischen gegenseitiger Macht und Kontrolle über den Partner sieht, mag das darauf hindeuten.

Deutlich wird in dieser Sichtweise aber das seelische Leiden der Frauen und die Psychologisierung der Weiblichkeits- und Krankheitsrolle. Abstrahiert man einmal davon, daß Norwood über kranke und tatsächlich behandlungsbedürftige

Frauen schreibt und blickt auf die in diesem Krankheitsbild symbolisch zum Ausdruck gebrachten Geschlechtscharaktere, dann zeigt sich, daß auch die Pathologisierung des Weiblichkeitsbildes bislang nicht aufgebrochen werden konnte.

In ihrem Buch zeigt Norwood auch Regeln auf, wie an der Beziehungsabhängigkeit erkrankte Frauen gesund werden können. Diese Schritte weisen alle in die Richtung nach außen: Gewinn von Selbstvertrauen und Förderung eigener Fähigkeiten, Einbindung in soziale Netze, Zugewinn an Kräften, die über das Bestehende hinausweisen, und Verzicht auf Kontrolle und Manipulation anderer.

4. Weibliche Gesundheitsstrategien: Klagen oder Durchhalten?

Im Rahmen eines qualitativen Forschungsprojektes zum Gesundheitshandeln von Frauen sind wir der Klagsamkeitsthese auf eine andere Weise als mittels standardisierter Erfassung von Beschwerden oder anderen Gesundheitsindikatoren nachgegangen (Klesse et al. 1992). Das Projekt "Gesundheitshandeln und Lebensweisen von Frauen aus unteren und mittleren sozialen Schichten"[1] hat es sich zur Aufgabe gemacht, Gesundheitsvorstellungen von Frauen aus deren Lebensperspektive heraus zu untersuchen. Mit 65 Frauen wurden auf der Basis eines thematisch strukturierten Leitfadens offene qualitative Interviews durchgeführt und ausgewertet. Das Erkenntnisinteresse des Projektes läßt sich wie folgt beschreiben:

- Es sollte herausgearbeitet werden,wie aus der gesellschaftlichen Benachteiligung von Frauen Gesundheit behindert wird und aus welchen lebensgeschichtlichen Erfahrungen heraus Frauen lernen, ein positives und selbstbestimmtes Gesundheitshandeln zu entwickeln.

- Alltagskonzepte der Frauen von und über Gesundheit sollten untersucht werden. In Abgrenzung zum Risikofaktorenkonzept lautete die Hypothese, daß Frauen ein alltägliches Konzept von Gesundheit haben, in dem die persönlichen und sozialen Bedingungen und nicht die verhaltensbezogenen Risiken im Vordergrund stehen.

- Alltagskonzepte von Gesundheit sollten aus den Biographien der Frauen und ihrer darin eingebundenen Lebenserfahrung erschlossen werden. Das Projekt ging davon aus, daß in der Biographie die Sichtweise der Frauen auf ihre verschiedensten Lebensbezüge, ihre Bewertung und die darin gelernten Handlungsziele sichtbar werden.

- Der Blick sollte besonders auf solche Frauen gerichtet werden, die durch ihre beruflichen und sozialen Lebensbedingungen als benachteiligt einzustufen sind,

---

1 Gefördert vom ehemaligen Bundesministerium für Jugend, Frauen, Familie und Gesundheit von 1986-1990.

also Frauen mit keiner oder nur gering qualifizierender Berufsausbildung und Frauen mit niedrigem Schulabschluß. Ausgangsgedanke war, daß diese Frauen von herkömmlichen Forschungsansätzen und Modellen der Frauen- und Gesundheitsförderung eher ausgenommen sind. Es war auch davon auszugehen, daß die gesundheitliche Lage dieser Frauen schlechter ist als die der besser gestellten Mittelschichtsfrauen.

- Das Projekt sollte Forschung und Praxis miteinander verbinden. Im Sinne einer parteilichen und engagierten Frauenforschung war es die Idee, nicht nur Forschungsergebnisse für die Wissenschaft und vielleicht auch noch einige Multiplikatorinnen hervorzubringen, sondern diese Ergebnisse in eine Praxis für Frauen unmittelbar einzubringen.

Anhand des Materials aus den Interviews sind wir u.a. der Frage nachgegangen, ob sich die "Klagsamkeitsthese" bestätigen läßt oder ob die Frauen eher sogenannte "Durchhaltestrategien" an den Tag legen. Auf die These der Durchhaltestrategien waren wir weniger durch die Berücksichtigung wissenschaftlicher Ansätze gekommen. Wir hatten diese Frage vielmehr aus einem alltagswissenschaftlichen Verständnis über die Frauen entwickelt. Frauen selbst bezeichnen sich selbst oft in dieser Weise. Aufgrund ihrer familiären, häufig auch beruflichen Belastungen sehen sie sich in einer Situation, in der sie sich nicht gehen oder "hängen lassen" können und dürfen. Sie sind als Mutter, Partnerin und Berufstätige ständig gefordert. Durchhalten ist ihre Lebensdevise. Ein erster Blick auf unser Interviewmaterial legte nahe, daß es notwendig sei, dieser These nachzugehen, denn Frauen berichteten eher diese Seite ihrer Lebensstrategien. Wir wollten also wissen, ob die von uns interviewten Frauen eher Klagsamkeits- oder Durchhaltestrategien zeigen.

Zum Verständnis der Ergebnisse ist es notwendig, sich die Lebenssituation der von uns interviewten Frauen vor Augen zu führen. Im Mittelpunkt der Studie standen Frauen aus sozial benachteiligten Schichten. Das bedeutet, daß viele der von uns befragten Frauen keine Berufsausbildung hatten. Sie kamen bereits aus materiell und sozial benachteiligten Herkunftsfamilien, heirateten früh und waren oft bei der Geburt des ersten Kindes noch keine 20 Jahre alt. Viele von ihnen lebten von Sozialhilfe, unter schlechten Wohnbedingungen und hatten viele Kinder. Ihre objektiven Zukunftsaussichten waren sehr begrenzt.

Die Analyse der Interviews ergab, daß extreme Klagsamkeitsorientierungen bei den Frauen nur selten vorkamen. Von 43 unter diesen Prämissen ausgewerteten Interviews zeigten nur $n = 6$ Frauen diese Haltung. $n = 20$ hatten Durchhaltestrategien und $n = 17$ Frauen gehörten einer Mittel- oder Mischgruppe an (Tabelle 3).

Tabelle 3: Gesundheitsorientierungen von Frauen nach sozialen und gesundheitlichen Indikatoren (gewichtet auf n der Gruppe*)

	klagsame Gruppe n = 6	Misch-gruppe n = 17	Durchhalte-gruppe n = 20
Erwerbstätigkeit			
ja	2	6	6
nein	8	4	4
Belastungsindex			
hoch	2	2	7
niedrig	8	8	3
Lebenszufriedenheit			
hoch	-	9	5
niedrig	10	1	5
Beschwerden			
viele	8	1	6
	(2)	(1)	(1)
wenig	-	8	3
Körperwahrnehmung			
gut	7	7,5	2
		(2)	(1)
schlecht	3	0.5	7
Gesundheitshandeln			
gut	-	8	2
	(7)	(1.5)	(3)
schlecht	3	0.5	5

*) Prozent x 1/10, gerundet
() Zahlen in Klammern = nicht eindeutig zuzuordnen
Datenquelle: qualitative Befragung von Frauen

Diese Gesundheits-/Krankheitsorientierungen wurden aus den Texten der Interviews erschlossen.

Der **Klagsamkeitsorientierung** (n=6) wurden solche Frauen zugeordnet, die

- sich vorwiegend stark belastet oder überlastet fühlten,
- sich vorwiegend hilflos, passiv und ausgeliefert fühlten,
- über Beschwerden und Krankheiten klagten und darunter litten.

Der **Durchhalteorientierung** (n=20) wurden solche Frauen zugeordnet, die angaben

- sich Krankheit, Beschwerden und Klagen nicht leisten zu können und

- die die Auffassung hatten, sich "durchhängen", "Stimmungen zu haben" nicht leisten zu können.

In der **Misch- oder Mittelgruppe** (n = 17) waren Frauen
- die keine der beiden Extremorientierungen zur Bewältigung ihres Alltags an den Tag legten, bzw. die eine ausgewogene Mischung von Anteilen beider Haltungen hatten.

Entsprechend dem analytischen Rahmen der Gesamtstudie wurden diese Gruppen hinsichtlich verschiedener Indikatoren beschrieben (Tabelle 3), die ebenfalls aus den Texten qualitativ erschlossen wurden und aus einer am Ende des jeweiligen Gesprächs standardisiert erfaßten Erhebung zu Beschwerden (ZERSSEN-Liste), Krankheiten, Medikamentengebrauch und Gesundheitsverhalten gewonnen wurden. Die Erhebung dieser quantitativen Indikatoren erfolgte auf der Basis des Fragebogens des bereits zuvor erwähnten Surveys der Deutschen Herz-Kreislauf-Präventionsstudie. Die Indikatoren wurden inhaltlich und methodisch wie folgt gewonnen:

Lebenszufriedenheit bzw. Lebensunzufriedenheit
- explizite Aussagen der Frauen dazu,
- das über den Text erschließbare Lebensgefühl der Frauen, das sich aus den Bedingungen der Erwerbsarbeit, den Sozialisationserfahrungen und der sozialen Lage der Frauen ergab, Eindruck der Interviewerinnen, festgehalten in dem nach dem Gespräch erstellten Erlebnisprotokoll.

Beschwerden
- Angaben der Frauen zu Beschwerden im Gespräch,
- Selbsteinschätzung und Bewertungen von Beschwerden im Gespräch,
- Angaben bei der Beschwerdeliste (Zerssen).

Gesundheitshandeln
- bewußtes versus verdrängendes körperliches, psychisches und soziales Erleben von Gesundheit,
- Veränderungs- und Handlungsperspektiven, die die Frauen für sich sehen und entwickeln,
- Gesamteinschätzung der Frau durch die Interviewerin auf der Basis der Biographie der Frau.

Belastungsindex
- schlechte finanzielle und Wohnsituation der Frauen,
- Vollzeiterwerbsarbeit,
- Teilzeiterwerbsarbeit und mehrere Kinder,
- kranke Kinder, pflegebedürftige Familienangehörige im Haushalt,

- alleinerziehende Sozialhilfeempfängerinnen, Frauen in starker existenzieller Unsicherheit.

Körperwahrnehmung
- Grad der Sensibilität der Frauen für ihren Körper,
- Wahrnehmungsfähigkeit von positiven und negativen Gefühlen,
- Wahrnehmen und Zulassen von Körpersignalen.

Die Ergebnisse der Zuordnung dieser qualitativen Indikatoren zu den drei Gruppen zeigt (Tabelle 3), daß in der Gruppe der Frauen mit *Klagsamkeitsorientierungen* weniger erwerbstätige und damit auch weniger objektiv belastete Frauen sind. Sie sind mit ihrem Leben durchweg unzufrieden und äußern viele Beschwerden. Ihre Körperwahrnehmung ist dementsprechend hoch ausgebildet. Schwierig war die Zuordnung zum Gesundheitshandeln. Nur einige dieser Frauen hatten ein deutlich schlechtes Gesundheitshandeln, d.h. sahen für sich wenig Perspektiven und hatten eher ein negatives Verhältnis zu sich und ihrer psychischen und körperlichen Gesundheit. Die meisten Frauen waren nicht eindeutig zuzuordnen. Diese Frauen erleben psychische und körperliche Gesundheit bzw. Krankheit sehr bewußt. In den Lebensgeschichten zeigten sich allerdings weniger Ansätze zu einer aktiven Veränderung und Gestaltung ihrer Zukunft in Richtung auf mehr Gesundheit.

In der Gruppe der Frauen mit *Durchhalteorientierung*, unserer größten Gruppe, waren mehr als die Hälfte der Frauen erwerbstätig, ihre Belastung war hoch, und nur die Hälfte der Frauen war mit ihrem Leben zufrieden. Diese Frauen hatten häufig Beschwerden, aber in der Regel eine schlechte Körperwahrnehmung. Ihre Symptome in Überforderungsstituationen zeigten sich eher auf psychosomatischem Gebiet, z.B. durch Nackenverspannungen. Diese Frauen müssen trotz Belastungen und gesundheitlichen Einschränkungen durchhalten; die Körpersignale werden von ihnen selten wahrgenommen und eher verdrängt. Das Gesundheitshandeln dieser Frauen war schlecht, denn ein bewußtes Erleben ihrer psychischen und körperlichen Gesundheit ist bei ihnen unterentwickelt. Trotzdem zeigen sich auch bei diesen Frauen Ansätze für eine aktive Veränderungsbereitschaft ihrer Lebenssituation.

Die Frauen der *Mittelgruppe* sind ebenfalls häufig erwerbstätig und haben weniger Belastungen zu ertragen als die Durchhaltegruppe. Ihre Lebenszufriedenheit ist hoch, sie haben wenig Beschwerden, eine gute Körperwahrnehmung und ein gutes Gesundheitshandeln. Diese Frauen bezeichnen wir in diesem umfassenden Sinne als gesund.

Der Blick auf die Lebensgeschichten der Frauen zeigt, wie sich diese Orientierungen entwickelt haben, also auf welchem biographischen Hintergrund sie entstanden sind.

Zur Entstehung der *Klagsamkeitshaltung* bei diesen Frauen haben folgende lebensgeschichtlichen Erfahrungen beigetragen. Als Kind und Jugendliche haben einige von ihnen Erfahrungen mit schweren und lang andauernden Krankheiten in der Familie gemacht, oder sie haben andere schwere, von ihnen selbst nicht veränderbare Situationen erlebt, wie z.B. Alkoholismus eines Elterteiles oder Trennung der Eltern. Andere Frauen sind weitgehend verwöhnt worden. Auffallend ist, daß diese Frauen ihre heutige Lebenssituation als ähnlich unveränderbar wie in der Kindheit wahrnehmen und beschreiben. Gerade weil ihre heutige Familie ihnen eine gewisse Sicherheit bietet, die für sie wichtig ist, leiden sie zwar unter vorhandenen Belastungen, sehen sie aber als unveränderbar an.

Die Lebensgeschichten der Frauen mit *Durchhaltestrategien* zeigen, wie sich solche Orientierungen entwickeln. Die meisten dieser Frauen berichten von einer schlimmen Kindheit, autoritären Elternhäusern, Prügeln, sexuellem Mißbrauch oder der Erfahrung, als Mädchen von den Eltern nicht gewollt gewesen zu sein. Es ist verständlich, daß Durchhalten bei solchen Enteignungserfahrungen als Überlebensstrategie erlernt wurde. Krankheiten und Beschwerden wurden bei diesen Frauen in der Kindheit von der Mutter nicht ernst genommen. Auch im späteren Leben können sie bei sich selbst "weichsein" nicht akzeptieren und verwechseln das mit "verweichlichtsein". Leistung ist für sie oft ein Mittel, um der Welt zu beweisen, daß sie etwas wert sind. Auffallend ist, daß diese Frauen bis heute schwere oder auch extreme Situationen besonders lange durchhalten, ohne an Veränderungsmöglichkeiten zu denken oder sie zu nutzen.

Die *Mittelgruppe* unserer Frauen zeigte keine der beiden Haltungen im Extrem, aber eher eine ausgewogene Mischung zwischen beiden Haltungen, nämlich dem Wahrnehmen und Sprechen über Gefühle und Beschwerden einerseits und dem tatkräftigen Meistern von schwierigen Lebenssituationen andererseits. Auffallend ist, daß alle Frauen dieser Mittelgruppe auch in Überforderungssituationen weder ausschließlich auf der Gefühlsebene (d.h. mit psychischen Beschwerden wie z.B. depressiven Verstimmungen) noch ausschließlich auf der körperlichen Ebene (d.h. mit psychosomatischen Beschwerden wie z.B. Nacken-Verspannungen) reagieren, sondern auch hier gemischt, mal auf der einen und mal auf der anderen Ebene. Diese Frauen haben gelernt, entsprechend den äußeren Erfordernissen jeweils die eine oder die andere Haltung auszudrücken und zu verwirklichen.

Die Lebensgeschichten dieser Frauen zeigen, daß solche Lebens- und Gesundheitsorientierungen zum einen bei Frauen entstehen, die eine glückliche Kindheit hatten, in der niemand krank war und wo es keine besonderen Schwierigkeiten gab. Sie entsteht aber auch bei Frauen, die ursprünglich in ihrer Kindheit eine der beiden extremen Gesundheitshaltungen, meistens die Durchhalteorientierung, entwickelt hatten, die dann aber im Laufe ihres Lebens gelernt haben, ihr Leben und ihre Gesundheit mehr in ihre eigenen Hände zu nehmen und auf sich acht zu geben.

Gelungene Ablösungsprozesse vom Elternhaus oder von problematischen Partnerbeziehungen erleichtern es den Frauen, die erst eine der extremen Haltungen Klagsamkeit oder Durchhalten gelernt hatten, diese Haltungen im Laufe des Lebens zu verändern. Gerade bei in ihrer Identität verunsicherten Frauen mit wenigen oder eingeschränkten Handlungsmöglichkeiten, ist die Ablösung oft behindert, z.B. durch frühe Mutterschaft. Wenn Frauen diese Ablösung auf die eine oder andere Weise nachholen können, so ist dies immer ein Schritt zu mehr Gesundheit.

Zusammenfassend ist festzuhalten, daß sich die These der hohen Klagsamkeit der Frauen relativiert, betrachtet man deren Gesundheitsorientierungen im Lebenszusammenhang. Nur der geringere Teil von Frauen verharrt in einer Situation, in der Leiden, Krankheiten und Beschwerden sie in einer aktiven Bewältigung ihrer Lebenssituation behindern. Ein weitaus größerer Teil der Frauen ist aufgrund seiner biographisch erlebten und strukturellen Belastungssituation sogar zu sogenannten Durchhaltestrategien gezwungen. Durchhalten und Klagen sind Ausdruck selbstloser Lebensregeln und damit Ausdruck eines für die Frauen schädlichen Gesundheitshandelns. Frauen glauben durchhalten zu müssen, bis zur äußersten Grenze ihrer körperlichen und seelischen Erschöpfung und unter Nichtberücksichtigung ihrer eigenen Grenzen. Oder aber: Frauen leiden unter Angst, Abhängigkeit, seelischen und körperlichen Beschwerden, ohne aktive und selbstbewußte Veränderungsstrategien zu sehen und entwickeln zu können. Beide Orientierungen sind Ausdruck eines extrem gestörten Selbstwertgefühls der Frauen, das durch Erfahrungen in der Kindheit tief in ihnen verwurzelt ist.

Für viele Frauen gilt, daß sie in ihrem Leben Anteile beider Strategien miteinander verbinden, aber nicht an dem einen oder anderen Pol verharren. Je nach Lebensphase, aktueller Belastung und Verarbeitung von biographischen Lebenserfahrungen ergreifen sie die positive Chance, sich ihren Beschwerden einmal hingeben zu können oder sich rundherum wohl zu fühlen - abhängig von ihrem tatsächlichen situativen Befinden. Es gibt auch Phasen, wo sie in ihrem eigenen Interesse oder aber im Interesse der Menschen, für die sie verantwortlich sind, durchhalten müssen. Durchhalten und Beschwerden und Krankheit zulassen sind also Teil und Reflex auf die jeweilige Lebenssituation und damit eine natürliche, selbstverständliche und gesunde Reaktion.

Die stärkere Bereitschaft der Frauen, Beschwerden und Leiden zu äußern, ist Ausdruck der gesellschaftlich und historisch gewachsenen geschlechtspezifischen Gesundheitsnorm. Sie läßt sich nicht auf ein sozial erwünschtes Muster der Außen- und Selbstdarstellung der Frauen reduzieren, sondern ist im Sinne der sozio-psychosomatischen These tief in der seelischen und körperlichen Verfassung der Frauen verankert. Frauen nehmen ihr Befinden differenzierter wahr als Männer, d.h. Frauen empfinden auch differenzierter. Ob das z.B. auch bedeutet, daß Frauen Beschwerden im Vorfeld manifester und chronischer Erkrankungen als Alarmsignale eher wahrnehmen und deshalb rechtzeitig etwas dagegen tun, bleibt genaueren Untersuchungen überlassen. Aus unseren Ergebnissen wissen wir aber eins: Frauen müssen in der aktiven und bewußten Bewältigung ihres inneren Konfliktes zwischen Leidens- und Passivitätsrolle einerseits und den abwehrenden Durchhaltestrategien andererseits positiv unterstützt werden. In diesem Sinne sollen Frauen lernen, ihren Anspruch auf Gesundheit, Wohlbefinden und Unversehrtheit des Körpers und der Seele zu stellen und durchzusetzen.

5. Gesundheitsförderung für Frauen

Es konnte gezeigt werden, daß mit der Ablösung der Krankheitsprävention durch das Konzept der Gesundheitsförderung ein Wandel in den Zielen der Prävention einherging. War bislang Krankheitsprävention die Erziehung zu gesundheitsgerechtem Verhalten gewesen, so setzte Gesundheitsförderung sich die Aufgabe, dem Einzelnen bessere Handlungskompetenzen zur Gestaltung seines Alltags und seines Lebens zu vermitteln. Eine Psychologisierung und Pädagogisierung der Prävention hatte sich vollzogen.

Als Teil der Entwicklung von der Prävention zur Gesundheitsförderung und vom Risikofaktorenmodell zum Lebensweisenkonzept entstand die Frauengesundheitsforschung und -förderung mit einer ebenfalls integrativen Sichtweise von Gesundheit. Sie beschäftigte sich dabei unter anderem mit der Frage, worin die stärkere "Klagsamkeit" der Frauen begründet sein könnte. Zum einen zeigten empirische Arbeiten, daß Frauen tatsächlich mehr Beschwerden äußern als Männer, medizinische Leistungen häufiger in Anspruch nehmen, mehr psycho-vegetativ wirkende Medikamente als Männer verschrieben bekommen und daß Frauen im Medizinsystem anders behandelt werden als Männer. Wir interpretierten diese Befunde als *Psychologisierung der weiblichen Gesundheit und Krankheit.*

Vergleicht man die Gesundheitsforschung, die sich mit Gesundheitsgefährdungen von Männern befaßt, mit der, die sich mit Frauen befaßt, dann wird folgendes deutlich. Untersuchungen zu Gesundheitsgefährdungen von Männern beziehen sich auf spezifische Belastungen oder Expositionen am Arbeitsplatz, auf organspezifische Leiden und eingrenzbare Verhaltensweisen. Die Gesundheitsgefährdungen der Frauen scheinen dagegen in ihnen selbst zu liegen. Seelische und körperliche Beschwerden und Leiden sind Krankheiten der Frauen. Modelle der Gesundheitsförderung für Frauen beziehen sich dementsprechend auf psychosoziale, psychosomatische oder psycho-vegetative Bereiche. Für Frauen gibt es darüber hinaus eine breite Palette von Beratungs-, Therapie- und Selbsterfahrungsangeboten. Sie zielen auf die Verbesserung der Handlungskompetenz der Frauen im Alltag. Auch in der Praxis der Gesundheitsförderung spiegelt sich die Psychologisierung der weiblichen Gesundheit und Krankheit wider.

Historische Analysen zur weiblichen somatischen Kultur zeigten, wie das Bild der leidenden kranken Frau mit der Entwicklung des Frauenbildes in der bürgerlichen Gesellschaft entstand. Die Frauen wurden auf den Bereich des Privaten reduziert. Als weibliche Persönlichkeitseigenschaften galten Gefühlsbereitschaft, Passivität, Zurückhaltung und Bereitschaft, sich unterzuordnen. Die Krankenrolle wird zum Ausdruck des weiblichen Geschlechtscharakters schlechthin. In diesem Sinne sprechen wir von einer *Pathologisierung des Frauenbildes.* Auch neuere psychologische Ansätze heben die Psychologisierung der weiblichen Gesundheit und die Pathologisierung des Frauenbildes nicht auf. Dies konnte in der kritischen Auseinandersetzung mit Norwoods Konzept der "Beziehungsabhängigkeit" als Krankheit von Frauen aus Familien mit alkohol- oder medikamentenabhängigen Eltern gezeigt werden. Der weibliche Geschlechtscharakter, der Frauen auf besondere Weise verpflichtet, sich in Beziehungen auf andere hin zu orientieren, wird - überspitzt formuliert - als krankhaft diagnostiziert.

Anhand eigener empirischer Untersuchungen wurde gezeigt, daß ein Teil des weiblichen Beschwerdesyndroms als methodisches Artefakt zu begreifen ist. Beschwerdefragebögen messen besonders die weibliche Sichtweise auf Gesundheit und Krankheit; epidemiologische Morbiditätsindikatoren dagegen eher die organischen Krankheiten des Mannes.

Darüber hinaus entkräften die Ergebnisse eines qualitativen Forschungsprojektes die "Klagsamkeitsthese". Die Klagsamkeitshaltung war bei den befragten Frauen am seltensten ausgeprägt. Besonders belastete Frauen zeigten dagegen eher "Durchhaltestrategien". Genauso häufig war eine Gruppe von gesunden Frauen vertreten, die keine der beiden Haltungen im Extrem zeigten. Dabei ist zu berücksichtigen, daß die befragten Frauen noch verhältnismäßig jung waren. Möglicherweise bildet sich in einem lebenslangen Prozeß der Pathologisierung von Frauen die Klagsamkeitshaltung deutlicher heraus, einhergehend mit der Entlastung von familiären Verpflichtungen und einer altersbedingt stärkeren gesundheitlichen Belastung. Es kommt auch hinzu, daß die Frauen aus sozial benachteiligten, bzw. weniger gut gestellten Verhältnissen kamen, wo Durchhaltestrategien oft die einzige Überlebensstrategie darstellen.

Die Ergebnisse legen nahe, Frauen im Hinblick auf ihre Fähigkeit zur Gestaltung ihrer eigenen körperlichen, seelischen und sozialen Gesundheit zu begreifen. Nicht ein Defizit-, sondern ein Kompetenzmodell der weiblichen Gesundheit ist zu entwickeln. Der Pathologisierung des Frauenbildes in der Medizin, der Psychologie und der Gesundheitförderung ist insoweit Einhalt zu gebieten, als Konzepte entwickelt werden müssen, die an den Fähigkeiten der Frauen anknüpfen, Gefühle, Körper und soziale Beziehungen differenzierter wahrzunehmen und bewußter gestalten zu können. Frauen sollen selbst bestimmen, was für ihre Gesundheit wichtig ist. Sie müssen lernen, den Anspruch auf Gesundheit zu stellen und durchzusetzen. Das bedeutet auch, sie in der Auseinandersetzung mit abhängig machenden Beziehungsstrukturen nicht als krank zu begreifen, sondern diese Strukturen als Ausdruck des weiblichen Geschlechtscharakters in der von Männern normierten Gesellschaft zu begreifen. Das bedeutet darüber hinaus, auch in den äußeren Lebenswelten der Frauen nach den Bedingungsfaktoren zu suchen, die ihrer Gesundheit entgegen stehen. Wie die Ergebnisse des qualitativen Forschungsprojektes zeigen, hat die Klagsamkeit als Ausdruck des defizitären weiblichen Geschlechtscharakters einen viel geringeren Stellenwert als in der Diskussion um frauenspezifische Beschwerden gemeinhin unterstellt wird. Frauen begreifen sich auch als stark und widerständig, aber für dieses Frauenbild gibt es keine gesellschaftlich vorgegebenen Muster. Vielleicht ist das ein Grund dafür, warum Frauen "aus der Rolle fallen", wenn sie für sich mehr Autonomie und Gesundheit durchsetzen wollen.

Literatur

Beck, U. (1986): Risikogesellschaft. Auf dem Weg in eine andere Moderne. Suhrkamp: Frankfurt/M.

Beckmann, D.; Brähler, E.; Richter, H.E. (1975): Repräsentative Erhebungen an 200 Ehepaaren in der Bundesrepublik und Berlin; unveröffentl. Material. Gießen.

Brähler. E.; Möhring, P. (1986): Der Körper im Beschwerdebild - Erfahrungen mit dem Gießener Beschwerdebogen. In: Brähler, E. (Hrsg): Körperleben - ein subjektiver Ausdruck von Leib und Seele, S. 189-199. Springer: Berlin, Heidelberg, New York.

Brähler, E.; Scheer, J.W. (1984): Subjektive Beschwerden und objektiver Befund. In: Scheer, J.W.; Brähler, E. (Hrsg): Ärztliche Maßnahmen aus psychologischer Sicht, S. 189-199. Springer: Berlin, Heidelberg, New York, Tokyo.

Broverman, I.K.; Broverman, D.M.; Clarkson, F.E.; Rosenkrantz, P.S.; Vogel, S.R. (1970): Sexrole stereotypes and clinical judgements of mental health: Journal of Consulting and Clinical Psychology 34, 1-7.

Chesler, Ph. (1977): Frauen das verrückte Geschlecht? Rowohlt: Reinbek.

Ehrenreich, B.; English, D. (1976): Zur Krankheit gezwungen. Frauenoffensive: München.

Ellinger-Weber, S.; Kruse, M. (Hrsg) (1989): Psychopharmaka im Alltag. Ergebnisse Verlag: Hamburg.

Glaeske, G. (1989): Psychopharmaka: Zerstörung auf Rezept. Psychologie Heute 16/1.

Horn, K. (1983): Gesundheitserziehung im Verhältnis zu anderen sozialisatorischen Einflüssen. Grenzen individueller Problemlösungsmöglichkeiten. In: Europäische Monographien 5.

Klesse, R.; Sonntag, U.; Brinkmann, M.; Maschewsky-Schneider (1992): Frauen zwischen Selbstlosigkeit und Selbstbewußtsein. Campus: Frankfurt/Main.

Kluitman, A. (1989): Klagemänner, Klageweiber. In: Frauen und Gesundheit. Thema: Körper und Psyche. Psychologie Heute Taschenbuch: Weinheim, Basel.

Maschewsky-Schneider, U.; Greiser, E.; Helmert, U. (1988): Sind Frauen gesünder als Männer? Sozial- und Präventivmedizin 3, 173-180.

Mechanic, D. (1978): Sex, Illness Behavior, and the Use of Health Services. Social Sciene and Medicine 12, 18.

Nathanson, C. (1975): Illness and the Feminine Role. A Theoretical Review. Social Scienece and Medicine 9, 57-62.

Norwood, R. (1989): Wenn Frauen zu sehr lieben. Die heimliche Sucht gebraucht zu werden. Rowohlt: Reinbek.

Ottawa Charta for Health Promotion (1986): WHO, Ottawa Ontario.

Prokop, U. (1977): Weiblicher Lebenszusammenhang. Von der Beschränktheit der Strategien und der Unangemessenheit der Wünsche. Suhrkamp: Frankfurt/Main.

Rodenstein, M. (1984): Somatische Kultur und Gebärpolitik. Tendenzen in der Gesundheitspolitik für Frauen. In: Kickbusch, I.; Riedmüller, B. (Hrsg): Die armen Frauen, S. 103-134. Suhrkamp: Frankfurt/Main.

Schneider, U. (Hrsg) Was macht Frauen krank? Ansätze zu einer frauenspezifischen Gesundheitsforschung. Campus: Frankfurt/Main, New York.

Vogt, I. (1983): Das Frauensyndrom im Verhältnis zur Medizin. Iatrogene Medikalisierung der gesellschaftlich hergestellten Leidensformen einer unterdrückten Majorität. Leviatan 11.

Wenger, N. (1990): The Present: Missed Opportunities. National Heart, Lung, and Blood Institute, Women's Health Issues, U.S. Department of Health and Human Services, Public Health Service, National Institutes of Health.

Zerssen, D. (1981): Körperliche und Allgemeinbeschwerden als Ausdruck seelischer Gestörtheit. Therapiewoche 31, 865-876.

Zoike, E. (1991): Woran erkranken Frauen? Widerspiegelungen in Arbeitsunfähigkeits- und Krankenhausdaten der Betrieblichen Krankenversicherung. Das öffentliche Gesundheitswesen 53, 221-227.

Frauenerwerbsbeteiligung und Wohlbefinden

Maria Gavranidou

Die Frage nach der Beziehung zwischen Frauenerwerbsbeteiligung und dem gesundheitlichen Wohlbefinden gewinnt mit steigender Erwerbspartizipation von Frauen wissenschaftliche und sozialpolitische Bedeutung. Berufsbezogene Einstellungen werden immer häufiger als vermittelnde Variable dieser Beziehung betrachtet. In der vorliegenden Untersuchung werden unterschiedliche Frauentypen hinsichtlich ihres aktuellen Gesundheitszustandes untersucht. In diesem Beitrag werden nur Frauen mit einem Kind unter drei Jahren im Haushalt näher betrachtet. Vier Frauentypen werden untersucht, nämlich die, die Frauenerwerbstätigkeit positiv sehen und derzeitig erwerbstätig sind bzw. nicht erwerbstätig sind. Diesen werden Frauen gegenüber gestellt, die negative berufsbezogene Einstellungen haben und derzeitig erwerbstätig bzw. Hausfrauen sind. Hypothesengemäß finden sich Frauen, die keine Dissonanzen zwischen aktuellem Erwerbsstatus und Berufseinstellungen erleben, gesünder als Frauen, deren Einstellungen nicht mit ihrem derzeitigen Erwerbsstatus übereinstimmen.

1. Problemstellung

Sind erwerbstätige Frauen gesünder als nicht erwerbstätige Frauen? Warum ist diese Frage in einem Buch über "Weiblichkeit, Männlichkeit und Gesundheit" überhaupt wichtig? Wichtig erscheint sie dann, wenn man bedenkt, daß die Gesundheit betreffende Argumente sowohl im privat-familiären als auch im sozialpolitischen Bereich vorgebracht werden, um Frauen (meistens) aus dem oder (seltener) in den Beruf zu drängen. Die Frage hat also sozialpolitische Relevanz und ihre Beantwortung birgt manche Gefahr in sich. Reaktionäre wie progressive Lager - private wie parteipolitische - könnten die empirische Antwort auf diese Frage dazu mißbrauchen, um ihre jeweilige Position (Frauen sollten arbeiten bzw. zu Hause bleiben) zu stützen.

Neben ihrer sozialpolitischen Relevanz ist diese Frage von großer Bedeutung für die Sozialwissenschaften. Denn in einer modernen industriellen Gesellschaft ist Erwerbspartizipation eine traditionell "männliche" Domäne, während die Hausarbeit, die Versorgung der Kinder und des Ehemannes den Frauen überlassen wird. Zwar sind heute Haushalt und Kinder nicht mehr die einzigen Optionen für (die Mehrheit der) Frauen, wie das für die meisten vielleicht noch vor 30 Jahren galt. Mit dem soziodemographischen Wandel, d.h. der wesentlich gestiegenen Lebenserwartung, der Verkürzung der generativen Phase und der gesunkenen Kinderzahl, dem sozialstrukturellen Wandel im Beschäftigungssystem, d.h. der Zunahme von fast ausschließlich außerhäuslichen Arbeitsplätzen, und den Veränderungen im

Bildungssystem, haben sich auch die Lebenszusammenhänge und Lebensentwürfe von Frauen verändert (vgl. Nauck et al. 1989, Bertram und Bayer 1984). Frauen orientieren sich nicht mehr ausschließlich an der Familie. Die Doppelorientierung an Familie und Beruf ist keine Seltenheit mehr, was vor allem in der starken Zunahme der erwerbstätigen Verheirateten und der Mütter Ausdruck findet (vgl. Bertram und Bayer 1984, Erler et al. 1988, Krüger und Born 1990, Statistisches Bundesamt 1989). Dennoch kommt für die meisten Frauen irgendwann einmal der Zeitpunkt, zu dem sie sich entscheiden müssen, ob sie weiterhin im Beruf bleiben oder sich - vorerst - der Versorgung ihrer Kinder widmen wollen und sollen. Spätestens nach dem zweiten Kind (vgl. Tölke 1989) scheiden viele Frauen aus dem Beruf aus und sind nur noch Hausfrau und Mutter, übernehmen also die traditionell zugeschriebene Geschlechtsrolle. Einige wenige bleiben weiterhin erwerbstätig, sei es, weil sie aufgrund finanzieller Notwendigkeiten keine andere Wahl haben oder weil sie ihrer Selbstentfaltung und Selbstverwirklichung zuliebe auf ihren Beruf nicht verzichten wollen; möglicherweise aber auch, weil sie die stabileren, gesünderen sind, die Frauen mit den größeren Ressourcen. Denn sie bleiben in einer Phase ihres Lebens, in der eigentlich von ihnen erwartet wird, daß sie sich ihrer "weiblichen" Aufgabe, nämlich der Kinderversorgung, widmen, in dem traditionell "männlichen" Bereich unserer Gesellschaft. Die Frage, die sich daraus ergibt, ist also: Sind die Frauen, die eine Doppelbelastung auf sich nehmen und nach der Geburt ihrer Kinder weiterhin erwerbstätig bleiben, die gesünderen oder sind sie aufgrund dieser doppelten Belastung in Familie und Beruf kränker als Frauen, die sich für die Hausfrauenrolle entscheiden? Dies soll mit Hilfe der Daten einer Repräsentativuntersuchung von Frauen in Bayern erfolgen, wobei nur Frauen in die Analyse einbezogen werden, deren jüngstes Kind unter 3 Jahren ist.

1.1 Erwerbstätigkeit und Gesundheit von Frauen

Die Ergebnisse der Forschungsliteratur sowohl aus dem deutschsprachigen als auch aus dem angloamerikanischen Sprachraum sind inkonsistent. Becker (1986) folgert aus der Übersicht einer Reihe von deutschen und amerikanischen Arbeiten zum Einfluß von Frauenerwerbsbeteiligung auf die seelische Gesundheit, daß (a) Berufstätigkeit von Frauen nicht erheblich ihre seelische Gesundheit beeinflußt; es gibt zwar einige Vorteile von Berufstätigkeit - so hat sie sich z.B. als ein Schutzfaktor gegen Depressionen herausgestellt -, diese werden jedoch durch eine Reihe von Nachteilen partiell wieder aufgehoben. (b) Berufstätigkeit scheint vor allem bei Frauen, die keine kleinen Kinder zu versorgen haben, positive Auswirkungen auf die seelische Gesundheit zu haben (S. 164).

Waldron (1980) berichtet aus einer Untersuchung von Morbiditäts- und Surveydaten zu den kausalen Beziehungen von Frauenerwerbsbeteiligung und ihrer Gesundheit, daß (a) Hausfrauen mehr chronische Erkrankungen angeben und ihren Gesundheitszustand häufiger als "schlecht" bzw. "zufriedenstellend" beurteilen als erwerbstätige Frauen. Erwerbstätige Frauen haben mehr akute Erkrankungen, leiden weniger an chronischen Krankheiten und beurteilen ihren Gesundheitszustand positiver als Hausfrauen. Aus der Analyse von Morbiditätsdaten schließt sie, daß Hausfrauen nicht nur häufiger über chronische Erkrankungen berichten - um so z.B. ihre Nichtbeteiligung am Arbeitsleben zu rechtfertigen -, sondern aufgrund dieser Erkrankungen auch häufiger bzw. schneller aus dem Erwerbsleben ausscheiden. Sie sieht darin eine Erklärung für die unterschiedliche Beurteilung des Gesundheitszustandes von Hausfrauen und Erwerbstätigen und somit einen Nachweis für die Annahme, daß schlechtes gesundheitliches Befinden Frauen von der Partizipation am Erwerbsleben abhält. Erwerbsbeteiligung kann ihrerseits unterschiedliche Effekte auf das gesundheitliche Wohlbefinden von Frauen haben, und diese werden nach Waldron moderiert durch die Arbeitsplatzmerkmale, Persönlichkeitsmerkmale der Frauen - z.B. ihre berufsbezogenen Einstellungen - und ihre familiale Situation. Positive Effekte der Erwerbstätigkeit auf die Gesundheit von Frauen sind zu erwarten, wenn die Frauen neben der Erwerbstätigkeit nur geringe familiale Verpflichtungen und Verantwortungen haben, Berufe ausüben, die soziale Beziehungen und soziale Unterstützung ermöglichen und fördern, nicht mit einseitigen körperlichen Belastungen am Arbeitsplatz einhergehen und von Umweltbelastungen - z.B. Lärm, Gifte - frei sind (S. 448, vgl. auch Voydanoff 1987).

Neben der aktuellen Familiensituation haben berufsbezogene Einstellungen von Frauen, die ihrerseits mit dem Ausbildungs- und Qualifikationsniveau der Frauen kovariieren, einen entscheidenden Einfluß auf die Beziehung zwischen Erwerbstätigkeit und Gesundheit.

Waldron et al. (1982) berichten aufgrund einer Längsschnittstudie, daß positive Berufseinstellungen bei Erwerbstätigen mit einer guten Gesundheit, bei Hausfrauen mit einem schlechten gesundheitlichen Befinden zusammenhängen. Sie schließen daraus, daß die berufsbezogenen Einstellungen die Auswirkungen der Erwerbstätigkeit auf die Gesundheit dadurch moderieren, daß der psychologische Nutzen der Arbeit höher bewertet wird und somit berufstätige Frauen mit diesen Einstellungen zufriedener sind als Frauen mit negativen Einstellungen zum Beruf. Allerdings werden in dieser Studie die Arbeitsplatzmerkmale nicht kontrolliert. Denn es ist nicht auszuschließen, daß Frauen mit positiven berufsbezogenen Einstellungen die besseren Arbeitsplätze haben, die sich ihrerseits auf die Gesundheit auswirken.

Eine eindeutige Antwort auf die Frage, ob denn erwerbstätige Frauen gesünder sind als nicht erwerbstätige Frauen, kann aufgrund der Forschungsergebnisse nicht gegeben werden. Diese - auf den ersten Blick - unbefriedigende Feststellung ist dann besser zu verstehen, wenn man die Lebenssituationen von erwerbstätigen und nicht erwerbstätigen Frauen gegenüberstellt.

Für die Hausfrauenrolle ist anzunehmen, daß sie aufgrund der obengenannten strukturellen Veränderungen in der Bevölkerung, dem Beschäftigungssystem und dem Bildungssystem nicht mehr befriedigend ist: Denn (a) die eigentliche Familienphase mit der Kindererziehung verkürzt sich bei gestiegener Lebenserwartung, und somit bleibt ein beträchtlicher Teil von Lebenszeit, der nicht durch die Mutterrolle ausgefüllt wird (Bertram und Bayer 1984); außerdem sind heute Ehen weniger stabil und werden leichter aufgelöst als früher (Nave-Herz 1988), so daß auch die Ehefrauenrolle - zumindest als Existenzsicherung und für die finanzielle Absicherung im Alter - nicht mehr ausreichend erscheint. (b) Frauen jüngerer Kohorten haben einen höheren Bildungsstand und häufiger eine berufliche Ausbildung absolviert, so daß die Hausfrauenarbeit inhaltlich zu wenig Möglichkeiten der Selbstverwirklichung und Selbstentfaltung bieten kann; (c) zwar haben die modernen Technologien (z.B. durch Waschmaschinen, Staubsauger) die Hausarbeit leichter gemacht, gleichzeitig jedoch sind bestimmte kreative Aspekte der Haushaltsarbeit (z.B. Kleiderherstellung) in den außerhäuslichen Bereich verlegt worden und viele monotone, stumpfsinnige Arbeiten sind Teil der Hausarbeit geblieben (zur genaueren Analyse der Lebenssituation nicht erwerbstätiger Frauen verweisen wir auf den Artikel von Orendi und Rückert 1982). Die Lebenssituation nicht erwerbstätiger Frauen ist nach Orendi und Rückert durch partielle Über- und Unterforderungen, geringe Qualifizierungschancen und eine subjektiv negative, aber auch gesellschaftlich zu geringe Bewertung ihrer Arbeit charakterisiert, durch Lebensbedingungen also, die ".. die Gefahr psychischer Erkrankungen mit sich bringen" (S .54, vgl. auch Becker 1986, Beck-Gernsheim 1987). "Fehlende soziale Anerkennung, verbunden mit sozialer Isolation und - zumindest ökonomischer - Abhängigkeit, bleibt sicherlich nicht ohne Auswirkungen auf das Selbstwertgefühl und das allgemeine Befinden" (Orendi und Rückert 1982, S. 54).

Die Beschreibung der Lebenssituation nicht erwerbstätiger Frauen legt den Schluß nahe, daß es für Frauen besser ist, zu arbeiten, wollen sie in unserer Gesellschaft gesund bleiben. Diese Schlußfolgerung wäre dann richtig, wenn die Arbeitsplätze von Frauen gesundheitlich förderlich und unschädlich wären. Abgesehen von der relativen ökonomischen Unabhängigkeit von Frauen (relativ, weil Frauenarbeitsplätze trotz der Forderungen der feministischen Bewegung nach gleichem Lohn in der Mehrheit unterbezahlt sind), sind Frauenarbeitsplätze wenig gesundheitsfördernd (zur Analyse der Frauenarbeitsplätze in der BRD, vgl. Rummel 1982; in den U.S.A., vgl. Messite und Welch 1987). Frauen konzentrieren sich immer noch auf einige wenige Berufe, die unterbezahlt sind, wenig Aufstiegschancen bieten, niedrige bis mittlere Qualifikationsanforderungen stellen und der unteren Betriebshierarchie (einfache Angestellte, an- und ungelernte Arbeiterinnen) angehören, den Einsatz meist sensumotorischer Fähigkeiten erfordern (z.B. bei Steno-, Datentypistinnen), ebenso wie männliche Arbeitsplätze von Lärm, Dreck und Zeitdruck betroffen sind und außerdem etwa bei Krankenschwestern und

Kellnerinnen Nacht- und Schichtarbeit einschließen, bei Teilzeitbeschäftigung erhöhter Zeitdruck und kaum Gelegenheit zu sozialen Kontakten gegeben ist. Rummel (1982) schließt aus ihrer Analyse der Frauenarbeitsplätze:

> "Zusammenfassend läßt sich feststellen, daß es 'die Erwerbstätigkeit' von Frauen 'an sich' nicht gibt: Frauen sind immer unter ganz bestimmten - in der Regel nicht den besten - Bedingungen beschäftigt. Bei ihnen treten bestimmte Stressoren am Arbeitsplatz, wie quantitative Überforderung, qualitative Unterforderung, soziale Stressoren besonders häufig auf. Wie an Männerarbeitsplätzen auch, kommen Umweltbelastungen und (seltener als bei diesen) Nacht- und Schichtarbeit hinzu. In aller Regel ist das Qualifizierungspotential bei Frauenarbeitsplätzen ausgesprochen gering: nicht nur sind sie in 'Sackgassenpositionen' beschäftigt, sondern auch die Tätigkeiten selbst weisen wenig Chancen zum Erhalt und Ausbau von Fähigkeiten auf"(S. 64).

Frauenarbeitsplätze sind nach Rummel zu wenig gesundheitsförderlich und bieten den Frauen kaum Möglichkeiten, sich persönlich weiter zu entwickeln. Zusätzlich ist noch zu betonen, daß erwerbstätige Frauen von Hausarbeit kaum verschont bleiben. Aus neueren Studien zur Aufgabenteilung in der Hausarbeit zeigt sich, daß Männer zwar viel darüber reden, faktisch aber wenig tun und ihre Frauen kaum entlasten (vgl. Erler et al. 1988, Keddi und Seidenspinner 1990, Gavranidou und Heinritz 1990). Demnach kann bei Erwerbstätigen - trotz des Einsatzes neuer Technologien im Haushalt - kaum die Rede von einer Abnahme der Doppelbelastung sein, wie das z.B. Bertram und Bayer (1984) behauptet haben. Sichtermann (1987) spricht sogar von einer dritten Belastung, nämlich dem Aufwand der Erwerbstätigen, Familien- und Berufsleben miteinander in Einklang zu bringen. "Die arbeitenden Frauen also, die sich zwischen Erwerb und Familie und der Anstrengung (bewegen), beides unter einem Hut zu kriegen, sind in Wahrheit dreifach belastet" (S. 16).

2. Methode

2.1 Stichprobe

In die Untersuchung wurden 261 Frauen einbezogen. Die Stichprobe ist eine Auswahl aus einer repräsentativen Survey-Untersuchung, die in Bayern im April bis Juni 1989 durch Infratest Sozialforschung anhand eines standardisierten Fragebogens an 2003 Frauen im Alter zwischen 18 und 55 Jahren durchgeführt worden ist. Für die Analysen des vorliegenden Beitrags wurden nur die Daten der Frauen mit einem Kind unter drei Jahren im Haushalt, die sich eindeutig als erwerbstätig bzw. Hausfrau eingestuft haben, berücksichtigt.

Diese Auswahl erfolgte aufgrund folgender Überlegungen: (a) Dies ist die Phase im Familienzyklus, in der von den Frauen erwartet wird, ihre beruflichen Ambitionen zugunsten der Kinderversorgung zurückzustellen und sich auf ihre traditionell weibliche Rolle zu besinnen, nämlich der der Hausfrau und Mutter. Wenn Frauen mit Kleinkindern in diesem Alter erwerbstätig bleiben, wird das gesellschaftlich implizit oder explizit eher sanktioniert und weitaus weniger toleriert, als wenn Kinder älter sind. Es ist demnach zu erwarten, daß diese Frauen, wenn sie nicht aus finanziellen Gründen arbeiten müssen, dem Beruf eine mindestens ebenso große Bedeutung beimessen wie ihrer Aufgabe der Kinderversorgung. (b) Diese Phase im Familienzyklus ist auch deshalb interessant, weil hier die Inanspruchnahme durch das Kind/die Kinder am stärksten ist. Es ist die Phase, in der die Kinder die volle Aufmerksamkeit ihrer Umgebung erfordern. Für die Erwerbstätigen bedeutet das eine größere Überforderung, da sie ja in zwei Umwelten agieren müssen, die sehr unterschiedliche Fähigkeiten und Fertigkeiten voraussetzen. Für die Hausfrauen bedeutet das eine Beschränkung auf den häuslichen Bereich, was soziale Isolation auf der einen Seite und Reduzierung der Handlungsmöglichkeiten auf der anderen Seite mit sich bringen kann. (c) Diese Phase erscheint auch aus einem anderen Grund sehr interessant. Es ist anzunehmen, daß die nicht erwerbstätigen Frauen sich noch nicht mit der Rolle der ausschließlichen "Nur-Hausfrau" abgefunden haben, diese Zeit also noch als eine Übergangsphase betrachten und berufliche Pläne erstmals nur verschoben werden auf später - wenn das jüngste Kind im Kindergarten oder in der Schule ist.

Das Alter der ausgewählten Frauen liegt zwischen 19 und 43 Jahren, das Durchschnittsalter liegt bei 30 Jahren. Etwas mehr als die Hälfte der Frauen haben einen Volksschulabschluß (53,6%), gefolgt von 26,8% mit Mittlerer Reife, 14,6% mit Abitur und 4,2% mit Fachhochschulreife. Eine berufliche Ausbildung haben 82,4% begonnen, davon haben 70,5% mindestens einen beruflichen Ausbildungsabschluß erhalten. Insgesamt haben 25,7% aller Frauen keinen Ausbildungsabschluß erworben. Die von den Frauen erworbenen Ausbildungsabschlüsse sind typischerweise "der einer kaufmännischen Lehre/Verwaltungslehre" (33,5%), "der einer gewerblichen Lehre" (24,2%), "Berufsfachschulabschluß - z.B. Krankenschwester, Erzieherin" (18,0%), "der einer haus- oder landwirtschaftlichen Lehre" (8,8),"Hochschulabschluß" (7,2%), andere Ausbildungsabschlüsse sind seltener unter diesen Frauen vertreten. Von den 261 Frauen haben sich 67,4% als Hausfrauen und 32,6% als erwerbstätig eingestuft. Von den erwerbstätigen Frauen arbeiten etwa 37,6% unter 19 Stunden, 23,6% 19,5-20 Stunden, 9,5% 22 bis 30 Stunden und 29,4% über 37 Stunden wöchentlich im Durchschnitt. Über die Hälfte der erwerbstätigen Frauen gaben an, als Angestellte tätig zu sein (51,3%), davon die meisten in mittleren und einfachen Positionen; ca. ein Drittel sind - meist un- und angelernte - Arbeiterinnen (28,1%), 7,3% haben einen akademischen freien Beruf, 6% waren Beamtinnen und jeweils 2,4% sind selbständige Landwirte, Selbständige im Handel und mithelfende Familienangehörige.

Fast alle Frauen sind verheiratet (95,4%) und leben mit ihrem Ehepartner zusammen. Die Ehepartner sind in der Mehrheit erwerbstätig (97,3%). Das durchschnittliche monatliche Einkommen des Haushalts liegt bei unter 3000 DM, etwa 6,6% der Frauen konnten keine Angaben darüber machen. Über ein persönliches monatliches Einkommen verfügen nur 46,4%, wobei 37 (21,2%) der nicht Erwerbstätigen auch ein eigenes Einkommen hatten. Das persönliche Durchschnittseinkommen im Monat liegt bei unter 1200 DM mit einer Spannweite von unter 430 DM (26,1%) bis unter 4000 DM (2,6%). Das Alter des jüngsten Kindes im Haushalt liegt bei 23,6% bei unter einem Jahr, bei 41,7% bei einem bis unter zwei Jahren und bei 34,8% bei zwei bis unter drei Jahren. Gut ein Drittel der Frauen leben mit nur einem Kind im Haushalt (31,9%), knapp die Hälfte der Frauen (48,1%) haben zwei Kinder zu versorgen und ca. 19,6% leben mit drei und mehr Kindern im Haushalt.

2.2 Befragungsinstrumente

Die Datenerhebung erfolgte duch INFRATEST-Sozialforschung in mündlichen Interviews anhand eines standardisierten Fragebogens.

Die für die Untersuchung relevanten Interviewbereiche erfassen:
(a) Gesundheitliches Wohlbefinden: Die Frauen beurteilten ihren aktuellen Gesundheitszustand auf einer fünfstufigen Skala, die von "sehr gut" bis "schlecht" reicht, wobei hohe Werte gesundheitliche Beeinträchtigung kennzeichnen. Mit Hilfe einer Liste sollten die Frauen ihr derzeitiges Lebensgefühl einschätzen. Diese Liste enthält vorwiegend Items, die Erschöpfung, Zeitdruck, Anspannung und Überforderung, Sorgen und depressive Verstimmungen thematisieren; drei weitere Items beziehen sich auf Anerkennung, gute Leistungen in ihrem Leben und keine Langeweile. Diese Items wurden nach einer faktorenanalytischen und teststatistischen Überprüfung zu zwei Skalen zusammengefaßt, nämlich die neun Items zu den negativen Gefühlsäußerungen zu der Skala "Überforderung mit der aktuellen Lebenssituation" ($\alpha = .85$), die drei Positivitems zur Skala "Zufriedenheit mit der aktuellen Lebenssituation" ($\alpha = .54$). Die Interkorrelation der zwei Skalen liegt bei -.15 und ist auf dem 1%-Niveau signifikant. Zwischen Beurteilung des aktuellen Gesundheitszustandes und den zwei Skalen "Überforderung" und "Zufriedenheit mit der aktuellen Lebenssituation" besteht ein signifikanter, jedoch schwacher Zusammenhang von $r=.16$ bzw. $r=-.19$, d.h. Frauen, die ihren Gesundheitszustand als weniger gut bzw. schlecht einschätzen, fühlen sich eher überfordert und sind weniger zufrieden mit ihrer aktuellen Lebenssituation. Betrachtet man die Zusammenhänge getrennt für Hausfrauen und Erwerbstätige, so zeigt sich, daß bei Hausfrauen diese Beziehungen weiterhin existieren, nicht jedoch bei den Erwerbstätigen. Hausfrauen mit schlechter Gesundheit sind überforderter und weniger zufrieden mit ihrem Leben ($r=.19$, $r=-.20$, $p<.01$), nicht so die Erwerbstätigen ($r=.16$, $r=-.06$, nicht signifikant).

meinen Aussagen zur Erwerbstätigkeit der Frau erhoben, die Items wie "Eine Mutter, die ganztags arbeitet, kann sich zu wenig um ihre Kinder kümmern", "Auch eine Frau, die arbeitet, kann sich genügend um den Haushalt kümmern", "Nur eine berufstätige Frau ist wirklich selbständig in der Ehe oder Partnerschaft" u.ä. beinhaltet. Diese Items wurden nach der Testung ihrer Dimensionalität und Reliabilität zu einem Summenscore zusammengefaßt, der "Ablehnung der Frauenerwerbstätigkeit" genannt wurde ($\alpha = .64$). Dieser Summenscore wurde am Median geteilt und für die weiteren Analysen werden anhand dieser Mediandichotomisierung zwei Gruppen von Frauen definiert: i) Frauen mit den Beruf favorisierenden Einstellungen und ii) Frauen mit den Beruf ablehnenden Einstellungen.

Außerdem wurden auch Einstellungen zur Arbeitsteilung in der Partnerschaft in Abhängigkeit vom Alter des jüngsten Kindes erfaßt. Es wurde gefragt, welches der acht vorgeschlagenen Arbeitsteilungsmodelle (beide Partner berufstätig, Frau halbtags, Mann halbtags, beide halbtags u.s.w.) sie für richtig halten, solange ein Kind unter drei Jahren da ist.

Tabelle 1: Berufstätigkeit in der Partnerschaft, solange ein Kind unter drei Jahren da ist

	Hausfrauen	Erwerbs-tätige	Alle
Beide sollten voll berufstätig sein	0,6 %	1,2 %	0,8 %
Beide berufstätig, Frau nur teilzeit	9,1 %	30,6 %	16,2 %
Beide berufstätig, Mann nur teilzeit	2,3 %	2,4 %	2,3 %
Beide berufstätig, kommt darauf an, wer teilzeit	5,7 %	10,6 %	7,3 %
Beide nur in Teilzeit beschäftigt	0,6 %	1,2 %	0,8 %
Einer sollte nicht berufstätig sein, die Frau	65,1 %	44,7 %	58,5 %
Einer sollte nicht berufstätig sein, der Mann	0,6 %	9,4 %	13,8 %
Einer sollte nicht berufstätig sein, kommt darauf an, wer nicht	16,0 %	9,4 %	13,8 %
N	176	85	261

Fast zwei Drittel der Frauen finden, daß, solange ein Kind unter drei Jahren da ist, die Frau nicht arbeiten sollte (Tab. 1). Interessant erscheint allerdings, daß ein Drittel der Frauen einem nicht konventionellen Modell der Arbeitsteilung zwischen den (Ehe)Partnern zustimmen. Auch hier wurden die nicht konventionellen Arbeitsteilungsmodelle zusammengefaßt und der traditionellen Arbeitsteilung gegenübergestellt, so daß zwei Gruppen von Frauen unterschieden werden konnten, nämlich Frauen, die ein traditionelles (N = 152) und solche, die ein nicht traditionelles Arbeitsteilungsmodell in der Partnerschaft (N = 108) für richtig halten.

3. Ergebnisse

3.1 Gesundheit und demographische Merkmale

Sowohl die Erwerbsbeteiligung von Frauen und insbesondere von Müttern als auch das gesundheitliche Wohlbefinden sind in der Gesamtstichprobe (2003 Frauen) von Alter, Schulbildung, Familienstand und Anzahl der Kinder mitbedingt. Deshalb wurden als erstes diese soziodemographischen Merkmale der Frauen in Beziehung zur ihrem aktuellen Gesundheitszustand als auch zu den Skalen "Überforderung" bzw. "Zufriedenheit mit der aktuellen Lebenssituation" gesetzt. Die Zusammenhänge fallen für diese ausgewählte Substichprobe nicht sehr eng aus. Die Beurteilung des allgemeinen Gesundheitszustandes korreliert signifikant nur mit dem ersten allgemeinen Schulabschluß ($r=-.20$, $p<.001$), nicht jedoch mit Alter, Familienstand und Anzahl der im Haushalt lebenden Kinder. Weder die Lebensüberforderungs- noch die Lebenszufriedenheitsskala korrelieren mit den soziodemographischen Merkmalen. Solche Zusammenhänge sind aber festzustellen, wenn man die Beziehungen für Hausfrauen und Erwerbstätige getrennt betrachtet. Hier ist besonders ein Unterschied interessant, daß nämlich die Beziehung zwischen erstem allgemeinen Schulabschluß und Beurteilung des allgemeinen Gesundheitszustandes bei den Hausfrauen schwächer und nicht signifikant ($r=-.16$), bei den Erwerbstätigen stärker ausfällt ($r=-.26$, $p<.01$). D.h. also nur für die Erwerbstätigen ist davon auszugehen, daß sich Frauen mit niedrigerer Bildung (z.B. Volkschulabschluß) gesundheitlich schlechter fühlen. Der in der Literatur festgestellte Zusammenhang zwischen hoher Schulbildung und guter Gesundheit (vgl. Horwitz 1984, Hurrelmann 1988) ist hier nur für die Erwerbstätigen nachgewiesen. Das überrascht insofern nicht, als Frauen mit niedrigerer Bildung wahrscheinlich auch die schlechteren Arbeitsplätze haben, demnach eher aus finanziellen Gründen erwerbstätig sind (was z.B. aus der hohen Korrelation zwischen monatlichem Durchschnittseinkommen und Schulbildung erkennbar wird $r=.40$, $p<.001$).

3.2 Einschätzung des allgemeinen Gesundheitszustandes und Erwerbsstatus

Über zwei Drittel der untersuchten Frauen beurteilen ihren Gesundheitszustand als "sehr gut" bzw. "gut" (83,5%), nur sehr wenige Frauen bezeichen diesen als "zufriedenstellend" (12,3%) bzw. "weniger gut" oder "schlecht" (3,1% und 1,1%). Allerdings ist es so, daß Erwerbstätige zu über 90%, Hausfrauen nur zu ca. 80% ihren Gesundheitszustand als "sehr gut" bzw. "gut" einschätzen.

Zur Überprüfung der Hypothese, daß sich erwerbstätige Frauen von Hausfrauen hinsichtlich ihres subjektiven Gesundheitszustandes nur dann unterscheiden, wenn man ihre berufsbezogenen Einstellungen berücksichtigt, wurde ein zweifaktorielles varianzanalytisches Design gewählt, wobei Erwerbsstatus (erwerbstätig vs. nicht erwerbstätig) und berufsbezogene Einstellungen (positive vs. negative) die unabhängigen Faktoren bilden und die "Einschätzung des aktuellen Gesundheitszustandes" die abhängige Variable darstellt. Als Kovariaten wurden aufgrund der oben festgestellten Zusammenhänge der allgemeine Schulabschluß, die Überforderung und die Zufriedenheit mit der aktuellen Lebenssituation in die Analyse miteinbezogen.

Tabelle 2: Subjektiver Gesundheitszustand in Abhängigkeit vom Erwerbsstatus und Berufseinstellungen

Mittelwerte: Gesamtpopulation 1.86 (256)

Erwerbsstatus			Einstellungen	
Hausfrau	Erwerbstätig		positiv	negativ
1.94 (172)	1.68 (84)	Hausfrau	2.02 (58)	1.90 (114)
Einstellungen		Erwerbs-		
positiv	negativ	tätig	1.59 (56)	1.86 (28)
1.81 (114)	1.89 (142)			

Ergebnisse der Varianzanalyse:

Varianzquelle	Quadrat-summen	DF	Mittlere Quadrate	F	Signifikanz von F
Haupteffekte	19.360	5	3.872	6.171	.000
Erwerbsstatus	2.663	1	2.663	4.244	.040
Einstellungen	.001	1	.001	.001	.977
Schulabschluß(KV)	6.362	1	6.362	10.140	.002
Überforderung(KV)	4.207	1	4.207	6.706	.010
Zufriedenheit(KV)	3.396	1	3.396	5.412	.021
Interaktionseffekte	2.066	1	2.066	3.293	.071
Erwerbsstatus Einstellungen	2.066	1	2.066	3.293	.071
Erklärte Varianz	21.426	6	3.571	5.692	.000

Regressionskoeffizienten der Kovariaten:

Kovariaten:	Schulabschluß	-.150
	Überforderung	.227
	Zufriedenheit	-.229
Multiples R^2	.109	

Wie aus Tabelle 2 zu sehen ist, sind die Haupteffekte für den subjektiven Gesundheitszustand signifikant, wobei der Erwerbsstatus einen signifikanten Effekt hat. Hausfrauen schätzen ihren Gesundheitszustand also etwas schlechter ein als Erwerbstätige; Frauen mit positiven und negativen Berufseinstellungen unterscheiden sich jedoch nicht signifikant voneinander in der Einschätzung ihrer Gesundheit. Jedoch haben die Kovariaten einen hochsignifikanten Effekt auf die Gesundheitseinschätzung, und zwar in der erwarteten Richtung: Hohe Überforderung und mangelnde Zufriedenheit mit der aktuellen Lebenssituation sowie ein niedriger Schulabschluß kovariieren mit einer weniger guten Beurteilung der aktuellen Gesundheit. Der Interaktionseffekt ist ebenfalls signifikant und zwar in der Richtung, daß Hausfrauen mit den positiven Berufseinstellungen ihren Gesundheitszustand am schlechtesten beurteilen, während Erwerbstätige mit positiven Berufseinstellungen sich als die gesündesten einschätzen. Erwerbstätige, die Frauenberufstätigkeit auf der Einstellungsebene ablehnen, schätzen sich zwar als weniger gesund ein, jedoch fühlen sie sich immer noch gesünder als Hausfrauen mit negativen Berufseinstellungen.

Die Skala "Ablehnung der Frauenerwerbstätigkeit" erfaßt allgemeine Aussagen zur Erwerbstätigkeit von Frauen. Frauen also, die auf dieser Skala niedrige Werte erhalten, lehnen Frauenerwerbstätigkeit insgesamt nicht ab. Es ist dennoch denkbar, daß sie die Erwerbstätigkeit von Frauen in bestimmten Phasen des Familienzyklus ablehnen. Deshalb wurde in einer weiteren Analyse überprüft, ob sich Frauen, die die Erwerbstätigkeit in ihrer aktuellen Familienphase (jüngstes Kind unter drei Jahren im Haushalt) ablehnen, in Abhängigkeit von ihrem Erwerbsstatus und ihren allgemeinen Berufseinstellungen hinsichtlich ihres gesundheitlichen Zustandes unterscheiden. Dazu wurde ein dreifaktorielles varianzanalytisches Design gewählt mit den Faktoren Erwerbsstatus (erwerbstätig vs. Hausfrau), berufliche Einstellungen (positiv vs. negativ) und Arbeitsteilungsmodell in der Partnerschaft, solange das jüngste Kind unter drei Jahren ist (traditionell vs. nicht traditionell).

Tabelle 3: Subjektiver Gesundheitszustand in Abhängigkeit vom Erwerbsstatus und Berufseinstellungen und idealem Arbeitsteilungsmodell in der Partnerschaft

Mittelwerte:
Gesamtpopulation 1.86 (255)

Erwerbstatus		Einstellungen		Arbeitsteilungsmodell	
Hausfrau	Erwerbs-tätig	positiv	negativ	traditionell	nicht tradition.
1.95 (171)	1.68 (84)	1.81(114)	1.90(141)	1.91(150)	1.79(105)

	Einstellungen		Arbeitsteilungsmodell	
	positiv	negativ	traditionell	nicht tradit.
Erwerbsstatus				
Hausfrau	2.02 (58)	1.91 (113)	1.96 (113)	1.91 (58)
Erwerbstätig	1.59 (56)	1.86 (28)	1.73 (73)	1.64 (47)

	Arbeitsteilungsmodell	
	traditionell	nicht traditionell
Einstellungen		
positiv	2.05 (55)	1.58 (59)
negativ	1.82 (95)	2.07 (46)

Traditionelles ideales Arbeitsteilungsmodell

	Einstellungen	
	positiv	negativ
Erwerbsstatus		
Hausfrau	2.34 (32)	1.81 (81)
Erwerbstätig	1.65 (23)	1.86 (14)

Fortsetzung Tabelle 3:

Nicht traditionelles ideales Arbeitsteilungsmodell

	Einstellungen	
	positiv	negativ
Erwerbsstatus		
Hausfrau	1.62 (26)	2.16 (32)
Erwerbstätig	1.55 (33)	1.86 (14)

Ergebnisse der Varianzanalyse:

Varianzquelle	Quadrat-summen	DF	Mittlere Quadrate	F	Signifikanz von F
Haupteffekte	19.867	6	3.31	5.507	.000
Erwerbsstatus	2.586	1	2.564	.301	.039
Einstellungen	.001	1	.001	.001	.970
Arbeitsteilung	.070	1	.070	.117	.733
Schulabschluß(KV)	6.140	1	6.140	10.213	.002
Überforderung(KV)	4.415	1	4.415	7.342	.007
Zufriedenheit(KV)	3.324	1	3.324	5.529	.019
Zweifache Interaktionseffekte	8.699	3	2.900	4.823	.003
Erwerbsstatus Einstellungen	1.022	1	1.022	1.700	.194
Erwerbsstatus Arbeitsteilung	.304	1	.304	.506	.478
Einstellungen Arbeitsteilung	6.686	1	6.686	11.120	.001
Dreifache Interaktionseffekte	1.647	1	1.647	2.740	.090
Erwerbsstatus Einstellungen Arbeitsteilung	1.647	1	1.647	2.740	.090
Erklärte Varianz	30.213	10	3.021	5.025	.000

Regressionskoeffizienten der Kovariaten:

Kovariaten:	Schulabschluß	-.150
	Überforderung	.233
	Zufriedenheit	-.227

Multiples R^2 .112

In Tabelle 3 sind die Ergebnisse dargestellt: hier zeigt sich, daß von den Haupteffekten der des Erwerbsstatus und die Kovariaten signifikant sind. Von den Interaktionseffekten sind lediglich der zwischen beruflichen Einstellungen und idealem Arbeitsteilungsmodell einerseits, Erwerbsstatus, berufliche Einstellungen und idealem Arbeitsteilungsmodell anderseits signifikant. In anderen Worten: Frauen mit den Beruf favorisierenden Einstellungen, die jedoch meinen, eine Frau sollte zu Hause bleiben, solange ein Kind unter drei Jahren da ist, schätzen ihren Gesundheitszustand weniger gut ein als Frauen, die einer nicht traditionellen Arbeitsteilung in der Partnerschaft den Vorzug geben. Frauen, die die Frauenerwerbstätigkeit skeptischer sehen und bei einem Kind unter drei Jahren im Haushalt der Hausfrauenrolle zustimmen, sind gesünder als Frauen, die in der gleichen Familienphase nicht traditionellen Arbeitsteilungsmodellen zustimmen.

Die Wechselwirkung zwischen idealem und realisiertem (aktueller Erwerbsstatus) Arbeitsteilungsmodell ist für die Gesundheitseinschätzung nicht bedeutend. Die Wechselwirkung zwischen aktuellem Erwerbsstatus, idealer Arbeitsteilung und Einstellungen ist jedoch schwach signifikant. Hier zeigt sich, daß von den Hausfrauen, die es richtig finden, zu Hause zu bleiben, solange ein Kind unter drei Jahren da ist, diejenigen mit den positiven allgemeinen Berufseinstellungen ihren Gesundheitszustand negativer einschätzen als Hausfrauen, die die Erwerbstätigkeit allgemein ablehnen. Erwerbstätige Frauen, die traditionellen Arbeitsteilungsmodellen in der Partnerschaft zustimmen, beurteilen dann ihren Gesundheitszustand schlechter, wenn sie gleichzeitig der Frauenerwerbstätigkeit im allgemeinen negativer gegenüberstehen. Von den Hausfrauen, die für eine nicht traditionelle Arbeitsteilung in der Partnerschaft sind, schätzen sich die mit den allgemeinen positiven beruflichen Einstellungen gesünder ein, als die Hausfrauen mit den negativen Berufseinstellungen. Erwerbstätige Frauen mit positiven Berufseinstellungen, die weniger traditionelle Arbeitsteilungsmodelle favorisieren, schätzen ihre Gesundheit am besten ein, während dienigen Erwerbstätigen, die zwar nicht traditionelle Lösungen der Arbeitsteilung richtig finden, jedoch Frauenberufstätigkeit eher skeptisch betrachten, sich gesundheitlich beeinträchtigt fühlen.

4. Diskussion der Ergebnisse

Es besteht ein signifikanter Unterschied in der subjektiven Beurteilung der Gesundheit zwischen Hausfrauen und erwerbstätigen Frauen, die ein Kind unter drei Jahren im Haushalt haben. Frauen, die zu Hause sind, schätzen ihren aktuellen Gesundheitszustand etwas schlechter ein als erwerbstätige Frauen. Da es sich hier um Querschnittsdaten handelt, kann man keine kausalen Aussagen über den Zusammenhang zwischen Gesundheit und Hausfrauendasein machen. D.h. es ist nicht auszuschließen, daß die Frauen, die zu Hause bleiben, solange ein Kind unter drei Jahren da ist, dieses aus gesundheitlichen Gründen tun. Es ist nämlich denkbar, daß es sich bei diesen Frauen tatsächlich um die weniger stabilen Frauen handelt, die sich bei der Entscheidung zwischen Fortführung der Erwerbstätigkeit und der Familientätigkeit für die Hausfrauenrolle entschieden haben. Gegen diese Annahme spricht allerdings, daß diese Frauen auf die Survey-Frage, warum sie derzeit nicht berufstätig sind, kaum die Alternative "Erkrankung bzw. Unfall" (nur 1,7%) angekreuzt haben. Das Hauptmotiv für die Berufsaufgabe war "die Versorgung von Haushalt/Kindern" (89,8%), ein Motiv, das gesellschaftlich und bei Frauen selbst akzeptabler ist als Krankheit. Da sich die Hausfrauen von den Erwerbstätigen weder hinsichtlich des ersten allgemeinen Schulabschlusses noch hinsichtlich der beruflichen Ausbildung signifikant unterscheiden, kann man diesen Unterschied in der Beurteilung des subjektiven Gesundheitszustandes nicht auf Schicht bzw. Bildung zurückführen. Außerdem ist zu berücksichtigen, daß die Skalen "Überforderung" und "Zufriedenheit mit der aktuellen Lebenssituation" bei den Hausfrauen höher mit der Beurteilung des allgemeinen Wohlbefindens korrelieren als bei den Erwerbstätigen. Daraus entsteht das Bild, daß Überforderung bei Erwerbstätigen, die sich aus der Mehrfachbelastung (Versorgung des Haushalts und der Kinder und den Anforderungen der außerhäuslichen Erwerbstätigkeit) ergibt, einen anderen Stellenwert hat als bei Hausfrauen. Möglicherweise ist diese Überforderung eher anregend - sie haben die Abwechslung, die aus den unterschiedlichen Tätigkeitsbereichen Familie und Beruf resultieren. Auf der anderen Seite erfahren sie eine Anerkennung dadurch, daß sie außerhäuslich etwas leisten, und möglicherweise dadurch, daß sie beides unter einen Hut bringen können. Überforderung mit der aktuellen Lebenssituation hätte somit für die Erwerbstätigen eine qualitativ andere Bedeutung - z.B. im Sinne eines zwar hektischen, aber abwechslungsreichen und anregenden Lebens - als bei den Hausfrauen, die mit "Überforderung" eher die Monotonie ihrer Routinetätigkeiten meinen.

Berufsbezogene Einstellungen haben für sich genommen kaum einen Einfluß auf die Beurteilung des subjektiven Gesundheitszustandes. In Verbindung mit dem aktuellen Erwerbsstatus zeigt sich jedoch, daß Hausfrauen, die den Beruf favorisierende Einstellungen haben, ihren Gesundheitszustand am negativsten sehen, während Hausfrauen, die keine Dissonanzen zwischen Berufseinstellungen und ihrer aktuellen Lebenslage erleben, sich als gesünder beschreiben. Bei den erwerbstätigen Frauen schätzen sich ebenfalls diejenigen mit den positiven Berufseinstellungen gesundheitlich besser ein als Frauen mit den negativen Berufseinstellungen. Erwerbstätige Frauen mit kleinen Kindern und negativen Berufseinstellungen sind möglicherweise die Frauen, die aus finanziellen Gründen arbeiten müssen, also Frauen, die wahrscheinlich nicht unter den besten Bedingungen arbeiten. Die meisten Frauen unserer Stichprobe arbeiten als Angestellte in einfachen und mittleren Positionen oder als un- und angelernte Arbeiterinnen. Das sind in der Regel Positionen, die weder gesundheitlich förderlich sind oder Chancen der Selbstverwirklichung enthalten noch die Entwicklung positiver Berufseinstellungen unterstützen.

Ein interessantes Ergebnis war zudem, daß die Frauenerwerbstätigkeit betreffende Einstellungen nicht unbedingt mit einem idealen Arbeitsteilungsmodell in der Partnerschaft konkruent sind. D.h. es gibt eine Gruppe von Frauen, die für ihre Familienphase ein anderes Arbeitsteilungsmodell den Vorzug gaben als einem ihren Einstellungen zur Frauenerwerbstätigkeit gemäßen. Es gibt Frauen, die einerseits Frauenerwerbstätigkeit bejahen und kaum Widersprüche zwischen Erwerbstätigkeit und Familie sehen, die aber andererseits für ihre Phase es richtiger finden, daß die Frau zunächst zu Hause bleibt und sich der Betreuung ihrer Kinder widmet. Und diese Frauengruppe hat sich weniger gesund eingeschätzt als Frauen mit einer positiven Berufsorientierung und einem nicht traditionellen Arbeitsteilungsmodell in der Partnerschaft. Bei letzteren ist anzunehmen, daß sie die höchste Berufsorientierung haben, kaum einen Widerspruch zwischen Beruf und Familie erleben und deshalb auch andere als die traditionelle Arbeitsteilungslösungen moderner Industriegesellschaften fordern; während die anderen Frauen zwar finden, daß Berufstätigkeit für die Frau ein wichtiger Lebensbereich ist, jedoch aufgrund einer "realen" Einschätzung der Arbeitsmarktsituation und ihrer (Ehe-)Partner gar nicht auf den Gedanken kommen, andere Lösungen für richtig und möglich zu halten. Möglicherweise, sind aber diese Frauen auch jene, die die neue Mütterlichkeitsideologie so eingesogen haben, daß sie sich kaum gegen diese auflehnen können und wollen. Negative Berufseinstellungen, die mit einem nicht traditionellen Arbeitsteilungsmodell verknüpft sind, gehen mit einer schlechteren Einschätzung der Gesundheit einher, als wenn sie mit einem traditionellen Arbeitsteilungsmodell verbunden sind. Auch hier ist zu vermuten, daß diese Frauen, die sich auf der einen Seite gegen die Berufstätigkeit der Frau aussprechen, auf der anderen Seite aber meinen, man könnte die Verteilung der Familien- und Berufsarbeit auch anders gestalten, eine Diskrepanz erleben zwischen dem, was real möglich ist, und dem, was sein könnte. Es ist nicht auszuschließen, daß hier Frauen vertreten sind, die Frauenerwerbstätigkeit, so wie sie im Moment möglich ist, ablehnen, sich aber jedoch unter anderen - idealeren - Bedingungen Frauenerwerbstätigkeit selbst in einer intensiven Familienphase vorstellen können.

Die Diskrepanz zwischen aktuellem Erwerbsstatus (reale Arbeitsteilung in der Partnerschaft) und idealem Arbeitsteilungsmodell ist ohne Einbeziehung der berufsbezogenen Einstellungen kaum bedeutend für die Beurteilung des subjektiven Gesundheitszustandes. In Kombination mit den Berufseinstellungen ergeben sich jedoch interessante Muster.

Zum einen Hausfrauen, die zwar finden, daß sie das richtige tun, jedoch in der Berufstätigkeit der Frau etwas Positives sehen und offensichtlich unter dieser Diskrepanz leiden. Es sind dies möglicherweise Frauen, die hohe Ansprüche an ihre Mutterrolle stellen und deshalb zunächst zu Hause bleiben, mit dieser Rolle jedoch weniger gut zurechtkommen. Diese Gruppe von Frauen gibt auch häufiger an, die Berufstätigkeit "auf Wunsch des Ehepartners" und "wegen der Versorgung des Haushalts/der Kinder" aufgegeben zu haben als die anderen Hausfrauen. Es scheint also eine Gruppe von Frauen zu sein, die sich eher gesellschaftlichen Normen und partnerschaftlichen Wünschen gefügt hat, als die eigenen Vorstellungen zu realisieren. Es sind auch die Frauen, die es wesentlich häufiger "sehr schwierig" bzw. "schwierig" finden, wieder in den Beruf zurückzukehren.

Eine andere Gruppe von Hausfrauen, die ihren Gesundheitszustand negativ beurteilt, findet zwar die Frauenerwerbstätigkeit weniger positiv, gleichzeitig spricht sie sich jedoch für andere, nicht traditionelle Arbeitsteilungsmodelle in der Partnerschaft aus. Diese Frauen begründen häufiger als andere Hausfrauen die Aufgabe der Berufstätigkeit mit fehlendem Interesse und Erkrankungen und finden, daß es eigentlich "nicht so schwierig" ist, die Berufstätigkeit wieder aufzunehmen. Bei diesen Frauen ist eher anzunehmen, daß sie aufgrund ihrer früheren Arbeitserfahrungen die Berufstätigkeit nicht so hoch schätzen und daß sich hinter ihrer Forderung nach anderen Arbeitsteilungsmodellen in der Partnerschaft auch eine Kritik an der vorhandenen Arbeitssituation von Frauen versteckt.

Hausfrauen, die konkruente Vorstellungen von Frauenerwerbstätigkeit und Arbeitsteilungsmodell in der Partnerschaft haben, unterscheiden sich kaum in der Beurteilung ihres aktuellen Gesundheitszustandes. Zwar sind Hausfrauen mit einem traditionellen Arbeitsteilungsideal in der Partnerschaft und negativen Berufseinstellungen weniger gesund als Hausfrauen mit progressiveren Vorstellungen von Arbeitsteilung und Berufseinstellungen, der Unterschied ist jedoch nicht so groß. Insgesamt beurteilt die Gruppe der Hausfrauen mit den positiven Berufseinstellungen und einem nicht traditionellen Arbeitsteilungsmodell ihren Gesundheitszustand besser als die übrigen Hausfrauen. Diese Frauen geben auch häufiger an, ihren Beruf aufgrund "mangelnder geeigneter Tätigkeiten" und "keiner passenden Arbeitszeit" aufgegeben zu haben. Offensichtlich ist es eine Gruppe von Hausfrauen, die weniger resignativ ist und berufliche Ambitionen hat, da sie angeben, ihre berufliche Tätigkeit wieder aufnehmen zu wollen, und sie die Chancen zur Rückkehr in den Beruf eher optimistisch beurteilen.

In der Gruppe der Erwerbstätigen ist nicht die Übereinstimmung der aktuellen mit der idealen Arbeitsteilung ausschlaggebend für die Gesundheitsunterschiede, sondern die Einstellung zum Beruf. D.h. Erwerbstätige mit negativen Berufseinstellungen fühlen sich gesundheitlich eher beeinträchtigt und zwar unabhängig davon, ob sie es richtig finden, in dieser Phase zu arbeiten. Positive Berufseinstellungen und Erwerbstätigkeit gehen mit einer guten Beurteilung des aktuellen Gesundheitszustandes einher, unabhängig von dem idealen Arbeitsteilungsmodell.

5. Zusammenfassung und Ausblick

Weiblichkeit, Männlichkeit und Gesundheit sind zwar nicht das zentrale Thema dieser Untersuchung. Betrachtet man jedoch Frauen, die in einer Phase ihres Familienzyklus sich für die Berufstätigkeit entscheiden, als Frauen mit hohen instrumentellen Fähigkeiten, also männlichen Fähigkeiten, und Frauen, die sich in dieser Phase an ihren familiären Aufgaben und Pflichten orientieren, ihren Beruf also aufgeben und sich den Kindern und dem Ehemann widmen, als Frauen, denen angeblich diese instrumentellen Fähigkeiten fehlen (vgl. Spence und Helmreich 1980, zit. nach Sieverding 1990), so sind Verbindungen zu dem Gegenstand dieses Buches herzustellen. Frauen, die sich in einer Phase ihres Familienzyklus für die Berufs- und Familientätigkeit und gegen die Ausübung einer einseitigen Tätigkeit im "Reich des Haushalts und der Familie" entscheiden, haben sich in dieser Untersuchung als die gesünderen dargestellt. Und diese Beziehung zeigte sich dann besonders stark, wenn sie nicht nur in ihrem Handeln, sondern auch in ihren Einstellungen in der Berufstätigkeit Selbständigkeit und Selbstverwirklichung und keineswegs Konflikte zu ihrer Familienrolle sehen. Hausfrauen, die ihre Hausfrauenrolle entgegen ihren eigentlichen Überzeugungen übernommen haben, waren am schlechtesten dran, während Hausfrauen, die sich in dieser Rolle akzeptieren und sich damit identifizieren können, sich etwas gesünder einschätzen.

Die vorliegende Untersuchung hat jedoch ihre Grenzen. Es können, da es sich hierbei um Querschnittsdaten handelt, kaum kausale Aussagen gemacht werden. Es ist also nicht auszuschließen, daß viele der Hausfrauen ihren Zustand so schlecht eingeschätzt haben, weil er tatsächlich schlecht ist, und sie diese Hausfrauenrolle aufgrund einer schlechteren Gesundheit gewählt haben und nicht etwa, weil sie weniger gern arbeiten würden. Dagegen sprechen zwar einige Aussagen dieser Frauen wie z.B., daß nur sehr wenige aus Gesundheitsgründen die Berufstätigkeit aufgegeben haben. Es ist jedoch aufgrund der Qualität der Daten einer Survey-Untersuchung, die eher an der Oberfläche bleibt und bleiben muß, nicht möglich, über die tatsächlichen Gründe dieser Unterschiede Aussagen zu machen. Vielmehr ist zu fordern, daß nachfolgende Untersuchungen - etwa qualitative Interviews - an speziellen Frauengruppen durchgeführt werden, um neben den Randdaten auch psychologische Inhalte zu erfragen.

Man muß sich bei dieser Untersuchung stets vor Augen halten, daß wir immer nur das subjektive Wohlbefinden, also die subjektive Beurteilung des aktuellen Gesundheitszustandes, untersucht haben. Zwar sind subjektive und objektive Beurteilung des Gesundheitszustandes nicht voneinander unabhängig (schließlich basieren die ärztlichen Diagnosen zuerst immer auf den Aussagen des Patienten), aber dennoch haben wir hier keine "objektive" Einschätzung der Gesundheit und wissen nichts über frühere Erkrankungen und Unfälle. Das wäre aber wichtig, wenn man den Gedanken ernst nimmt, daß der aktuelle Gesundheitszustand immer das Ergebnis lebensgeschichtlicher Prozesse ist (vgl. Hurrelmann 1988).

Literatur

Becker, P. (1986): Geschlecht und seelische Gesundheit. In: Becker, P.; Minsel, B.: Psychologie der seelischen Gesundheit. Band 2. Persönlichkeitspsychologische Grundlagen, Bedingungsanalysen und Förderungsmöglichkeiten, S. 120-182. Hogrefe: Göttingen, Toronto, Zürich.

Beck-Gernsheim, E. (1987): Das halbierte Leben. Männerwelt Beruf. Frauenwelt Familie. Fischer: Frankfurt/Main.

Bertram, H.; Bayer, H. (1984): Berufsorientierung erwerbstätiger Mütter. Zur Struktur- und Einstellungswandel mütterlicher Berufstätigkeit. Juventa (DJI Forschungsberichte): München.

Erler, G.; Jaeckel, M.; Pettinger, R.; Sass, J. (1988): Brigitte Untersuchung 88. Kind? Beruf? Oder Beides? Eine repräsentative Studie über die Lebenssituation und Lebensplanung junger Paare zwischen 18 und 33 Jahren in der Bundesrepublik Deutschland im Auftrag der Zeitschrift Brigitte. Brigitte: Hamburg. DJI: München.

Gavranidou, M.; Heinritz, S. (1990): Lebenssituation und Einstellungen von Frauen in Abhängigkeit von Erwerbsstatus und wöchentlicher Arbeitszeit. Bericht zum Tabellenband 2. Bericht 6/90. Staatsinstitut für Frühpädagogik und Familienforschung: München.

Horwitz, A.V. (1984): The economy and social pathology. Annual Reviev of Sociology 10, 95-119.

Hurrelmann, K. (1988): Sozialisation und Gesundheit. Somatische, psychische und soziale Risikofaktoren im Lebenslauf. Juventa: Weinheim und München.

Keddi, B.; Seidenspinner, G. (1990): Im Haushalt nichts Neues. DJI Bulletin 16, 5.

Krüger, H.; Born, C. (1990): Probleme der Integration von beruflicher und familialer Sozialisation in der Biographie von Frauen. In: Hoff, E.-H. (Hrsg): Die doppelte Sozialisation Erwachsener, S. 53-73. Juventa (DJI Materialien): Weinheim und München.

Messite, J.; Welch, L.S. (1987): An overview: Occupational health and women workers. In: Stromberg, A.H.; Larwood, L.; Gutek, B.A. (eds): Women and work. An annual review, Volume 2, 21-43. Sage Publications: Newbury Park, Beverly Hills, London, New Delhi.

Nauck, B.; Krombholz, H.; Gavranidou, M. (1989): Erwerbstätige Mütter in unterschiedlichen Lebenslagen - eine Ergänzungserhebung zum Familien-Survey. Unveröffentlichtes Manuskript, Staatsinstitut für Frühpädagogik und Familienforschung: München.

Nave-Herz, R. (1988): Kontinuität und Wandel in der Bedeutung, in der Struktur und Stabilität von Ehe und Familie in der Bundesrepublik Deutschland. In: Nave-Herz, R. (Hrsg): Wandel und Kontinuität der Familie in der Bundesrepublik Deutschland, S. 61-90. Enke: Stuttgart.

Orendi, B.; Rückert, D. (1982): Nichterwerbstätige Frauen - ihre Arbeits- und Lebenssituation. In: Mohr, G.; Rummel, M.; Rückert, D. (Hrsg): Frauen. Psychologische Beiträge zur Arbeits- und Lebenssituation, S. 38-54. Urban & Schwarzenberg: München, Wien, Baltimore.

Rummel, M. (1982): Frauenarbeit - Merkmale, Auswirkungen. In: Mohr, G.; Rummel, M.; Rückert, D. (Hrsg): Frauen. Psychologische Beiträge zur Arbeits- und Lebenssituation, S. 55-77. Urban & Schwarzenberg: München, Wien, Baltimore.

Sichtermann, B. (1987): Frauenarbeit. Über wechselnde Tätigkeiten und die Ökonomie der Emanzipation. Verlag Klaus Wagenbach: Berlin.

Sieverding, M. (1990): Psychologische Barrieren in der beruflichen Entwicklung von Frauen. Enke: Stuttgart.

Statistisches Bundesamt (Hrsg) (1989): Datenreport 1989. Zahlen und Fakten über die Bundesrepublik Deutschland. Schriftenreihe, Band 280. Bundeszentrale für politische Bildung: Bonn.

Tölke, A. (1989): Lebensverläufe von Frauen. Familiäre Ereignisse, Ausbildungs- und Erwerbsverhalten. Juventa (DJI Forschungsberichte): München.

Voydanoff, P. (1987): Work and family life. Sage Publications: Newbury Park, Beverly Hills, London, New Delhi.

Waldron, I. (1980): Employment and women's health: An analysis of causal Relationships. International Journal of Health Services 10, 435-454.

Waldron, I.; Harold, J.; Dunn, D.; Staum, R. (1982): Reciprocal effects of health and labor force participation among women: Evidence from two longitudinal studies. Journal of occupational medicine 24, 126-132.

Zur Genese geschlechtsspezifischer Somatisierung

Jörg Kupfer, Hildegard Felder, Elmar Brähler

In der psychologischen Medizin und Psychosomatik wird zunehmend der Blick für die gesundheitliche Situation von Kindern und Jugendlichen geschärft. Zumindest sind in den letzten Jahren dazu vermehrt Publikationen erschienen und Forschungsprojekte begonnen worden (du Bois 1990, Engel und Hurrelmann 1989, Lohaus 1990, Seiffge-Krenke 1986, Zenz et al. 1983). Ähnlich der Soziologie, die einige Zeit brauchte, um dem Lebensabschnitt der Kindheit und Jugend ein eigenes Feld einzuräumen, bedurfte es auch im medizinpsychologischen und psychosomatischen Forschungssektor einer bestimmten Entwicklungszeit, um dem körperlichen und seelischen Befinden der Kinder und Jugendlichen den Stellenwert beizumessen, der diesem Thema aus gesundheitsvorsorglichen Aspekten zukommen sollte. Immerhin ist inzwischen allgemein anerkannt, daß Kinder und Jugendliche genausoviel, wenn nicht gar mehr als Erwachsene leiden (Brähler et al. 1986, Zenz et al. 1983). Engel und Hurrelmann (1990) geben eine Prävalenzrate von 20 % für Beschwerden bei Jugendlichen an; 5% seien behandlungsbedürftig, 7-10% seien chronisch krank (z.B. Bronchitis, Asthma, Diabetes, Herzbeschwerden, Krebs), 5% litten unter Seh-, Hör-, Sprach- oder Lernproblemen. Bei Selbstbefragung nennen 5% der Jugendlichen ihre Gesundheit als Problembereich, 25% meinen eine zufriedenstellende Gesundheit zu haben, 7% schätzen ihre Gesundheit als weniger gut ein und 1% als schlecht.

Hinsichtlich körperlicher und psychischer Beschwerden wurden bei den Erwachsenen bedeutsame Unterschiede zwischen Frauen und Männern festgestellt, wobei die Erklärungsmuster dafür sehr verschieden sind (vgl. dazu in diesem Buch: Born, Felder und Brähler, Maschewski-Schneider, Schepank und Sieverding). In diesem Zusammenhang interessiert die Genese dieser Unterschiede. Bei der Untersuchung von Kindern und Jugendlichen liegen z.T. widersprüchliche Ergebnisse vor. Neben den bei Erwachsenen angeführten Argumenten für die Geschlechtsunterschiede wie z.B. die unterschiedliche Belastung, die Geschlechtsrollenanforderungen bzw. - stereotypen müssen bei Kindern und Jugendlichen vor allem die enormen körperlichen Veränderungen angeführt werden, die während der Wachstumsphase und der Pubertät stattfinden und die für die Geschlechter unterschiedlich sind. Die Menarche mit den einhergehenden hormonellen Umstellungen im weiblichen Körper spielt dabei eine zentrale Rolle. Die erste Pollution oder der Stimmbruch seien hier exemplarisch für die Jungen angeführt.

Im folgenden soll zuerst auf die Bedeutung des Körpers für die psychische Integrität der Kinder und Jugendlichen eingegangen werden. Daran anschließend werden die körperlichen Veränderungen während der Pubertät beleuchtet und spezifische Aspekte wie die Rolle des Alters, der Sprache und der Familie für das Erleben des Körpers thematisiert. Bisherige empirische Befunde zu Geschlechtsdifferenzen bei Körperbeschwerden bei Kindern und Jugendlichen werden dargestellt und Daten einer eigenen Untersuchung in diesem Kontext vorgestellt und diskutiert.

Zur Bedeutung des Körpers und dessen Integrität für die Entwicklung der Kinder und Jugendlichen

Psychoanalytiker wie Erikson, Mahler, Lacan und Entwicklungspsychologen wie Piaget haben auf die Notwendigkeit einer synchronen Entwicklung von Körperbewußtsein und Ich- Entwicklung hingewiesen. Von Geburt an bietet die körperliche Integrität dem Säugling die Gewähr, sich von anderen als eigenständige Person zu unterscheiden. Die körperliche Integrität trägt damit entscheidend zur psychischen Autonomieentwicklung bei. Die Vorstellung vom eigenen Körper entwickelt sich im zeitlichen Verlauf und kann durch Reizüberflutung oder- mangel irritiert werden. Eine Integration kann somit mißlingen. Bei einer gesunden Entwicklung wird angenommen, daß Kinder im Alter von 14 Jahren alle Körperteile integrieren und zu sich selbst gehörig erleben können. Es ist verständlich, daß Kinder und Jugendliche bei Krankheit vor allem Angst vor dem Verlust der körperlichen Integrität verspüren. Ein Zurückgeworfensein auf die Pflege der Eltern und damit eine erneute Abhängigkeit von ihnen bzw. einen Verlust der gerade gewonnenen Autonomie wird befürchtet. Da die Loslösung von den Eltern und die Besetzung des eigenen Körpers bei Mädchen und Jungen anders abläuft, ist hier ein möglicher Ansatz zur Erklärung geschlechtsspezifischer Beschwerden zu suchen. Nach Mitscherlich-Nielsen (1975) werden Mädchen und Jungen von der Mutter unterschiedlich körperlich angenommen, was entscheidend zum eigenen Körpergefühl und -bewußtsein der Kinder beiträgt. Kranksein kann somit für Mädchen und Jungen eine unterschiedliche Gefahr der Regression beinhalten und ein unterschiedliches Verhalten in der Wahrnehmung von Krankheitssymptomen sowie im Umgang mit Krankheit nach sich ziehen.

In der Auseinandersetzung mit dem eigenen Körper ist zu unterscheiden zwischen dem *Körperschema*, worunter das latente Wissen um den Körper und dessen Position verstanden wird, dem *Körperbild*, womit die libidinöse Besetzung des Körperschemas gemeint ist, und dem *Körpererleben*. Das Körperschema entwickelt sich empirisch (Bay 1983) und stellt sich als eine laufend zu erbringende Leistung dar (vgl. Joraschky 1983, Pick 1908, Schilder 1923, du Bois 1990). Das Körperbild kann nach Besuden (1983) unbewußt oder bewußt sein oder sich im Fremdbild abbilden. Es ist abhängig von der Umwelt und der eigenen Aufmerksamkeit, die man dem Körper beimißt (du Bois 1990).

Nach Gellert (1975) ist das Körperbild ab 10 Jahren stabil. Wiedemann (1984) weist auf die Geschlechtsabhängigkeit des Körperbildes hin, worauf später noch eingegangen wird. Das Körpererleben gestaltet sich zumeist bewußt und ist damit kommunizierbar. In ihm zeigt sich die Grenze zwischen Ich und Umwelt; es entwickelt sich aus der angeborenen Reagibilität und Vitalität des Säuglings sowie dem Reizschutz und- bedarf, der körperlichen Versorgung und der Qualität der Symbiose (Müller-Braunschweig 1986).

Nach du Bois (1990) kann der Körper zum einen als Partner erlebt werden, der die Kinder und Jugendlichen bei den Konflikten um Autonomie und Identität unterstützt, andererseits auch als Ausdrucksorgan, das dem psychosozialen Umfeld etwas über das eigene Befinden vermittelt, ohne auf die Sprache angewiesen zu sein. Als klassisches Beispiel sei hier das Erröten erwähnt.

Hinsichtlich der Gesundheit und Krankheit sei hier der Begriff der *Körperbesorgnis* erwähnt (du Bois 1990). Hierunter wird die Sorge um die eigene Gesundheit, aber auch Vorstellungen von der eigenen Vergänglichkeit, dem eigenen Tod subsumiert. Eine gesunde Besorgnis ist dabei von einer Hypochondrie abzugrenzen, die in der Phase der Pubertät bei Jugendlichen vorkommt. Fragt man Jugendliche nach ihrem Erleben und ihren Gefühlen beim letzten Arztbesuch, so zeigen sich 60% der Jugendlichen betroffen. In der Besorgnis um den Körper und der Angst vor Verletzungen verbergen sich Existenzängste und die Gewißheit, nicht unbeschränkt über den eigenen Körper verfügen zu können. Hier sind geschlechtsspezifische Umgangsformen mit der Sorge um den Körper zu beobachten. Vor allem sei auf die Rolle des Sports zur Abwehr von Schwäche hingewiesen. Mädchen und Jungen haben in der Körperbesorgnis die gleiche mittlere Intensität. Die Varianz ist aber bei den Jungen doppelt so hoch, d.h. es gibt bei ihnen viele Ausprägungen, die nach oben oder unten aus dem Rahmen fallen (du Bois 1990).

In diesen Kontext sind auch die *Körperbeschwerden* einzuordnen (Brähler und Scheer 1983). Die Erfassung von Körperbeschwerden oder Mißempfindungen des Körpererlebens basiert auf der Vorstellung, daß es neben organ-medizinisch objektiv nachweisbaren Symptomen noch eine subjektive Ebene gibt, auf der Menschen ihren Körper erleben und sich krank bzw. gesund fühlen können. Dieser Aspekt des Körpererlebens fand erst im Zuge der Rückbesinnung auf eine patientenorientierte Medizin Beachtung. Sie erwuchs der Kritik an der iatrotechnischen Medizin (Brähler 1986). Kinder und Jugendliche geben selbst ein großes Ausmaß an Körperbeschwerden an, wobei Schwankungen in Intensität und Qualität im Verlauf der Entwicklung zu beobachten sind (Brähler et al. 1986).

Während der Pubertät ist vor allem das *Körperempfinden* stark ausgeprägt. Körperliche Empfindungen werden oft als komisch und fremdartig erlebt. Sie werden im Alltag oft nicht beachtet. Sind sie hingegen regelmäßig oder folgen sie kräftigen Auslösern, so werden sie registriert. Körperliche Empfindungen sind äußerlich nicht sichtbar und sind schwer verbalisierbar. Jungen haben im Mittel eine ca. 20% geringere Intensität des Körperempfindens als Mädchen (du Bois 1990).

Im Begriff der *Körperanschauung* ist der Verweis auf die soziale Bedeutung des Körpers enthalten. Es wird zwischen Selbst- und Fremdbild unterschieden. Kinder und Jugendliche sind zu einer selbstkritischen und differenzierten Bewertung des eigenen Erscheinens in der Lage. Ab 8 Jahren beginnen sie sich an einer Idealnorm zu orientieren. Mädchen sind zwischen 11 und 19 Jahren mit dem Körper unzufriedener als Jungen (Clifford 1971). Sie fühlen sich durch die körperlichen Veränderungen während der Pubertät anders - im Gegensatz zu den Jungen. Ca. 60% der Jungen können keine Veränderung im Körpererleben während der Pubertät bei sich feststellen. Mädchen betrachten sich häufiger im Spiegel, wobei Nase, Zähne, Haare, Oberschenkel und Bauch negativ bewertet werden, die Augen positiv. Diese Bewertung fällt bei Mädchen intensiver aus z.T. kommt es zu wahnhaften Fehleinschätzungen des Körpers, die auch durch Außenurteile nicht korrigiert werden (vgl. Anorexie). Bei der Körperanschauung spielen Menarche, erste Pollution und Stimmbruch eine große Rolle. In der Körperanschauung bildet sich zudem die psychische Stabilität der Jugendlichen ab.

Die Pubertät

Die Pubertät wird als kritische Phase für Gesundheit und Krankheit betrachtet (du Bois 1990). Sie ist gekennzeichnet durch eine enorme Triebverstärkung, massive körperliche Umwandlungen, der Ausbildung sekundärer Geschlechtsmerkmale einerseits, andererseits aber auch durch eine Labilisierung der Ich-Funktionen und eine besondere Autonomieproblematik (Joraschky 1983). Während Kinder noch ein ganzheitliches Verhältnis zum eigenen Körper haben, findet im Laufe der Entwicklung eine stärkere Ausdifferenzierung in kognitive, emotionale und somatische Aspekte statt. Zu Beginn der Pubertät ist eine große Durchlässigkeit und Sensibilität bezüglich des eigenen Körpers festzustellen; er wird sehr bewußt und intensiv erlebt. Körperliche Empfindungen sind daher leicht abrufbar. Im weiteren Verlauf werden die Körperempfindungen zugunsten wieder erstarkender Ich-Kräfte weniger bemerkt. Hier spielt die Schule mit der Betonung der geistigen Leistung sicher eine große Rolle. Der Körper und dessen Wahrnehmung verliert an Bedeutung. Hypochondrische Züge werden abgelöst von einer gewissen Vernachlässigung des Körpers. Während der gesamten Pubertät befinden sich die Kinder in einem Spannungsverhältnis zwischen Nähe und Distanz zum eigenen Körper.

Für Mädchen und Jungen unterschiedlich beinhaltet die Phase der Pubertät eine zu erbringende Integrationsleistung. Erfordert bei Mädchen das Wachsen der Brust, der Pubes- und Axillarbehaarung sowie die Menarche die Aufmerksamkeit, sind Jungen auch mit der sich abzeichnenden Körperbehaarung, vor allem dem Bartwuchs, aber auch dem Stimmbruch beschäftigt. Durch die Menstruation kann bei Mädchen die Angst um die körperliche Integrität verstärkt werden, da bisher Blutfluß immer mit körperlicher Verletzung assoziiert wurde. Die Gefahr einer körperlichen Verletzung kann somit dramatisiert werden. Um so verwunderlicher ist es, daß Mädchen weniger Körperängste aufweisen und sich körperlichen Veränderungen besser anpassen können (Joraschky 1983).

Jungen können sich bei einer Erektion oder Ejakulation an sichtbaren Veränderungen des Körpers orientieren und diesen als manipulierbar erleben. Mädchen sind eher auf ihre propriozeptive Wahrnehmungen, ihre Vorstellungskräfte und Phantasien bzgl. der Veränderungen in ihrem Körper angewiesen. Eine narzißtische Besetzung des ganzen Körpers ist daher bei Mädchen zu beobachten, während die Jungen penisorientiert sind (Zauner 1987).

Zur Rolle der Sprache

Aus der Entwicklungs- und Differentiellen Psychologie ist bekannt, daß Mädchen über die sprachliche Ausdrucksform früher und besser verfügen als Jungen. Beim Erleben des eigenen Körpers und dessen Symptomen kommt es somit auf das sprachliche Niveau der Kinder an, wollen sie darüber mit anderen kommunizieren. Insofern kann der Geschlechtseffekt womöglich auch mit der Entwicklung der Sprache korrespondieren. Empirische Untersuchungen dazu sind nicht bekannt. Lediglich Lohaus (1990) wies darauf hin, daß Kinder Affektempfindungen nicht richtig verbalisieren können und es deshalb häufig zu einer Unterschätzung der Empfindungen kommt. Gleichzeitig ist aus der Schmerzforschung bekannt, daß das Benennen von Schmerzen durchaus eine kommunikative Funktion haben kann. Das Klagen über Schmerzen zieht Beachtung, Zuwendung Bestrafung etc. nach sich und ist somit in den sozialen Prozeß zwischen Personen eingespannt (Bernhard 1986).

Das Alter

Das Benennen körperlicher Empfindungen oder Veränderungen setzt eine gewisse Kenntnis des Körpers voraus. Allgemein wird angenommen, daß ab 9 Jahren das Wissen über den eigenen Körper bei Kindern deutlich zunimmt. Die Vorstellung von Gesundheit und Krankheit ändert sich ebenfalls im Laufe der Entwicklung. Werden zuerst eher Einzelsymptome benannt, tauchen allmählich Krankheitssyndrome auf, im späteren Alter werden zunehmend psychische Aspekte bei der Beschreibung und Erklärung von Krankheit miteinbezogen (Lohaus 1990). Bei der Konzeptbildung über Krankheitsentstehung und - verlauf spielen zudem beobachtbare Phänomene eine große Rolle. Bespielhaft sollen hier die Ideen von Kindern zur Verursachung von Krankheiten angeführt werden: Im frühen Alter glauben Kinder, Krankheit sei die Strafe für falsches Verhalten, für Regelüberschreitungen; später werden externe Gründe angeführt, und erst im frühen Jugendalter entwickeln die Kinder und Jugendliche ein multifaktorielles Konzept der Krankheitsverursachung.

Zur transgenerationalen Beeinflussung von Gesundheit und Krankheit

In neuerer Zeit wird darauf hingewiesen, daß das Benennen von Krankheitssymptomen und Körperbeschwerden im familiären Rahmen gelernt wird. So konnte Mahr (1985) nachweisen, daß z.B. die Einstellung der Mutter zur Menarche für das Menstruationserleben der Tochter relevant ist. Campbell (1975) fand bei Müttern und Kindern ähnliche Krankheitsdefinitionen. Dielman et al. (1982) wiesen auf die Bedeutung des gesundheitlichen Handeln der Eltern für die gesundheitsbezogene Einstellungen der Kinder hin. Nach Mechanic (1964) sehen Mütter, die ihr eigenes Leben als streßreich erleben, bei ihren Kindern mehr Krankheitssymptome und gehen mit ihnen deshalb zum Arzt. Bei allen Untersuchungen werden vor allem Mütter erwähnt. Es wäre notwendig zu untersuchen, welche Implikationen es nach sich zieht, daß Mütter für Gesundheit und Krankheit zuständig sind, speziell für Mädchen und Jungen. Becker (1990) fand die höchsten Korrelationen zwischen Müttern und Töchter im Hinblick auf seelische Gesundheit (.30). Ihnen folgen entsprechend der Höhe der Korrelation Mutter- Sohn (.16), Vater-Sohn (.13) und Vater-Tochter(-.08). In der Skala Beschwerdefreiheit des Trierer Persönlichkeitsfragebogens weisen Mutter und Tochter wiederum die höchste Korrelation auf (.37).

Empirische Befunde zu den Geschlechtsunterschieden

Bisherige Untersuchungen von Kindern und Jugendlichen zur Wahrnehmung ihres Körpers und dessen Störungen geben ein einheitliches Bild dahingehend, daß Mädchen zwar klarere und differenziertere Vorstellungen von ihrem Körper haben (Joraschky 1983), ihn aber gleichzeitig weniger attraktiv finden (Lerner et al. 1976), mit ihm unzufriedener sind (Clifford 1971, Martin und Walter 1982) und mehr Beschwerden angeben (Brähler et al. 1986, Engel und Hurrelmann 1989, Hettich 1987, Lindloff 1987, Wehner 1986, Zenz et al. 1983). Mädchen haben ab der Pubertät ein genaueres Wissen und größeres Interesse an ihrem Körper, sie sind insgesamt körperbezogener (Joraschky 1983). 46% der Mädchen und 31% der Jungen geben an, mit ihrem Körper unzufrieden zu sein, wobei sich die Unzufriedenheit bei Mädchen auf die Größe, das Gewicht, den Busen, die Hüfte, die Taille bezieht (Clifford 1972). Nach Paulus und Otte (1979) spielen zudem für Mädchen die Zähne, die Haarfarbe und die Stimme eine große Rolle, während die Jungen die Stimme, den Brustumfang und die Zähne als ausschlaggebend für die Zufriedenheit mit dem eigenen Körper anführen. Hier ist ein Zusammenhang mit äußeren Normen und Idealen sichtbar. Auch Gutezeit und Marake (1984) sehen unterschiedliche Idealbilder bei Mädchen und Jungen hinsichtlich des Gewichts.

Der eigene Gesundheitszustand wird von Mädchen als schlechter eingeschätzt als von Jungen. Sie sorgen sich um Menstruation, Schwangerschaft, Verhütung, Übergewicht, Diät, Kindesmißhandlung, Magenbeschwerden, Nervosität, Depression, Akne und Kopfweh, während Jungen lediglich Sorgen bezüglich Sportverletzungen und Sexualität nennen (Sobal 1987).

Übereinstimmend werden von den Mädchen höhere Werte angegeben bei Weinen, kalten Händen und Füßen, Gewichtsproblemen, Schwindel und Kopfweh (Brähler et al. 1986, Engel und Hurrelmann 1989, Lindloff 1987, Wehner 1986, Zenz et al. 1983). Auch Hettich (1987) fand in allen Skalen eines Kinderbeschwerdebogens höhere Werte bei Mädchen, wobei die größte Distanz bei den 11-12jährigen festzustellen ist.

Als Erklärung werden dabei unterschiedliche Argumente angeführt. Krätschmer (1986) konnte einen Zusammenhang zum besuchten Schultyp feststellen, wobei Mädchen in Real- und Hauptschulen mehr Beschwerden angeben als Jungen und zudem im Gymnasium eher ein männliches Körperbeschwerdebild zeigen. Mädchen mit hohen sozialen Streß, z.B. bei chronischer Krankheit der Mutter oder vielen Familienmitgliedern, haben mehr Beschwerden (Belmaker 1984).

Der Gesundheitszustand der Kinder korreliert zudem mit dem Selbstwertgefühl, das bei Mädchen niedriger ist (Engel und Hurrelmann 1989). Terpeluk (1986) führt dabei die erste Pollution bei den Jungen als selbstwertsteigernd an, die Menarche als selbstwertmindernd. Auch Wehner (1986) nennt psychosoziale Faktoren als Gründe für die Geschlechtsunterschiede, da die Beschwerden der Mädchen nicht mit vermehrten Menstruationsbeschwerden einhergehen. Der sozialpsychologisch markante Abschnitt des Frau werdens verstärkt zumindest das biologisch bedingte Unwohlsein. Schmauch (1987) diskutiert das unterschiedliche Umgehen von Mädchen und Jungen mit dem Körper im Zusammenhang mit der frühen Mutter- Kind- Interaktion. Bei der Beobachtung von Kindern in Krabbelgruppen stellte sie ein vermehrtes aggressives Agieren der Jungen fest, *Körperbewegung* überlagert das *Körpergefühl*. Der Körper der Mädchen wirke insgesamt bewegungsloser, was sie mit einer fehlenden aggressiven Konfliktauseinandersetzung mit der Mutter in Beziehung bringt. Jungen würden zwar in ihren Autonomiebestrebungen unterstützt, gleichzeitig blieben sie körperlich länger an die Mutter gebunden, was sich z.B. in dem späteren Sauber werden der Jungen zeige. Parallel dazu sei ihnen eine Regression verwehrt, so daß körperliches Leiden abgewehrt werden müsse und nicht wahrgenommen werden könnte. Mädchen hingegen könnten - basierend auf einer ambivalenzfreieren Symbiosephase - sich bei Konflikten regressiv an die Mutter wenden, d.h. sie dürften leiden, würden aber abhängig gehalten. Die Mütter fühlten sich anscheinend durch die regressiven - auch körperlichen - Bedürfnisse der Mädchen weniger bedroht im Vergleich zum gleichen Verhalten der Jungen. Dieses Muster der frühen Abwehr von Körperempfindungen und Leiden bildet sich somit anscheinend in früher Kindheit aus und wird durch in der Gesellschaft vorherrschende Idealbilder forciert.

Betrachtet man die Literatur zu den Körperbeschwerden bei Kindern und Jugendlichen, so fällt auf, daß sich keine Studie explizit dem Thema der Geschlechtsunterschiede widmet. Vielmehr scheint es so, daß zwar viele empirische Daten vorliegen, diese jedoch eher beiläufig durch die inzwischen vorherrschende

Tendenz, das Geschlecht als intervenierende Variable mitzukontrollieren, gewonnen wurden. Die Frage nach der Geschlechtsspezifität von Körperwahrnehmungen wird darüber hinaus im Kontext entwicklungspsychologischer Fragestellungen thematisiert. Es interessiert dabei die Entwicklung der geschlechtlichen Identität oder der Zusammenhang von Körperwahrnehmung und Selbstwahrnehmung.

Die Debatte um die Geschlechtsunterschiede in Gesundheit und Krankheit bei Erwachsenen wird hingegen schon lang und mit großer Heftigkeit geführt. Keine der dabei herangezogenen Erklärungen für die gefundenen Unterschiede konnte bisher überzeugen. Um so mehr verwundert es, daß sich niemand dieses Themas bei Kinden und Jugendlichen angenommen hat. Wenn es sich bestätigen sollte, daß auch im Kindes- und Jugendalter schon Geschlechtsunterschiede festzustellen sind, so wäre die These der Doppelbelastung der Frauen als Ursache für vermehrte Beschwerden in Frage gestellt.

Sollte es sich erweisen, daß die Geschlechtsdifferenzen nicht so gravierend sind, wie vermutet, wäre das Geschlecht als alles erklärend Variable in Frage stellt. Kovariierende Variablen müßten gefunden werden, die die Ergebnisse beeinflussen.

In der im folgenden dargestellten Studie werden Kinder und Jugendliche zu ihren körperlichen Beschwerden befragt und geschlechtsspezifische Unterschiede herausgearbeitet. Es gelang uns durch Einbeziehung der Altersgruppen von 9-18 Jahren, eine große Spanne der Kinder- und Jugendzeit zu erfassen und damit auch gerade den schwierigen Übergang ins Blickfeld zu rücken.

Stichprobe und Fragebogen

Die Daten stammen aus einer Untersuchung zur Standardisierung eines Kinderbeschwerdebogens, des Gießener-Beschwerdebogens für Kinder und Jugendliche (GBB-KJ, Prehler et al. 1992). In dem Fragebogen, der für die Altersgruppe von 9-15 Jahren gedacht ist, sind u.a. auch alle 24 Fragen des Gießener-Beschwerdebogen für Erwachsene (GBB) aufgenommen, die für die Skalenbildung des GBB notwendig sind (Brähler und Scheer 1983). Hierdurch wird ein Vergleich der Häufigkeit von Beschwerden von Kindern und Jugendlichen mit der von Erwachsenen ermöglicht.

Gleichzeitig wurde eine Normierung des GBB für 16-18jährige durchgeführt, so daß auch für diesen Altersabschnitt Vergleichsdaten vorliegen.

Die Beschwerden, die in beiden Versionen des Fragebogens enthalten sind, stammen aus den Bereichen Allgemeinbefinden, Schmerzen, Vegetativum und Emotionalität.

An der Untersuchung nahmen 1267 Kinder und Jugendliche im Alter von 9-18 Jahren teil. Die Verteilung nach Alter und Geschlecht ist aus Tabelle 1 zu ersehen.

Tabelle 1: Geschlechts- und Altersverteilung der Stichprobe

	ALTER										
	9	10	11	12	13	14	15	16	17	18	Gesamt
Jungen	40	61	99	75	82	90	92	42	29	23	633
Mädchen	36	78	79	84	71	63	95	72	42	14	634
Gesamt	76	139	178	159	153	153	187	114	71	37	1267

Die Stichprobenerhebung erfolgte in Form einer Klumpenstichprobe, wobei verschiedenen Schulklassen in Hessen der Fragebogen vorgelegt wurde. Die Schulen befanden sich sowohl in Großstädten, Kleinstädten, als auch in ländlichen Regionen. Die Verteilung der Klassen auf verschiedene Schultypen wurde ebenfalls berücksichtigt. Die Untersuchung fand 1989 und 1990 statt.

Genauere Angaben zur Erhebung und zum Fragebogen finden sich bei Prehler et al. (1992).

Ergebnisse

Beschwerdedruck

Als eine Replikation früherer Untersuchungen kann das erste hier darzustellende Ergebnis gesehen werden. Auch in dieser Untersuchung gaben die Mädchen generell höhere Beschwerdewerte als die Jungen an (Abbildung 1). Dies soll anhand der Skala "Beschwerdedruck" dargestellt werden, in der die Beschwerdewerte von 24 Einzelitems als Summenwert zusammengefaßt sind. Diese Skala enthält alle Items der vier Skalen des GBB für Erwachsene, die bei den 16-18jährigen eingesetzt wurden. Alle diese Items sind auch im GBB-KJ enthalten, der den 9-15jährigen vorgelegt wurde.

In allen Alterstufen geben die Mädchen einen höheren Beschwerdedruck als die Jungen an. Ein stärkerer Anstieg ist bei den Jungen am Übergang vom 12. zum 13. Lebensjahr zu sehen (1. Ejakulation). Anders als bei Wehner (1986) zeigt sich bei uns aber kein Absinken der Beschwerdewerte bis zum 15. Lebensjahr. Ab dem 16. Lebensjahr kommt es bei den Jungen zu einem leichten Abfall der Beschwerdewerte. Diese Werte liegen aber immer noch höher als die der Vorpubertären. Bei den Mädchen ist ein starker Anstieg der Beschwerdewerte vom 11. zum 12. Lebensjahr (1.Menstruation) zu sehen. Die Werte steigen weiter bis zum 15. Lebensjahr und fallen dann wieder deutlich ab.

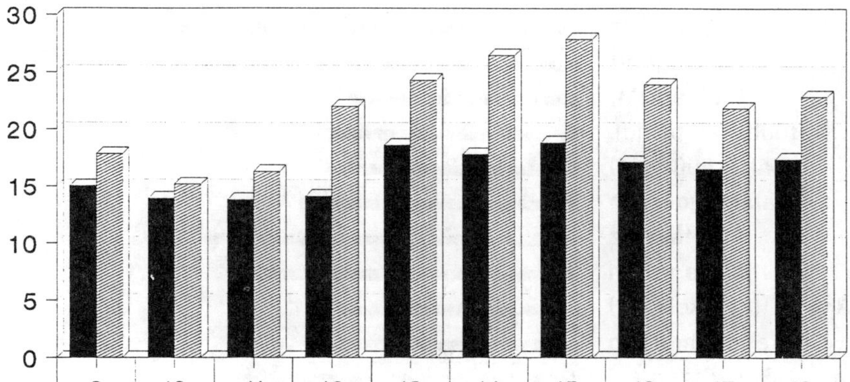

	9	10	11	12	13	14	15	16	17	18
Jungen	15,02	13,9	13,8	14,12	18,6	17,8	18,84	17,14	16,55	17,39
Mädchen	17,83	15,15	16,3	22,01	24,3	26,46	27,87	23,94	21,86	22,86

Jahre

Jungen Mädchen

Abbildung 1: Vergleich des Beschwerdedrucks für verschiedene Altersgruppen nach Geschlecht getrennt

Vergleich der 10 häufigsten Beschwerden von Jungen und Mädchen

Nun werden die 10 häufigsten Beschwerden von Jungen und Mädchen in einer Gegenüberstellung dargestellt (Abbildung 2, S. 166).

Besonders zu beachten ist in dieser Abbildung, daß die häufigsten Beschwerden von Jungen und Mädchen weitgehend identisch sind. Es fällt schwer anhand dieser Tabelle geschlechtsspezifische Beschwerden zu identifizieren. Bis auf die beiden Items "Schwitzen" und "Aufstoßen" geben die Mädchen aber stets eine höhere Betroffenheit durch die Beschwerden an.

Lediglich "Schwitzen" bei den Jungen und "Weinen", "Kalte Füße" und "Appetitlosigkeit" bei den Mädchen fallen hier als geschlechtstypisch auf.

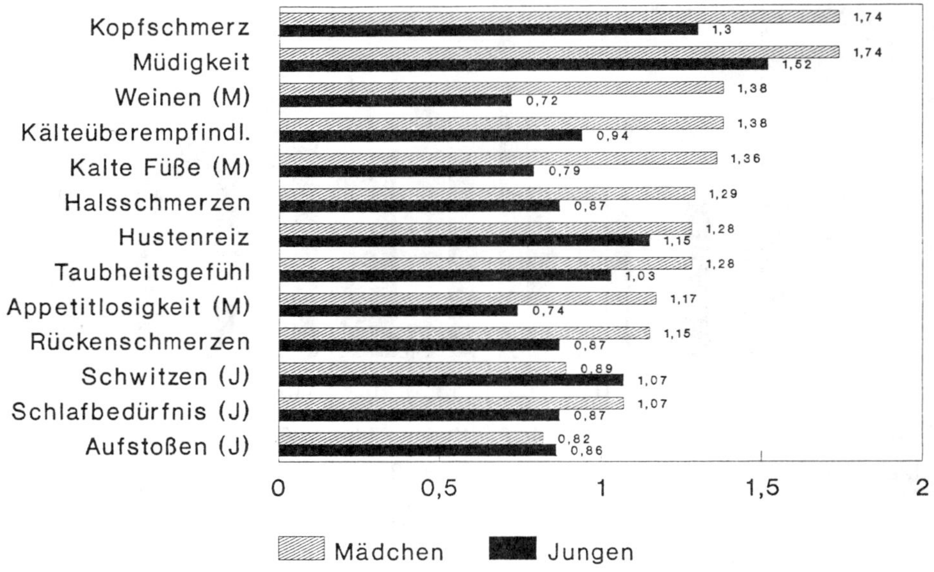

Abbildung 2: Die 10 häufigsten Beschwerden von Jungen und Mädchen. Die mit "M" oder "J" gekennzeichneten Beschwerden finden sich nur in der jeweiligen Gruppe unter den 10 häufigsten.

Geschlechtsdifferente Beschwerden

In der Tabelle 2 (S. 167) befinden sich die Beschwerden, bei denen sich die größten und geringsten Unterschiede zwischen Mädchen und Jungen ergaben.

Alle Beschwerden mit den größten Geschlechtsdifferenzen sind auch bei Erwachsenen in gleicher Weise geschlechtsabhängig, mit Ausnahme der Halsschmerzen.

Das Item, das am stärksten zwischen den Geschlechtern differenziert, ist das Item "Unterleibsschmerzen". Gleichzeitig ist dies sicherlich die Beschwerde, bei der am schwersten zu entscheiden ist, ob sie körperlich oder durch die Geschlechtsrolle bedingt ist.

Auch bei Kindern und Jugendlichen sind "Neigung zum Weinen" und die "Kälteüberempfindlichkeit" spezifisch weibliche Merkmale. Ebenso wie bei der Anfälligkeit für "Kopfschmerzen" ist eine Entscheidung für eine rein körperliche Genese problematisch, da die Mädchen auch die typischen Beschwerden ihrer Mütter identifikatorisch übernommen haben könnten.

Tabelle 2: Beschwerden mit den größten und den geringsten Geschlechtsunterschieden

Beschwerde	Diff
Unterleibsschmerzen (Schmerzen im Unterbauch)	0.71
Neigung zum Weinen/Weinen	0.66
Kalte Füße	0.57
Kälteüberempfindlichkeit/Frieren	0.44
Kopfschmerzen	0.44
Appetitlosigkeit/keinen Appetit	0.43
Halsschmerzen	0.42
Drang zum Wasserlassen/Häufig zum Klo rennen müssen	0.08
Erbrechen	0.06
Atemnot	0.05
Gewichtsabnahme	-0.05
Aufstoßen	0.04
Sodbrennen	0.02

Anders ist es bei der hohen Differenz für die Beschwerde "Halsschmerzen". Eine Begründung für eine körperlich bedingte Ursache ist uns nicht bekannt. Die hohe Differenz könnte ein Hinweis dafür sein, daß die erhöhten Beschwerdewerte bei Mädchen eben nicht nur bei "Frauenbeschwerden" auftreten, sondern daß Mädchen eher klagsam sind oder eher auf körperliche Signale achten. Daraus folgt, daß sich bereits Mädchen geschlechtsrollenkonform verhalten.

5 von 6 Items mit geringen Geschlechtsdifferenzen stehen im weiteren Sinne in Verbindung zu Verdauungsfunktionen. Die "Gewichtsabnahme" wird dabei von beiden Geschlechtern gleich positiv oder negativ bewertet im Gegensatz zur "Appetitlosigkeit", die eine starke Geschlechtsabhängigkeit aufweist.

Die geschlechtsdifferentesten Items im Altersverlauf

Die Abbildungen 3 und 4 zeigen den Vergleich der Items "Weinen" und "Unterleibsschmerzen" für verschiedene Altersgruppen nach Geschlecht getrennt. Diese Items zeigen die größten Geschlechtsdifferenzen.

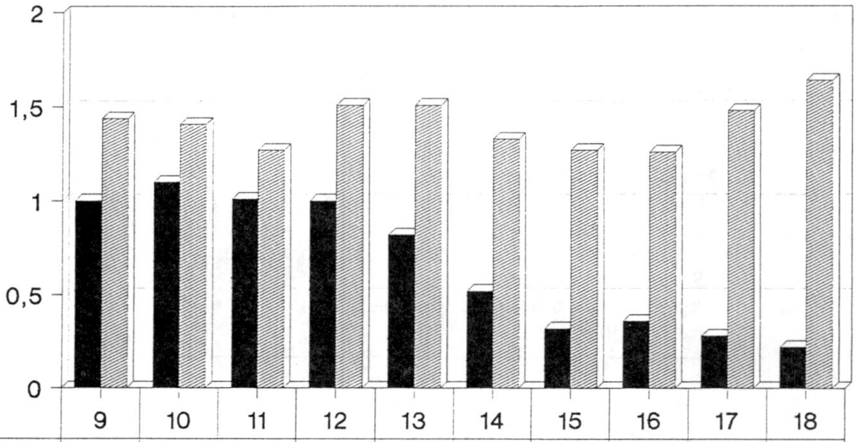

	9	10	11	12	13	14	15	16	17	18
Jungen	1	1,1	1,01	1	0,82	0,52	0,32	0,36	0,28	0,22
Mädchen	1,44	1,41	1,27	1,51	1,51	1,33	1,27	1,26	1,48	1,64

Jungen Mädchen

Abbildung 3: Das Item 'Weinen'im Altersverlauf nach Geschlechtern getrennt

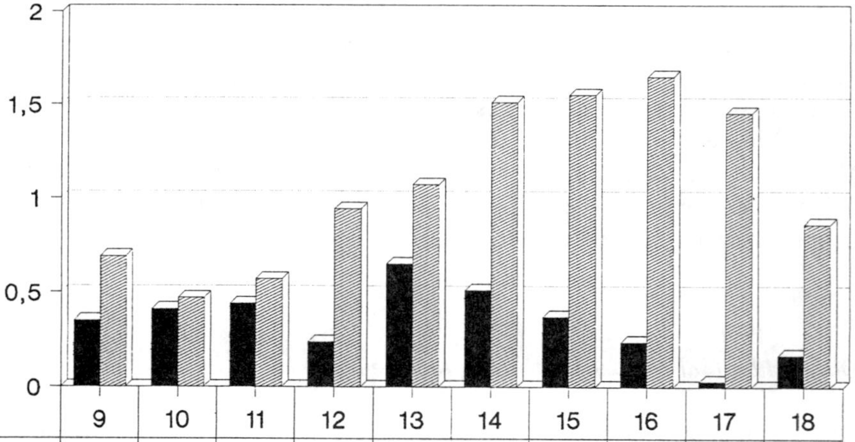

	9	10	11	12	13	14	15	16	17	18
Jungen	0,35	0,41	0,44	0,24	0,65	0,51	0,37	0,24	0,03	0,17
Mädchen	0,69	0,47	0,57	0,94	1,07	1,51	1,55	1,65	1,45	0,86

Jungen Mädchen

Abbildung 4: Das Item 'Unterleibsschmerzen'im Altersverlauf nach Geschlechtern getrennt

Der Verlauf der Beschwerdeausprägung über die Altersgruppen ist bei beiden Items für die Geschlechter sehr unterschiedlich.

Beim Item "Weinen" zeigt sich bei den Mädchen eine Konstanz auf sehr hohem Niveau; während bei den Jungen zunächst die Beschwerde etwas geringer ist als bei den Mädchen, sinkt sie dann mit der Pubertät rasant ab. Beim Item "Unterleibsschmerzen" ist die Entwicklung sehr uneinheitlich. Die Beschwerde gewinnt bei den Mädchen immer mehr Bedeutung und sinkt bei den Jungen immer mehr ab, nachdem sie in der Pubertät ihren Höhepunkt erreicht.

Beschwerden, die einen starken Anstieg zu Beginn der Pubertät zeigen

In Tabelle 3 werden die Beschwerden aufgezeigt, die zu Beginn der Pubertät am stärksten ansteigen. Bei Jungen zeigen sich beim Übergang vom 12. zum 13. Lebensjahr weniger Veränderungen in den Beschwerden als bei den Mädchen zwischen dem 11. und 12. Lebensjahr. Bei den Mädchen ist bei einer Vielzahl von Symptomen ein sprunghafter Anstieg zu beobachten.

Tabelle 3: Sprunghafter Anstieg der Beschwerden zu Beginn der Pubertät (Differenz ≥ .30)

Jungen (12J -> 13J)	Mädchen (11J -> 12J)
Müdigkeit	Benommenheit
Unterleibsschmerzen (Schmerzen im Unterbauch)	Ohnmachtsanfälle / Schwarz vor Augen werden
Rückenschmerzen	Leichtes Erröten / Leicht rot werden
Gliederschmerzen	Schlafbedürfnis
	Schwindelgefühl
	Sprachstörungen
	Unterleibsschmerzen
	Schlafstörungen / Nachts aufwachen
	Müdigkeit
	Mattigkeit
	Druckgefühl im Kopf
	Gleichgewichtsstörungen / Schwanken und Torkeln
	Sehstörungen / Verschwommen sehen
	Sodbrennen
	Zittern

Diskussion

Unsere Untersuchung zu den geschlechtsspezifischen Differenzen in den Körperbeschwerden von Mädchen und Jungen hat mehr Fragen aufgeworfen als beantwortet. Generell ist zu bemerken, daß Kinder und Jugendliche sehr unter Körperbeschwerden leiden. In unserer Untersuchung konnte ein bekanntes Ergebnis repliziert werden, daß Mädchen einen höheren Beschwerdedruck nennen im Vergleich zu den Jungen.

Die in der Literatur aufgeworfene Kontroverse zwischen Biologie und Umwelt scheint hier weder in der einen noch in der anderen Richtung eindeutige Unterstützung zu finden. Mädchen zeigen zwar eindeutig höhere Werte in Beschwerden, die als 'typisch weiblich' klassifiziert werden, wie z.B. Unterleibsbeschwerden, kalte Füße, Kälteüberempfindlichkeit, Appetitlosigkeit, Kopfweh und Weinen, doch Gründe für diese Unterschiede liegen nicht ausschließlich in der Biologie.

Von Mädchen erwartet man durchaus *Beschwerden im Unterleib* in dieser Zeit; diese werden aber auch von Jungen genannt. Hier ist eine zeitlich verzögerte Veränderung bei den Geschlechtern zu beobachten: Jungen leiden mit 13 Jahren am meisten unter Unterleibsschmerzen, Mädchen zwischen 14 und 17 Jahren. Die Menarche der Mädchen setzt früher ein. Hier deckt sich unser Ergebnis mit den Daten der Ulmer Gruppe, die auch ein vermehrtes Klagen über Unterleibsschmerzen, das nicht im Zusammenhang mit realen Menstruationsbeschwerden steht, feststellte (Wehner 1986). Komplexere somato- psychosomatische Zusammenhänge sind hier zu berücksichtigen.

Bei den Angaben über *kalte Füße* und *Kälteüberempfindlichkeit* sind ebenfalls hormonelle Aspekte neben identifikatorischen Momenten der Tochter mit eventuellen Klagen der Mutter zu diskutieren.

Deutlicher in Richtung Geschlechtsrollenübernahme weisen Beschwerden wie Weinen, Appetitlosigkeit und Kopfweh. Im *Weinen* unterscheiden sich Mädchen und Jungen bis zum Alter von 12 Jahren nicht auffallend. Bei den Mädchen bleiben jedoch die hohen Angaben zum Weinen konstant, bei den Jungen nehmen sie bis zum Alter von 18 Jahren stark ab. Hier finden sich Ergebnisse, die auch bei Erwachsenen beobachtet werden können. Frauen geben mehr 'Neigung zum Weinen' an; ein Symptom, das weiblichen Personen kulturell eher zugestanden wird. Die Entwicklung im Laufe der Pubertät weg vom eigenen Körper, weg vom Gefühl hin zur Versachlichung und Versprachlichung des Körpers scheint daher im besonderen Maße für die Jungen zuzutreffen. Nimmt man darüber hinaus Weinen als Ausdruck für körperliche und seelische Belastung, so gilt gleichwohl, daß Mädchen stärker belastet scheinen.

In der *Appetitlosigkeit* spiegelt sich die gesellschaftlich ubiquitäre Erscheinung der Essensproblematik für weibliche Personen wieder. Dem Ideal der schlanken Frau beugen sich anscheinend schon die Mädchen. Das gleichzeitig gestiegene Bewußtsein von der Gefahr der anorektischen Erkrankung bewirkt eine größere Beachtung der Essensgewohnheiten, so daß viele Mädchen angeben, anscheinend nicht genügend essen zu können. Dahinter kann sich zudem die Sorge der Mütter verstecken, den Mädchen nicht genug mitgegeben zu haben, was dabei am Essen festgemacht wird, und das Klagen der Mädchen über Appetitlosigkeit ist das Klagen der Mütter, denen sich die Töchter entziehen. Andererseits ist Appetitlosigkeit immer eine Begleiterscheinung einer depressiven Erkrankung. Hier könnten also zudem Hinweise deutlich werden auf die im Erwachsenenalter zu beobachtende häufigere Erkrankung an Depressionen bei Frauen.

Das gehäuftere Klagen über *Halsschmerzen* bei Mädchen ist ebenfalls nicht biologisch erklärbar. Eine größere Anfälligkeit für Erkältungskrankheiten ist lediglich im Zusammenhang mit einer geringeren Immunabwehr zu verstehen, was wiederum als Zeichen für größere Belastung zu werten wäre.

Beachtet man darüber hinaus noch die *Beschwerden, bei denen geringe Unterschiede* zwischen Mädchen und Jungen festgestellt wurden, so unterstreicht dies die Problematik der biologischen Betrachtungsweise der Differenzen. Hier tauchen vorwiegend Beschwerden auf, die mit der Verdauung zu tun haben, wie Erbrechen, Gewichtsabnahme, Aufstoßen und Sodbrennen. Magen- und Darmsymptome werden bei Erwachsenen verstanden als Belastungssymptome bzw. als nach innen verlagerte Aggressionsprobleme. Psychosoziale Faktoren der Kindheit und frühen Jugend scheinen hier beide Geschlechter gleichermaßen zu treffen. Verwunderlich ist, daß angesichts der höheren Prävalenz für Anorexie und Bulimie bei Mädchen in den Symptomen wie Erbrechen und Gewichtsabnahme keine Unterschiede zwischen Mädchen und Jungen gefunden werden konnten.

Schaut man sich den *Verlauf der Beschwerdehäufigkeit* bei Mädchen und Jungen genauer an, so ist bemerkenswert, daß zu Beginn der Pubertät bei Jungen lediglich bei vier Beschwerden ein deutlicher Anstieg zu beobachten ist: bei Müdigkeit, Unterleibsschmerzen, Rückenschmerzen und Gliederschmerzen. Diese Symptome stehen bis auf Unterleibsschmerzen eventuell mit schulischen Anforderungen in Verbindung. Dem Drang nach Bewegung und Aktivität steht das Stillsitzenmüssen in der Schule entgegen, meist auf Schulmöbeln, die nicht unbedingt der Entlastung der kindlichen Muskulatur und des Knochenbaus dienlich sind (Zenz et al. 1983). Eine von Schmauch (1987) diskutierte Beobachtung findet hier ihre empirische Bestätigung. Jungen neigen bei Belastung zur Abfuhr in körperliche Bewegung und Aktivität nach außen, während bei Mädchen ein depressiver Rückzug zu beobachten ist. Der Anstieg der Beschwerden wie Mattigkeit, Druckgefühl im Kopf, Benommenheit, Schlafbedürfnis Schlafstörungen, und Zittern könnte darauf hindeuten. Gleichzeitig gehören diese Beschwerden zu dem Bereich der Hypotonie, so daß durchaus hormonelle Ursachen in Erwägung zu ziehen sind. Weitere Symptome im GBB-KJ, die eventuell mit schulischen Anforderungen korrelieren könnten, wie Zappeligkeit, Verkrampfung im Arm, zeigen keine Unterschiede zwischen Mädchen und Jungen.

Geht man auf den in der Einleitung genannten Begriff der *Körperbesorgnis* zurück, so ist vor allem bei Mädchen ein starker Anstieg vom 11. zum 12. Lebensjahr bei solchen Beschwerden zu finden, die unter diesem Begriff subsumiert werden können. Mattigkeit, Benommenheit, Ohnmacht, schwindelig werden, Gleichgewichtstörungen und Zittern sind Beschwerden, bei denen eine tiefe Irritation im

Körpergefühl vermutet werden kann. Die Mädchen können sich auf die 'Standfestigkeit' ihres Körpers nicht mehr verlassen, ohne äußere Symptome dafür habhaft machen zu können. Eine Beunruhigung über Veränderungen im Körperinnern - verstärkt durch den Blutfluß während der Menstruation - ist zu vermuten.

Bedenkt man die enorme Wichtigkeit der körperlichen Erscheinung für das Selbstwertgefühl der Kinder und Jugendlichen, so ist verwunderlich, daß weniger Beschwerden genannt werden, die sich direkt auf das Körperbild beziehen. In den Beschwerden wie Pickel, Hautausschlag, rot werden, dick werden, dünn werden ist kein Anstieg der Beschwerdehöhe festzustellen. Ebenso wurden keine Geschlechtsdifferenzen festgestellt.

Die bisherige Beurteilung der Geschlechtsdifferenzen in den Körperbeschwerden scheint die psychosozialen Ursachen zu favorisieren. An dieser Stelle soll noch auf den Ort der geschlechtsspezifischen Sozialisation hingewiesen werden, dem sich weder Mädchen noch Jungen entziehen können: *die Familie*. Brähler und Scheer (1983) konnten bei Erwachsenen für Paare nachweisen, daß für die Äußerung der Beschwerdeempfindens der Einfluß des Partners deutlich höher ist als die Geschlechts- und Altersabhängigkeit. Daraus könnte sich ableiten, daß es einen familientypischen Umgang mit dem Körper und den Körperbeschwerden gibt, d.h. daß es familiäre Kongruenzen gibt. Für Kinder und Jugendliche würde dies bedeuten, daß sie nicht so sehr das Beschwerdemuster des gleichgeschlechtlichen Elternteils, sondern den familiären Umgang mit den Körperbeschwerden übernehmen würden. Hier wären Familienuntersuchungen nötig, um diese Frage näher zu klären. Die Untersuchung von Becker (1990) zur Übereinstimmung von Eltern und Kindern in seelischer Gesundheit weist dabei den Weg.

Am Ende soll noch auf ein Faktum hingewiesen werden, dem erst in letzter Zeit mehr Beachtung geschenkt wird: der *sexuelle Mißbrauch von Kindern*, vor allem der Mädchen, der körperlichen Mißhandlung sowie der Vernachlässigung. Sexueller Mißbrauch, körperliche Mißhandlung und Vernachlässigung werden zunehmend als Ursachen für körperliche und psychische Erkrankung angeführt. Bei Untersuchungen zu geschlechtsspezifischen Differenzen muß dieses Faktum mit einbezogen werden, da das Auftreten dieser traumatischen Kindheitserfahrungen vor allem im Hinblick auf den sexuellen Mißbrauch geschlechtsspezifisch ist.

Unverzichtbar zur weiteren Klärung der Geschlechtsunterschiede der Körperbeschwerden sind *Längsschnittsuntersuchungen*. Eine unterschiedliche Gewichtung von Soma und Psyche zu verschiedenen Lebenszeitpunkten bei der Ausprägung von Beschwerden ist angesichts der unterschiedlichen Bedeutung des Körper im Laufe der Entwicklung anzunehmen. Damit könnte auch die Gefahr gebannt werden, daß unterschiedliche Ansätze, die innerhalb ihres Gültigkeitsbereiches Wertvolles leisten, gegeneinander ausgespielt werden.

Zusammenfassend sei betont, daß die Debatte um die Geschlechtsdifferenzen bei Körperbeschwerden der Erwachsenen angesichts der vorgestellten Daten unter einer erweiterten Perspektive geführt werden muß. Es wurde deutlich, wie früh im Laufe der Entwicklung schon auf geschlechtsspezifisch unterschiedliche Beschwerden geachtet werden muß. Baake (1989) weist nicht ohne Relevanz für die Gesundheitsdebatte darauf hin, daß die kognitive Strukturierung von Geschlechtsrollen Voraussetzung für die Identifikation mit dem eigenen Geschlecht sei. Dies geschieht im Alter zwischen 5 und 7 Jahren. In der Folge sei lediglich eine Verstärkung bzw. Abschwächung der Geschlechtsrollenstereotypisierung zu erwarten. Ein komplexes Produkt aus biologischer Determination, sozialer Zuschreibung, Verstärkung, interaktionsbezogener Psychodynamik und kognitiver Selbstkategorisierung dürfte hier zum Vorschein kommen, und die Alternative - Biologie versus Sozialstruktur- greift eindeutig zu kurz.

Literatur

Baake, D. (1989): Die 6- bis 12 jährigen. Einführung in die Probleme des Kindesalters. Beltz: Weinheim.

Bay, E. (1983): Organisch-neurologische Aspekte zum Körperschema. Materialien zur Psychoanalyse und analytisch-orientierten Psychotherapie 9, 14-18.

Becker, P. (1990): Gleichen sich Ehepartner sowie Eltern und Kinder in ihrer seelischen Gesundheit? Trierer Psychologische Berichte, Bd 17, Heft 7.

Belmaker, E. (1984): Nonspecific somatic symptoms in early adolescent girls. Journal of Adolescent Health Care 5, 30-33.

Bernhard P. (1986): Schmerzempfindung und Schmerzerleben. In: E. Brähler (Hrsg): Körpererleben. Ein subjektiver Ausdruck von Leib und Seele, S. 50-61. Springer: Berlin, Heidelberg, New York.

Besuden, F. (1983): Körperarbeit in einer psychosomatischen Klinik. Materialien zur Psychoanalyse und analytisch-orientierten Psychotherapie 9, 14-18.

Brähler, E.; Scheer, J.W.(1983): Der Gießener Beschwerdebogen (GBB) - Testhandbuch. Huber: Bern.

Brähler, E.; Ernst, E.; Hettich, W.; Klein, H.; Otten, A. (1986): Körperbeschwerden von Kindern im Alter von 8-15 Jahren. In: E. Brähler (Hrsg): Körperleben. Ein subjektiver Ausdruck von Leib und Seele, S. 253-266. Springer: Berlin, Heidelberg, New York.

du Bois, R. (1990): Körper-Erleben und psychische Entwicklung. Hogrefe: Göttingen.

Campbell, J.D. (1975): Illness is a point of view: the development of children's concepts of illness. Child Development 46, 92-100.

Clifford, E. (1971): Body satisfaction in adolescence. Perceptual and Motor Skills, 33, 119-125.

Dielman, T.E.; Leech, S.L.; Becker, M.H.; Rosenstock, I.M.; Horvath, W.J.; Radius, S.M. (1982): Parental and child health beliefs and behavior. Health Education Quarterly 9, 156-173.

Engel, U.; Hurrelmann K. (1989): Psychosoziale Belastung im Jugendalter. Empirische Befunde zum Einfluß von Familie, Schule und Gleichaltrigengruppe. de Gruyter: Berlin.

Gellert, E. (1975): Children's constructions of their self-images. Perceptual and Motor Skills 40, 307-324.

Gutezeit, H.; Marake J. (1984): Untersuchungen zur Wirksamkeit verschiedener Einflußgrößen auf die Selbstwahrnehmung bei Kindern und Jugendlichen. Praxis der Kinderpsychologie 33, 133-141.

Hettich, W. (1987): Die Erfassung von Körperbeschwerden bei Schulkindern. Med. Diss. Gießen.

Joraschky, P. (1983): Das Körperschema und das Körper- Selbst als Regulationsprinzipien der Organismus- Umwelt- Interaktion. Minerva: München.

Krätschmer, C. (1986): Körperbeschwerden und Selbstkonzept bei Jugendlichen im Verlauf der Pubertät. Unveröffentl. Dipl. Arb. Konstanz.

Lerner, R.M.; Orlos, J.B.; Knapp. J.R. (1976): Physical attractiveness, physical effectiveness and self- concept in late adolescents. Adolescence, 11 313- 326.

Lindloff, H. (1987): Erfassung subjektiver Körperbeschwerden von Kindern und Jugendlichen mit einem Körperbeschwerdebogen. Med. Diss. Gießen.

Lohaus, A. (1990): Gesundheit und Krankheit aus der Sicht von Kindern. Hogrefe: Göttingen.

Mahr, E. (1985): Menstruationserleben. Eine medizinpsychologische Untersuchung. Beltz: Weinheim.

Martin,, M.; Walter, R. (1982): Körperselbstbild und Neurotizismus bei Kindern und Jugendlichen. Praxis der Kinderpsychologie und Kinderpsychiatrie 31, 213-218.

Mechanic, D. (1964): The influence of mothers on their children's health attitudes and behavior. Pediatrics 50, 44- 453.

Mitscherlich-Nielsen, M. (1975): Psychoanalyse und weibliche Sexualität. Psyche 9, 769-788.

Müller-Braunschweig, H. (1986): Psychoanalyse und Körper. In: E. Brähler (Hrsg): Körpererleben. Ein subjektiver Ausdruck von Leib und Seele, S. 19-33. Springer: Berlin.

Paulus, P.; Otte R. (1979): Zur Erfassung der Zufriedenheit mit dem Aussehen des eigenen Körpers. Psychotherapie und medizinische Psychologie 29, 128-141.

Pick, A. (1908): Über Störungen der Orientierung am eigenen Körper. Arbeiten der deutschen psychiatrischen Universitätsklinik Prag, 1-19.

Prehler, M.; Kupfer, J.; Brähler, E. (1992): Der Gießener Beschwerdebogen für Kinder und Jugendliche (GBB-KJ). Psychotherapie, Psychosomatik, Medizinische Psychologie 42, 71-77.

Schilder, P. (1923): Das Körperschema. Ein Beitrag zur Lehre vom Bewußtstein des eigenen Körpers. Springer: Berlin.

Schmauch, U. (1987): Anatomie und Schicksal. Zur Psychoanalyse der frühen Geschlechtersozialisation. Fischer: Frankfurt/Main.

Seiffge-Krenke, I. (1986): Psychoanalytische Therapie Jugendlicher. Kohlhammer: Stuttgart.

Sobal, J. (1987): Health concerns of young adolescents. Adolescence 22, 739-750.

Terpeluk, V. (1986): Geschlechtsdifferente Selbstbildunterschiede bei pubertierenden Jugendlichen. Diss. Ulm.

Wehner, C. (1986): Das Körperbeschwerdebild bei Jugendlichen in Abhängigkeit vom körperlichen Reifegrad und anamnestischen Faktoren. Med. Diss. Ulm.

Wiedemann, P.M. (1984): Körperimago - Vergessene und neue Möglichkeiten der Psychosomatischen Diagnostik. Unveröffentl. Manuskript. Vortrag beim 5. Kongreß "Psychologie in der Medizin", München.

Zauner, J. (1987): Phantasie - Masturbation - Körperschema. Aspekte der Geschlechtsentwicklung in der Adoleszenz. In: Massing, A.; Weber I. (Hrsg): Lust und Leid. Sexualität im Alltag und alltägliche Sexualität, S. 243-259. Springer: Berlin.

Zenz, H.; Marschall, P.; Balzer-Böken, B. (1983): Untersuchungen über Leistungsverhalten und körperliches Wohlbefinden von Schülern. Unveröffentl. Forschungsbericht. Ulm.

Geschlechtsunterschiede in Manifestation und Verlauf psychogener Erkrankungen[1]

Heinz Schepank

Unser Wissensstand über die Epidemiologie psychogener Erkrankungen hat sich im letzten Jahrzehnt deutlich präzisiert dank einer ausgefeilen Methodik und durch personalintensive Forschungsbemühungen.

Alte Daten aus der Zeit vor dem Zweiten Weltkrieg sind weitgehend unbrauchbar, zumal sie meist nur die großen psychiatrischen Erkrankungen umfassen. Aber auch die Ergebnisse von soliden und aufwendigen psychiatrischen Untersuchungen aus den Industrieländern nach dem Zweiten Weltkrieg streuen extrem breit, z.B.: die Midtown-Manhattan-Studie (New York, Srole et al. 1962, 1980), die Stirling-County Study (Kanada, Leighton et al. 1962), die Taiwan-Studie (Lin 1953) oder die neuerdings zu Unrecht so hochgelobte ECA-NIMH-Studie (Robins et al. 1984, Regier et al. 1984) aus den USA. Die von kompetenten Epidemiologen (Dohrenwend et al. 1980) vorgelegten Metaanalysen aus methodisch sorgfältigen und umfangreichen Feldstudien zeigen extreme Schwankungen: 24 internationale Feldstudien aus den westeuropäischen und nordamerikanischen Industrieländern ermittelten (als Median) eine wahre Prävalenzrate (d.h. Vorkommenshäufigkeit) für Psychoneurosen um 9%. Die Werte streuen jedoch in verschiedenen Untersuchungen zwischen 0,28% und 53,5% der Bevölkerung. Auch die Prävalenzrate für Persönlichkeitsstörungen wird zwischen nur 0,7% und 63% angegeben bei einem Median von 4,76%. Die funktionell psychosomatischen Erkrankungen - zweifellos die häufigste Krankheitsgruppe - sind in den meist von Psychiatern geleiteten Studien überhaupt nicht erwähnt; zum Teil wurden sie einfach den Neurosen zugeschlagen. Die in den USA dominierende DSM-III-Klassifikation ergibt durch eine völlig unrealistische Definition der sog. somatoform disorders für die funktionellen psychosomatischen Erkrankungen (Regier et al. 1984) lächerlich niedrige Werte: unter 1% - und das sogar bei lebenslanger Prävalenzerfassung! Das widerspricht der Alltagserfahrung schon jedes aufmerksamen Laien. Inanspruchnahmestudien von Allgemeinärzten (Shepherd et al. 1966) und viele Krankenkassenstatistiken belehren uns eines besseren.

---

1 Aus der Psychosomatischen Klinik des Zentralinstituts für Seelische Gesundheit Mannheim, zugleich Lehrstuhl für Psychosomatische Medizin und Psychoanalyse an der Fakultät für Klinische Medizin Mannheim der Universität Heidelberg (o. Prof. Dr. med. H. Schepank). Überarbeitete Fassung eines Vortrags auf dem DKPM-Kongreß in Dresden am 8.3.1991.

Methodische Vorbemerkung

Für die Erfassung wahrer[2] Prävalenzraten von psychogenen Erkrankungen sind *forschungsstrategisch* folgende *Essentials* unabdingbar:

1. Die *psychogenen Erkrankungen* - und d.h. die Psychoneurosen, Charakterneurosen und psychosomatischen funktionellen Erkrankungen - müssen *gesondert* von den großen psychiatrischen Krankheitsbildern und auch getrennt von den primär überwiegend rein somatischen Erkrankungen erhoben werden. Wegen des Symptomwandels innerhalb der einzelnen Unterkategorien ist es aber auch nötig, *alle* psychogenen Erkrankungen als ein Ganzes gemeinsam zu erforschen, nicht nur isolierte Symptomgruppen. Man kommt sonst zu Fehlschlüssen.

2. Eine *Schweregradabstufung* ist unbedingt notwendig. Anderenfalls geben bei der Erhebung von lebenslanger Prävalenz, aber auch sogar bei der Stichtagsprävalenz, 94% der Menschen irgendwelche Beschwerden aus der Skala der psychogenen Erkrankungen in den letzten 7 Tagen an, wie unsere Untersuchungen zeigten (Schepank 1987a).

3. Forschungs*technisch* gesehen, muß eine *Feldstudie* durchgeführt werden, also eine repräsentative Zufallsstichprobe aus der Allgemeinbevölkerung untersucht werden, nicht eine Inanspruchnahmeklientel.

4. Keineswegs unwichtig ist die *vierte Forderung*: Alle Untersuchungen müssen von in der Diagnostik der psychogenen Erkrankungen hochgradig *kompetenten Spezialisten* durchgeführt werden und nicht etwa per Fragebogensurveys oder durch unzureichend Ausgebildete, z.B. studentische Interviewer.

5. Schließlich hängt die Aussagekraft *jeder empirischen* Untersuchung entscheidend von der *Verweigererqote* ab, - in Anbetracht der strengen Datenschutzgesetzgebung neuerdings hierzulande ein besonderes Handicap für Felduntersuchungen.

Eine Begründung für diese methodischen Essentials ist an anderer Stelle ausführlich dargestellt (Schepank 1987a, 1990).

---

2 Häufigkeitsuntersuchungen an Inanspruchnahmeklientelen von Kliniken/therapeutischen Institutionen (= sog. behandelte Prävalenzdaten oder administrative Prävalenzen) geben nur ein sehr unzuverlässiges Bild. Bei bestimmten Erkrankungen/Störungen/Abweichungen muß die sog. wahre Prävalenz durch Untersuchung der gesamten Bevölkerung bzw. repräsentativer Zufallsstichproben aus ihr ermittelt werden.

Bei der Auswertung aller *deskriptiv epidemiologischen Befunde* spielen drei *demographische Kernvariablen* eine wichtige Rolle: das Lebensalter, die Sozialschichtzugehörigkeit und das Geschlecht (Tress und Schepank 1985). Nur auf letzteres sei hier - dem Rahmenthema entsprechend - eingegangen.

Ziel unserer seit 13 Jahren mit einer Manpower von über 60 Mannjahren durchgeführten Untersuchung war die Erfassung der psychogenen Erkrankungen, definiert als ICD 300 bis 306 (WHO, 8. Rev.), also der Psychoneurosen, der Charakterneurosen, einschließlich Süchten und der (meist funktionellen) psychosomatischen Störungen.

Methodik: Wir haben 600 Probanden aus der Großstadt Mannheim nach Zufall aus dem Einwohnermelderegister ausgesucht und in ihrer Wohnung aufgesucht, je zur Hälfte Männer und Frauen, je zu einem Drittel aus den Geburtsjahrgängen 1935, 1945 und 1955. Sie waren bei der (zwischen 1978 und 1981 durchgeführten) ersten Untersuchung ca. 25, 35 und 45 Jahre alt. Zur *Fallidentifikation* führten neurosendiagnostisch geschulte Ärzte und Psychologen die Untersuchungen mit einem zwei- bis dreistündigen, halbstandardisierten, strukturierten Interview durch sowie mit verschiedenen Meßinstrumenten (FPI-Test, Life-event-Fragebogen, Beschwerdeliste etc.). Die Befunde wurden für jeden Probanden in einem Klartext auf ca. 10 engzeiligen Schreibmaschinenseiten sowie in 100 Seiten standardisierter EDV-Codierung dokumentiert.

Die *Falldefinition* beinhaltet (1) als Zeitpunkt der Symptommanifestation und als Häufigkeitsmaß die Punktprävalenz, also die Stichtagsprävalenz, einschließend die letzten 7 Tage; (2) die Vergabe einer ICD-Diagnose aus dem genannten Bereich sowie (3) - und das ist besonders wichtig - eine Schweregradeinstufung auf dem von uns entwickelten Beeinträchtigungsschwere-Score (BSS), der von 0 bis 12 Punkten reicht und 3 Sektoren umfaßt: Die Beeinträchtigung der körperlichen Funktionen, der psychischen Funktionen und der sozialkommunikativen Bezüge, - jeweils aufgrund der psychogenen Symptomatik. Cut-off-point für die Fallgrenze waren 5 oder mehr BSS-Punkte.

Ergebnis: 26% der untersuchten Population sind als Fälle von psychogener Erkrankung einzustufen.

Die untersuchten 600 Probanden verteilen sich gemäß der Abbildung 1 (S. 179).

Zum Vergleich ist wichtig, wie sich die BSS-Werte bei klinischen Inanspruchnahmeklientelen, also bei Patienten, verteilen (rechte Kurven). Die übliche ambulant psychotherapeutische Klientel liegt etwa zwischen 3 und 6, die stationär psychotherapeutische etwa zwischen 4 und 7 BSS-Punkten. Wir sind also mit unserem Cut-off-point keineswegs zu großzügig im Sinne einer Überschätzung der Anzahl von Kranken, von Fällen oder von Behandlungsbedürftigen umgegangen.

Frauen wurden signifikant häufiger als Fälle identifiziert (34%) im Vergleich zu Männern (18%).

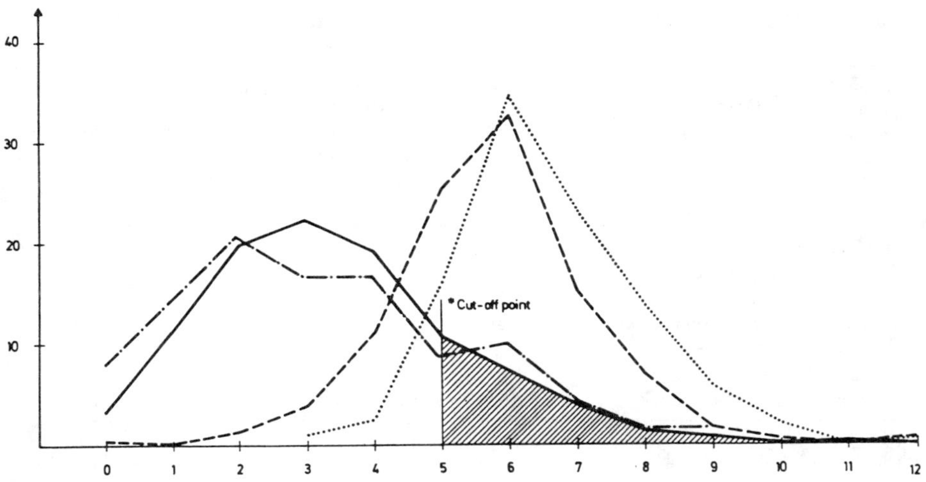

Abbildung 1: Prozentualer Anteil von Probanden (Koordinate mit den entsprechen BSS-Summen-Werten (Abszisse). Links: Verteilung der Probanden aus der A-(_) und aus der B-Studie (-.-.). Rechte Kurven: Die Scores bei ambulanten bzw. stationär-psychotherapeutischen Inanspruchnahme-Klientelen. Schraffiert: Fälle (= BSS-Wert ≥ 5) aus der Feld-Stichprobe.

Die *soziale Unterschicht* ist deutlich stärker betroffen mit 50% Fällen (Frauen: 54%, Männer; 45%) im Vergleich zu den Mittel- und Oberschichten. *Alters-* und d.h. Jahrgangskohortenunterschiede fanden wir anfangs bei diesem Kriterium der Punktprävalenz nicht. (Das überraschte uns zuerst, da wir die 1945 Geborenen für frühkindlich stärker belastet hielten).

Bezüglich der *diagnostischen Untergruppen* psychogener Erkrankungen verteilt sich die Fallrate von 26% auf: 7,16% Psychoneurosen, 7,16% Charakterneurosen und Süchte sowie 11,68% funktionell psychosomatische Erkrankungen.

Über die *Geschlechtsunterschiede* bei der ersten Querschnittuntersuchung gibt die Tabelle 1 (S. 180) Auskunft: Bei insgesamt sehr viel stärkerer Betroffenheit der Frauen überwiegen bei den Männern *relativ* die Persönlichkeitsstörungen.

Die *Verweigererrate* hatte übrigens bei diesem ersten Durchgang 23% betragen, bei einer Nachuntersuchung nur noch 9,5%.

Tabelle 1: Häufigkeit der ICD-Diagnosen bei Fällen (n = 156), getrennt nach Geschlechtern.

ICD-Diagnosen	Männer			Frauen		
	n	Anteil an ♂ Fällen [%]	Anteil am ♂ Gesamt-sample [%]	n	Anteil an ♀ Fällen [%]	Anteil am ♀ Gesamt-sample [%]
300 (Neurosen)	11	(19,6)	(3,5)	32	(32)	(11,1)
301 (Persönlichkeitsstörung)	16	(28,6)	(5,1)	18	(18)	(6,2)
303 (Alkoholismus)	5	(8,9)	(1,6)	3	(3)	(1,0)
304 (Medikamentenabhängigkeit)	0	(0)	(0)	1	(1)	(0,4)
305 (psychosomatische Erkrankung)	19	(33,9)	(6,2)	28	(28)	(9,7)
306 (besondere Symptome)	5	(8,9)	(1,6)	18	(18)	(6,2)
Gesamt	56	(100)	(18,0)	100	(100)	(34,6)

Verläufe

Nach jeweils 3 Jahren (1982 - 1985) konnten wir mit demselben ausführlichen diagnostischen Instrumentarium und mit ebenso kompetenten Forschern 528 von ursprünglich 600 Probanden *persönlich nachuntersuchen* (Schepank 1990):

Die Fallrate blieb mit 25,8% annähernd gleich; ca. 5% bzw. 20% waren schwer oder deutlich krank, 36% zwar deutlich beeinträchtigt, aber noch nicht Fall und knapp 40% weitgehend gesund.

Den *Verlauf* in dem Dreijahresintervall demonstriert die Abbildung 2 (S. 181).

Die Pfeile nach unten zeigen in Prozent die Anzahl von Probanden, die von der einen in die andere Kategorie beim Beeinträchtigungsschwere-Score abgesunken, also gesünder geworden sind; die Pfeile nach rechts oben umgekehrt die Wechslerklientel in Richtung kränker geworden oder neu erkrankt und neu als Fall eingestuft. 15% blieben Fälle, 11% gesundeten, 11% erkrankten neu.

Bezogen auf *einzelne diagnostische Kategorien*, verdeutlicht die Abbildung 3 (S. 181) die Veränderungen im Dreijahresabschnitt.

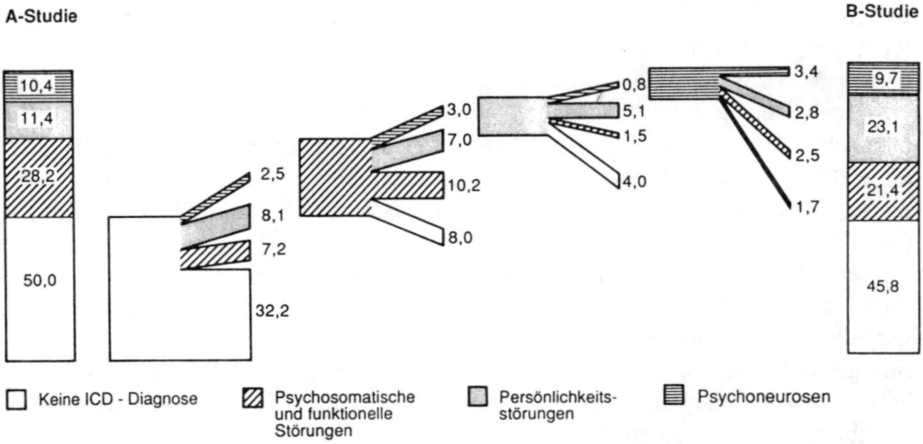

Abbildung 2: Prozentuale Verteilung verschiedener Verlaufsformen im 3-Jahres-Intervall. Waagerechte Wellenlinien: Prozentsatz kontinuierlicher Verläufe innerhalb der verschiedenen BSS-Schweregrad-Kategorien; Pfeile nach unten: über mind. 1 Kategorie hin gebessert (hin zu niedrigeren BSS-Werten in der Follow-Up-Studie); Pfeile nach rechts oben: im 3-Jahres-Intervall um mind. 1 Kategorie-Breite verschlechtert (höhere BSS-Werte in der Follow-Up-Studie).

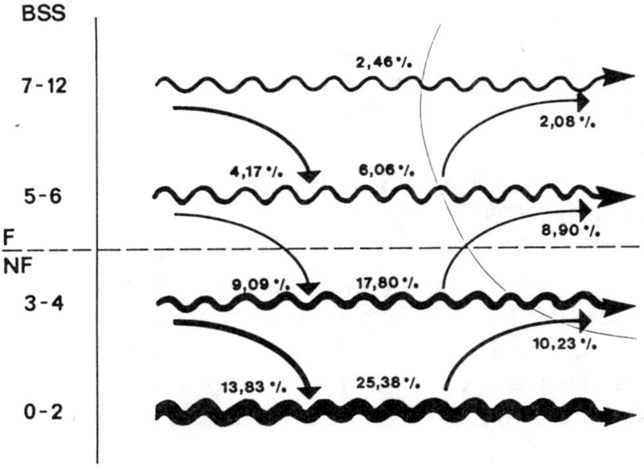

Abbildung 3: Konstanz oder Wechsel der IDC-Diagnose im Dreijahresintervall. Die Zahlen geben die prozentuale Verteilung der entsprechenden Kategorien in A (linke Säule) und in B (rechte Säule) und ihrer Fluktuationen an (Strahlengraphiken in der Mitte).

Die linke Säule (A) zeigt die ICD-Diagnosenverteilung bei der ersten Untersuchung, die rechte Säule bei der zweiten Erhebung (1982-1985, B-Studie genannt). Was aus den in die einzelnen diagnostischen Gruppen eingeordneten Probanden bei der Zweituntersuchung geworden ist, ersieht man aus den mittleren handschuhförmigen Graphiken: Zum Beispiel blieben von den 50%[3] ursprünglich ohne ICD-Diagnose Beurteilten 32% wiederum ohne, aber 2,5% wurden Psychoneurosen, 8% Charakterneurosen, 7% psychosomatisch funktionelle Störungen usw.

Für die *Geschlechter* gilt zuerst einmal, daß bei der Zweituntersuchung zwar immer noch die Frauen prozentual bei den Fällen deutlich überwiegen. Jedoch ist der Abstand zwischen Frauen und Männern geringer geworden, also mehr Frauen sind gesundet bzw. weniger neu erkrankt, umgekehrt bei den Männern. Hinsichtlich der einzelnen diagnostischen Untergruppen gibt es insbesondere eine Verschiebung bei den Frauen derart, daß viele anfängliche Charakterneurosen später ohne ICD-Diagnose - also gesundet - sind. Insgesamt gilt allerdings auch bei den Frauen, daß überproportional viele jetzt als Persönlichkeitsstörung eingestuft wurden, - vermutlich aufgrund einer nunmehr als deutlich chronifizierter beurteilten Symptomatik. Dieser Trend ist bei den Männern noch erheblich deutlicher: Hier hat sich der Anteil von Charakterneurosen verdoppelt!

Zusammenschau der Geschlechtsunterschiede

Unter Einbeziehung auch der Ergebnisse anderer epidemiologischer Forschergruppen sowie allgemeiner klinischer Empirie kann man zusammenfassend bei den folgenden psychogenen Symptomen und Syndromen eindeutig ein geschlechtsspezifisches Übergewicht konstatieren (Tab. 2).

Bei den *Frauen* überwiegen die Psychoneurosen, und hier ganz bevorzugt die Depressionen. Die funktionell psychosomatischen Störungen sind ebenfalls bei ihnen ungleich häufiger, insbesondere Kopfschmerzen und Schlafstörungen; die allseits bekannten schweren Eßstörungen, wie Anorexia nervosa und Bulimarexie, dominieren um ein Vielfaches, die Suizidversuche sind bei ihnen erheblich häufiger (Welz und Pahlmeier 1981).

Bei den *Männern* sind es die Persönlichkeitsstörungen, insbesondere Kontaktstörungen, bis zu verschiedenen Formen der Delinquenz und aggressiven Fehlverhaltensweisen; vollendete Suizide, motorische Störungen, insbesondere im Kindesalter das Stottern oder Hypermotorik sowie bestimmte Formen sexueller Devianz (Exhibitionismus u.a. spezifische Perversionen); Alkoholismus und Drogensucht sowie die Folgen von Risikoverhalten im Zusammenhang mit Sport, Straßenverkehr, Alkohol- oder Nikotinabusus.

---

3 Im Unterschied zu der Diagnosenverteilung bei den Fällen (s.o.) wurde hier der Schweregrad der Störung nicht berücksichtigt. Die Zahl der Probanden, denen aufgrund der bestehenden Symptomatik eine ICD-Diagnose vergeben wurde, liegt deshalb entsprechend höher: bei jeweils etwa 50%.

Tabelle 2: Auflistung psychogener Erkrankungen mit deutlichem Geschlechterüberhang

1. Überwiegen des weiblichen Geschlechts

Psychoneurosen, insbes. (neurotische Depressionen)
Psychosomatische Störungen (insbes. funktionelle)
Kopfschmerzen,
Schlafstörungen
Eßstörungen (Anorexia nervosa, Bulimia nervosa)
Suizidversuche

2. Überwiegen des männlichen Geschlechtes

Persönlichkeitsstörungen/Charakterneurosen
insbes. Kontaktstörungen
dissoziales Verhalten (kindl. Schulstörer und Erziehungsschwierigkeiten, aggressives Verhalten, Delinquenz)
Süchte: Alkohol, Drogen, Nikotin
Risikoverhalten (Unfälle, Sportverletzungen)
Motorische Störungen
Stottern
Tics
Hypermotorik
Sexuelle Verhaltensdeviationen
Suizide (vollendete)

Exkurs: Eßstörungen und Frauen

Die Krankheitsbilder Anorexia nervosa und Bulimie sind bekanntlich bei Frauen um ein Vielfaches häufiger. Für die Anorexia nervosa wurde in jüngerer Zeit ein genetischer (im Sinne von erblicher!) Faktor nachgewiesen, der merkwürdigerweise von der Wissenschaft bisher kaum zur Kenntnis genommen worden ist: Ich habe - völlig unabhängig von und etwa gleichzeitig mit einer Londoner Forschergruppe (Crisp et al. 1985) - nachweisen können (Schepank 1990/91), daß eine erbliche Komponente zur Manifestation der Anorexia nervosa maßgeblich beiträgt, und zwar ist sie deutlich stärker als bei den üblichen Psychoneurosen (Heigl-Evers und Schepank 1980/81, Schepank 1974). Methodisch verläßliche Zwillingsuntersuchungen haben das ganz eindeutig nachgewiesen. Es hat mich jedoch 3 Jahrzehnte Forschungsbemühungen gekostet, bis ich hinreichend viele Zwillinge, eineiige *und* zweieiige, mit dieser vergleichsweise seltenen Erkrankung "Anorexia nervosa" unter methodisch sauberen Samplingbedingungen in Deutschland zusammentragen konnte. Die Ergebnisse - eine hochsignifikant höhere Konkordanzrate bei den erbgleichen eineiigen Zwillingen im Vergleich zu den zweieiigen - sind aus Tabelle 3 (S. 184) zu entnehmen.

Tabelle 3: Konkordanzrate

	ko.	di.	Konkordanzrate
EZ	8	6	57,1 %
ZZ	1	10	9,1 %

N = 25 Paare

Zwar sind die chromosomalen oder molekularbiologischen Verbindungen noch nicht aufgehellt (s. auch Propping 1989); das Ergebnis spricht aber eindeutig für eine genetische Komponente.

Die starke Geschlechtsspezifität - und diese gilt bekanntlich auch für die Bulimia nervosa - könnte man mit einem recht einfach und finalistisch klingenden Erklärungsansatz begründen: Der weibliche Körper mit seinen Funktionen *muß* ja hinsichtlich der Ernährung so beschaffen sein, daß eine geschlechtsreife Frau in der Lage ist, alle 1 oder 2 Jahre 7 kg kostbaren Eiweißgewichtes *zusätzlich* über konsumierte Nahrung aufzubauen; und nach der Entbindung vom Säugling muß dieselbe Frau ihr Eßverhalten abrupt wieder so steuern können, daß sie ihr normales Gewicht beibehält, - bis zur nächsten Schwangerschaft. Daß die Regulation des Eßverhaltens bei Frauen sehr viel flexibler, anpassungsfähiger, variabler sein muß als beim Mann, ist somit eine selbstverständliche biologische Anforderung. Ein Gleichgewicht, das auf größere Schwankungen hin angelegt ist, ist naturgemäß auch anfälliger für (z.B. auch psychologische) Störfaktoren - seien dies individuell, entwicklungsabhängig intrapsychische oder z.B. auch soziokulturelle, wie etwa der konformistische Gruppendruck durch Modeströmungen hinsichtlich des Schönheitsideals.

Langzeitverlauf über Kindheit und Erwachsenenalter

Interessant ist der Vergleich mit dem Ergebnis eines ebenfalls seit über 10 Jahren in unserem Haus laufenden Großprojektes aus der *Kinder-/Jugendpsychiatrie:* Esser und Schmidt (1990) verfolgten vom 8. bis zum 18. Lebensjahr in einer prospektiven Verlaufsstudie die Prävalenzraten aller kinder- und jugendpsychiatrischen Störungen. Sie fanden die Gesamtrate mit 17% in dem Zehnjahresabschnitt etwa konstant. Ein anfängliches Überwiegen der Jungen von 22% sank auf 15%, bei den Mädchen stieg die Rate von 10% auf 17% an. Dissoziale Störungen bei Jungen blieben gleich, die emotionalen Störungen waren bei ihnen rückläufig. Bei den Mädchen nahmen die emotionalen Störungen deutlich zu. Insgesamt zeigten Jungen ein signifikantes Überwiegen von schulischen Disziplinschwierigkeiten, Alkoholabhängigkeit und Drogenmißbrauch sowie Körperverletzungen; bei den Mädchen überwogen signifikant depressive Störungen und Kopfschmerzen.

Für die epidemiologisch brisante Frage der Geschlechtsunterschiede (s. auch Bischoff et al. 1980) sei nachdrücklich auf ein lange bekanntes, *transkulturell* weitgehend übereinstimmendes, aber bisher nicht hinreichend erklärtes Phänomen hingewiesen: Sowohl bei einer Inanspruchnahmeklientel entsprechender Therapieinstitutionen wie auch in Felduntersuchungen zeigt sich, daß bezüglich psychischer und psychosomatischer Erkrankungen bei *Kindern* Jungen im Vergleich zu Mädchen etwa 2 : 1, also deutlich häufiger, betroffen sind. In der Erwachsenenklientel kehrt sich dieses Verhältnis - jedenfalls bei den psychogenen Erkrankungen (nicht etwa bei den Psychosen) - um: Hier überwiegen in fast allen Studien die Frauen deutlich. Der *Umschlag im Geschlechterverhältnis* beginnt mit einem Gleichstand um das 15. Lebensjahr und ist mit dem 25. Lebensjahr erreicht.

Die Gründe für diese empirisch gut belegten Befunde stellen sich mir nach über 30 Jahren klinischer Praxis und Grundlagenforschung - sicher stark vereinfacht - so dar: Es handelt sich um ein kompliziertes Ineinandergreifen von primär genetischen, also im Erbpotential verankerten Geschlechtsunterschieden einerseits (Heigl-Evers und Schepank 1980/81, Muhs et al. 1990, Schepank 1974) - und andererseits sozialpsychologischen Einflußfaktoren, die in unseren teils liberalen, teils sehr auf Leistung bezogenen kulturellen Anforderungen zu finden sind. Dieser spezifische Umschlag in der Relation der Geschlechter bei den (für alle psychogenen Störungen pauschalierten) Prävalenzraten ist keineswegs auf ein simples Muster von Knaben quälender einseitiger Pädagogik oder von Frauen benachteiligender Rechtsprechung oder spezifischem Rollenverständnis reduzierbar - obgleich all dieses auch mitspielt. Die kindliche psychopathologische Klientel enthält nämlich einen außerordentlich hohen Prozentsatz von Verhaltensgestörten; und das sind ganz überwiegend Jungen. Es gibt nun deutliche Hinweise darauf, daß ein beachtlicher Teil dieser kindlichen männlichen Klientel sich im Erwachsenenalter bei den manifest delinquenten, süchtigen (insbesondere Alkoholikern) und persönlichkeitsgestörten Männern wiederfindet. Ich vertrete die These, daß ein geschlechtsspezifisch genetischer Faktor stärkerer Motorik, Expansion bis Aggression beim männlichen Geschlecht dazu führt, daß gerade Jungen unter dem konformistischen Leistungsdruck und der Einengung durch Schuldisziplin häufiger zu Störern und Verhaltensauffälligen werden als die Mädchen. Daß diese Jugendlichenklientel aber im weiteren Erwachsenenalter nicht mehr so stark dem Konformitätszwang unterliegt, sondern in unserer liberalen Gesellschaftsordnung weitgehend nach eigenem Ermessen expansiv sein oder im Konkurrenzkampf sublimierend Leistungen erbringen kann oder auch die Wahl hat, sich anderen, mehr regressiven und genüßlichen Lebensprinzipien zu verschreiben und deshalb insgesamt weniger häufig auffällt - abgesehen von der nicht geringen Anzahl männlicher Charakterneurotiker, Delinquenter, Außenseiter, Spieler, Trinker, Nichtseßhafter und anderer Randgruppen, die sich in herkömmliche Gesellschaftssysteme schwer einzuordnen vermögen. Zählte man nämlich diese alle zu der männlichen psychopathologischen Klientel hinzu, so reduziert sich bei den Erwachsenen der auf den ersten Blick starke Überhang der Frauen. Insofern ist der Wandel, das Umkippen der Geschlechterrelation, zum Teil eine Täuschung.

Es kommt hinzu, daß Frauen klagsamer sind und sich eher gestatten, professionelle *Hilfe zu suchen*. Unsere Gesellschaft erlaubt den Frauen größere Wehleidigkeit, bevorzugt und bemitleidet sie sogar in ganz unspezifischen geschlechtsunabhängigen allgemeinmenschlichen Katastrophensituationen, etwa bei Rettungsaktionen. Vom erwachsenen Mann wird emotionale Disziplin erwartet, wie ein bekannter Schlager sagt: "Männer weinen heimlich. Männer sind außen hart und innen ganz weich".

Betrachtet man das Inanspruchnahmeverhalten, so ist noch folgendes Faktum relevant: Kinder suchen in der Regel nicht aus eigener Initiative den Psychiater auf, sondern werden von ihren Eltern vorgestellt. Diese leiden eher unter den Verhaltensstörungen der Jungen als unter einem ängstlichen oder zu schüchternen Mädchen. Erwachsene dagegen nehmen in eigener Entscheidung Hilfe in Anspruch: Frauen wagen eher das Eingeständnis eigener Schwäche, Männer greifen zur Flasche, suizidieren sich oder kommen mit der (insbesondere Straf-) Gesetzgebung in Konflikt.

Zusammenfassend kann feststellen, daß die *deskriptiv*-epidemiologische Forschung in den letzten Jahrzehnten einen ziemlich gut gesicherten Kenntnisstand über die *manifestierten* Geschlechtsunterschiede bei den psychogenen Erkrankungen und Störungen erarbeitet hat. - Über die *Ursachen* dieser Unterschiede - ein Aufgabenfeld der sog. *analytischen* Epidemiologie - sind unsere Erkenntnisse noch recht unsicher, aber auch hier weist die Forschung in eine Richtung, die - bei enger Kooperation von Genetik/Molekularbiologie, prospektiver Verlaufsuntersuchung/Entwicklungspsycho(patho)logie und sozialpsychologischer bis transkultureller Forschungsmethodik - weiteren Wissenszuwachs verspricht.

Literatur

Bischoff, N.; Preuschoft, H. (Hrsg, 1980): Geschlechtsunterschiede. Entstehung und Entwicklung. Mann und Frau in biologischer Sicht. Beck: München.

Crisp, A.H.; Hall, A.; Holland, A.J. (1985): Nature and nurture in anorexia nervosa: A study of 34 pairs of twins, one pair of triplets, and an adoptive family. International Journal of Eating Disorders 4, 5-27.

Dohrenwend, B.P.; Dohrenwend, B.S.; Schwartz-Gould, M; Link, B.; Neugebauer, R.; Wunsch-Hitzig, R. (1980): Mental illness in the United States. - Epidemiological estimates. Praeger: New York.

Esser, G.; Schmidt, M.H. (1990): Der Verlauf kinderpsychiatrischer Störungen und minimale zerebrale Dysfunktion im Längsschnitt von 8 nach 13 Jahren. In: Schmidt, M.H. (Hrsg): Fortschritte der psychiatrischen Epidemiologie, S. 35-73. VCH: Weinheim.

Heigl-Evers, A.; Schepank, H. (Hrsg) (1980/81): Ursprünge seelisch bedingter Krankheiten: Eine Untersuchung an 100 + 9 Zwillingspaaren mit Neurosen und psychosomatischen Erkrankungen. Vandenhoeck & Ruprecht: Göttingen.

Leighton, D.C.; Harding, J.S.; McLin, D.B.; Hughes, C.C.; Leighton, A.H. (1962/63): Psychiatric findings of the Stirling County Study. American Journal of Psychiatry 119, 1021-1026.

Lin, T.Y. (1953): A study of the incidence of mental disorder in Chinese and other cultures. Psychiatry 16, 313-336.

Muhs, A.; Schepank, H.; Manz, R. (1990): 20 Jahres-Follow-up-Studie eines Samples von 50 neurotisch-psychosomatisch kranken Zwillingspaaren. Zeitschrift für Psychosomatische Medizin und Psychoanalyse 36, 1-20.

Propping, P.: (1989/90): Psychiatrische Genetik. Springer: Berlin, Heidelberg, New York, Tokyo.

Regier, D.A.; Myers, J.K.; Kramer, M.; Robins, L.N.; Blazer, D.G.; Hough, R.L.; Eaton, W.W.; Locke, B.Z. (1984): The NIMH Epidemiologic Catchment Area Program. Archives of General Psychiatry 41, 934-941.

Robins, L.N.; Helzer, J.E.; Weissmann, M.M.; Orvaschel, H.; Gruenberg, E.; Burke, J.D.; Regier, D.A. (1984): Lifetime prevalence of specific psychiatric disorders in three sites. Archives of General Psychiatry 41, 949-958.

Schepank, H. (1974): Erb- und Umweltfaktoren bei Neurosen. Tiefenpsychologische Untersuchungen an 50 Zwillingspaaren. (Monographien aus dem Gesamtgebiete der Psychiatrie Bd. 11). Springer: Berlin, Heidelberg, New York.

Schepank, H. (1980/81): Anoresia nervosa. In: Heigl-Evers, A.; Schepank, H. (Hrsg, 1980/81): Ursprünge seelisch bedingter Krankheiten: Eine Untersuchung an 100 + 9 Zwillingspaaren mit Neurosen und psychosomatischen Erkrankungen, S. 705-719. Vandenhoeck & Ruprecht: Göttingen.

Schepank, H. (1983): Anorexia nervosa in twins: Is the etiolgoy psychotic or psychogenic? In: Krakowski, A.J.; Kimball, C.P. (eds): Psychosomatic medicine, S. 161-169. Plenum Publishing Corp.: New York.

Schepank, H. (1987a): Psychogene Erkrankungen der Stadtbevölkerung. Eine epidemiologisch-tiefenpsychologische Feldstudie in Mannheim. Springer: Berlin, Heidelberg, New York, Tokyo.

Schepank, H. (1987b): Epidemiology of psychogenic disorders. The Mannheim Study. Results of a field survey in the Federal Republic of Germany. Springer: Berlin, Heidelberg, New York, Tokyo.

Schepank, H. (Hrsg) (1990): Verläufe. Springer: Berlin, Heidelberg, New York, Tokyo.

Schepank, H. (1991): Erbdeterminanten bei der Anorexia nervosa. Ergebnisse von Zwillingsuntersuchungen. Zeitschrift für Psychosomatische Medizin und Psychoanalyse 37, 49-61.

Schilcher, F. von (1988): Vererbung des Verhaltens. Thieme: Stuttgart, New York

Shepherd, M.; Cooper, B.; Brown, A.C.; Kalton, G.W. (1966): Psychiatric illness in general practice. Oxford University Press: London.

Srole, L.; Fischer, K.A. (1980): The Midtown-Manhattan Longitudinal Study vs. the "Mental Paradise Lost" Doctrine. Archives of General Psychiatry 37, 209-221.

Srole, L.; Langner, T.S.; Michael, S.T.; Opler, M.K.; Rennie, T.A.C. (1962): Mental health in the metropolis. The Midtown Manhattan Study. McGraw Hill: New York, Toronto, London.

Tress, W.; Schepank, H. (1989): Grundlagenwissenschaft Epidemiologie: Ergebnisse zur Häufigkeit, zur Verteilung und zum Verlauf psychogener Erkrankungen in der Bevölkerung. Aus dem SFB 116 "Psychiatrische Epidemiologie" an der Universität Heidelberg. Zeitschrift für Psychosomatische Medizin und Psychoanalyse 35, 226-246.

Welz, R.; Pohlmeier, H. (Hrsg) (1981): Selbstmordhandlungen. Suizid und Suizidversuch aus interdisziplinärer Sicht. Beltz: Weinheim, Basel.

Das Selbstkonzept von jungen Frauen und Männern im transkulturellen Vergleich

Hans-Jürgen Wirth, Elmar Brähler

Einleitung

Bei den beiden ersten Standardisierungen des Gießen-Test 1969 und 1975 ergaben sich als wichtigste Geschlechtsunterschiede, daß sich die Männer eher dominant sahen als die Frauen und die Frauen eher depressiv als die Männer. Dies stand in Übereinstimmung mit den Ergebnissen anderer Fragebogenuntersuchungen dieser Zeit in den alten Bundesländern. Gleichzeitig ergab sich bei vielen Untersuchungen an klinischen Stichproben der Befund, daß Krankheiten oft mit erhöhter Depressivität korrespondieren, vor allem psychische Erkrankungen. Aus diesen Befunden leitet man häufig ab, daß die Männer aus biologischen Gründen eher aggressiv sind, die Frauen eher depressiv und daß dadurch die höhere Erkrankungsrate von Frauen bei psychischen Störungen ebenso biologisch determiniert ist. Wenn diese Unterschiede biologische Ursachen haben, dann dürfen sie nicht davon abhängen,

a) in welchem Lebensalter sich die Untersuchten befinden,
b) in welcher Epoche die Untersuchung stattgefunden hat,
c) in welcher Kultur die Untersuchung durchgeführt wurde.

Außerdem kann von Bedeutung sein,

d) welche Subkultur untersucht wurde, denn die meisten Untersuchungen zu Geschlechtsrollen wurden an Universitäten mit Studierenden durchgeführt.

Eine Untersuchung zu dieser Fragestellung wurde uns möglich, da uns Gießen-Test-Erhebungen vorliegen, bei denen wir die Geschlechtsunterschiede im Selbstkonzept bei jüngeren Männern im Hinblick daraufhin untersuchen können, wie sie sich zu verschiedenen Erhebungszeitpunkten und in verschiedenen Ländern und speziellen Untergruppen manifestieren.

Zum einen steht uns eine studentische Befragung in Gießen und in Moskau aus dem Jahre 1989 zur Verfügung; die Studentenbefragung in Gießen können wir vergleichen mit einer Studentenbefragung in Gießen aus dem Jahre 1968. Repräsentative Erhebungen aus den alten Bundesländern liegen uns für die Jahre 1975 und 1989 vor (Brähler und Wirth 1991).

Weiterhin steht uns eine Untersuchung von jungen Deutsch-Schweizern aus dem Jahre 1980 zur Verfügung. Wir werden im folgenden nach der Stichprobenbeschreibung zunächst die Geschlechtsunterschiede betrachten, die in allen Stichproben aufgetreten sind; dann werden wir auf die Geschlechtsunterschiede eingehen, die sich unterschiedlich bei deutschen und russischen Studierenden darstellen; dann werden wir die typisch russischen und die typisch deutschen Geschlechtsdifferenzen bei Studierenden beschreiben. Weiterhin werden die Erhebungen 1975 und 1989 in der alten Bundesrepublik hinsichtlich der Geschlechtsdifferenzen verglichen und schließlich die Schweizer in diese Betrachtungen einbezogen.

Methode und Stichproben

Der Gießen-Test

Der Gießen-Test weicht von üblichen Persönlichkeitsfragebögen ab, da vom Ansatz her psychoanalytische und sozialpsychologische Gesichtspunkte eingegangen sind (Beckmann et al. 1991). Der GT dient der Erfassung des Selbstkonzeptes einer Person. Mit der Beantwortung des Fragebogens entwirft der Patient ein Selbstbild von sich anhand von 40 Items, die bipolar 7-stufig formuliert sind.
Es sind Fragen nach

- der emotionalen Befindlichkeit wie Ängstlichkeit, Grundstimmung und Selbstkontrolle,
- Ich-Qualitäten wie Introspektion, Phantasie, Durchlässigkeit etc.,
- elementaren Merkmalen des sozialen Befindens wie Nähe, Abhängigkeit, Vertrauen u.a.,
- sozialen Reaktionen und sozialer Resonanz.

Untersuchungsstichproben

a) Im Rahmen einer sozialpsychologischen Studie über Feindbilder zwischen Russen und Deutschen (vgl. Andreeva 1990) wurden 1.431 Studierende der Fachrichtungen Medizin, Psychologie, Physik/Chemie/Mathematik/Biologie sowie Wirtschaftswissenschaften der Universität Gießen befragt. Davon waren 645 Männer und 786 Frauen. Die Erhebung erfolgte im September und Oktober 1989, also unmittelbar vor Öffnung der Berliner Mauer. Parallel zu der Erhebung in Gießen erfolgte eine Befragung von
b) 1.000 Studierenden der Fachrichtungen Medizin, Psychologie, Physik/Chemie/Mathematik/Biologie sowie Wirtschaftswissenschaften der Universität Moskau. Davon waren 511 Männer und 489 Frauen.
c) 162 Studierenden der Universität Gießen 1968, 99 Männer und 63 Frauen. Diese Stichprobe stellte eine Kontrollgruppe für eine Untersuchung über die Psychotherapeutische Studentenberatung dar. Es handelte sich um Studenten der Medizin, Veterenärmedizin, Naturwissenschaften, Rechts- und Wirtschaftswissenschaften, der philosophischen Fakultät und der Abteilung für Erziehungswissenschaften (Moeller und Scheer 1974, Beckmann et al. 1970).
d) Der Gießen-Test wurde ursprünglich 1968 an einer repräsentativen Stichprobe von 660 Personen in der Bundesrepublik und West-Berlin im Alter von 18 bis

60 Jahren standardisiert (Beckmann und Richter 1972). 1975 erfolgte eine Neustandardisierung an einer repräsentativen Stichprobe von 1.601 Personen in der Bundesrepublik und West-Berlin im Alter von 18 bis 60 Jahren (Beckmann et al. 1977). Zu der vorliegenden Untersuchung wurde die Teilstichprobe der 18- bis 25jährigen herangezogen, die 247 Personen umfaßte, davon 126 Männer und 121 Frauen.

e) Im Rahmen eines Forschungsprojektes über gesundheitsrelevante Verhaltensweisen und über Einstellungen zur Politik und zu Gewerkschaften wurde der GT 1989 neu standardisiert. Zur Grundgesamtheit gehören alle während des Befragungszeitraumes (3.6. - 11.7.1989) in der Bundesrepublik und West-Berlin lebenden deutschen Bundesbürger im Alter von über 18 Jahren. Die realisierte Stichprobe betrug n = 2.025 Personen. Hier interessiert uns besonders die Altersgruppe von 18 bis einschl. 25 Jahren. Einbezogen werden die 259 Personen dieser Altersgruppe, davon 118 Männer und 141 Frauen (Beckmann et al. 1991).

f) Eine repräsentative Stichprobe von 775 jungen Deutsch-Schweizern im Alter von 19-27 Jahren aus dem Jahre 1980, davon 405 Männer und 370 Frauen (Christen 1986).

Ergebnisse

Universelle Geschlechtsunterschiede

Im folgenden werden die Items näher beleuchtet, bei denen sich in allen sechs Stichproben Männer und Frauen voneinander unterscheiden. Solche länder- und zeitunabhängige Geschlechterdifferenzen können als relativ stabile, fast möchte man sagen "universelle" Merkmale des Geschlechterverhältnisses angesehen werden. Wir wollen gleich vorweg betonen, daß eine Interpretation dieser Ergebnisse im Sinne einer Anthropologisierung, d.h. einer Festschreibung der Geschlechterunterschiede für alle Zeiten und für alle gesellschaftlichen Verhältnisse problematisch wäre, da unsere Erfahrungen, z.B. der Vergleich zwischen Bundesdeutschen von 1975 und 1989, auch zeigen, welch starkem Wandel das Verhältnis von Männern und Frauen ausgesetzt ist.

Besonders kraß fallen die Geschlechterunterschiede bei der Frage nach der Ängstlichkeit aus (Item 8). In allen sechs Gruppen sehen sich die Frauen erheblich ängstlicher als die Männer (vgl. Abb. 1). Das Merkmal Ängstlichkeit stellt demnach einen relativ festen Bestandteil der Geschlechterrollenstereotypen der westlichen und offenbar auch der östlichen Kultur dar. Für die Bundesrepublik zeigt der Vergleich zwischen den 18- und 25-jährigen von '75 und '89 zwar, daß sich die jungen Frauen heute etwas weniger ängstlich fühlen als noch Mitte der siebziger Jahre, doch der Abstand zwischen den Geschlechtern ist gleich groß geblieben. Offenbar gilt den Männern Ängstlichkeit auch heute noch als unmännlich, während sich die Frauen solche Gefühlsregungen eher gestatten können.

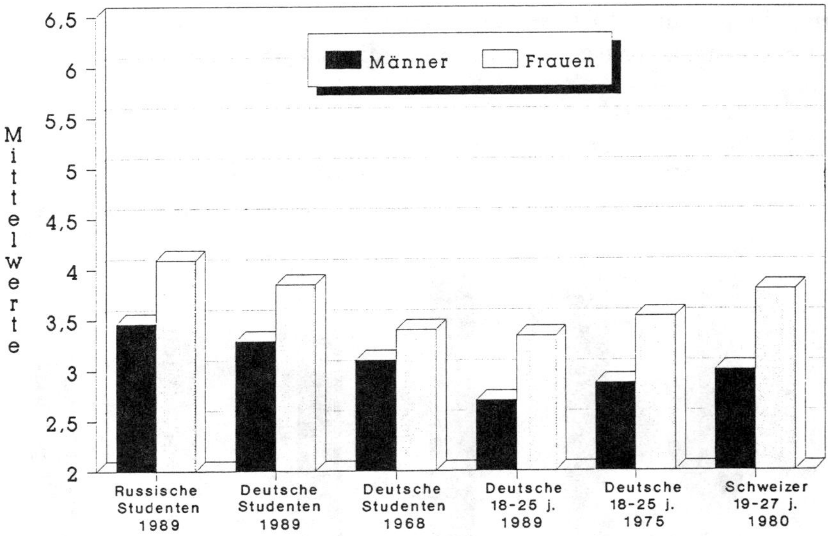

Abbildung 1: Item 8 (Ich halte mich für besonders ängstlich)

Auch bei der Frage nach der Bedrücktheit (Item 14) fallen die Geschlechtsunterschiede sehr deutlich aus: In allen sechs Stichproben halten sich die Frauen öfter für bedrückt als die Männer (vgl. Abb. 2). Besonders kraß ist der Unterschied zwischen Männern und Frauen bei den 18- bis 25jährigen Deutschen von 1989. Weiterhin fällt auf, daß sich die Studenten durchweg bedrückter sehen als dies durchschnittliche junge Erwachsene tun.

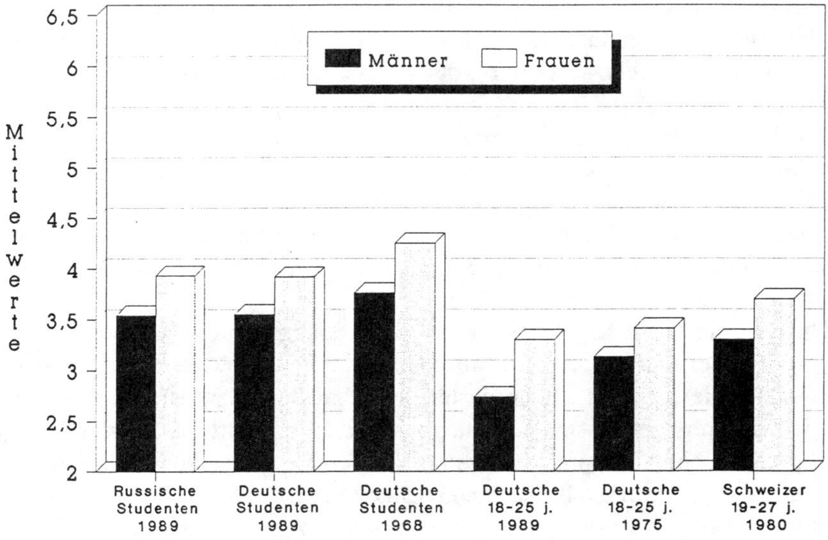

Abbildung 2: Item 14 (Ich halte mich für besonders bedrückt)

Dazu paßt auch unser Befund, daß sich die Frauen weitaus häufiger über ihre inneren Probleme Gedanken machen als die Männer (Item 5, Abb. 3).

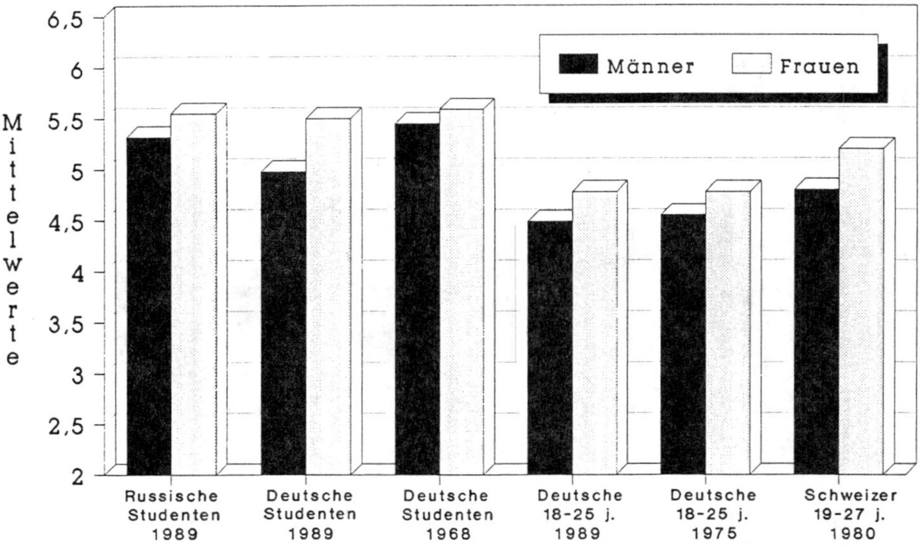

Abbildung 3: Item 5 (Ich habe den Eindruck, daß ich mir eher besonders häufig über meine inneren Probleme Gedanken mache)

Wie wir gesehen haben, stellen sich die Frauen in mehrfacher Hinsicht sensibler dar als die Männer. Sie sind eher in der Lage, sich ängstigen zu lassen und sich Gefühle von Depression einzugestehen. Und so, wie sie sich häufiger Gedanken über ihre inneren Probleme machen, sind sie auch für die Probleme ihrer Mitmenschen offener: Frauen machen sich öfter große Sorgen um andere Menschen als Männer (Item 32, Abb. 4, S. 195).

Die Frauen aller sechs Stichproben heben sich von den Männern dadurch ab, daß sie glauben, eine Änderung ihrer äußeren Lebensbedingungen würde ihre seelische Verfassung stark beeinflussen (Item 4, Abb. 5, S. 195). Im Gegensatz dazu lassen sich die Männer durch Veränderungen ihrer äußeren Lebensverhältnisse, zu denen beispielsweise auch ökologische Gefahren und soziale Probleme gehören, weniger erschüttern als die Frauen.

Unsere bisherigen Ergebnisse lassen sich dahingehend zusammenfassen, daß sich die Männer in allen sechs Stichproben dadurch auszeichnen, daß sie sich vergleichsweise gleichgültiger, ungerührter, teilnahmsloser darstellen. Frauen hingegen sind in ihrer seelischen Verfassung leichter zu erschüttern, sie sind irritierbarer aber auch spontaner, und sie lassen mehr Gefühle zu als die Männer, ob es sich nun um Ängste, Traurigkeit, Nachdenklichkeit oder um Mitgefühl handelt. Überspitzt formuliert gehört die Neigung zu Kaltschnäuzigkeit zum typisch männlichen und die Bereitschaft zur emotionalen Bewegtheit zum typisch weiblichen Verhaltensrepertoire.

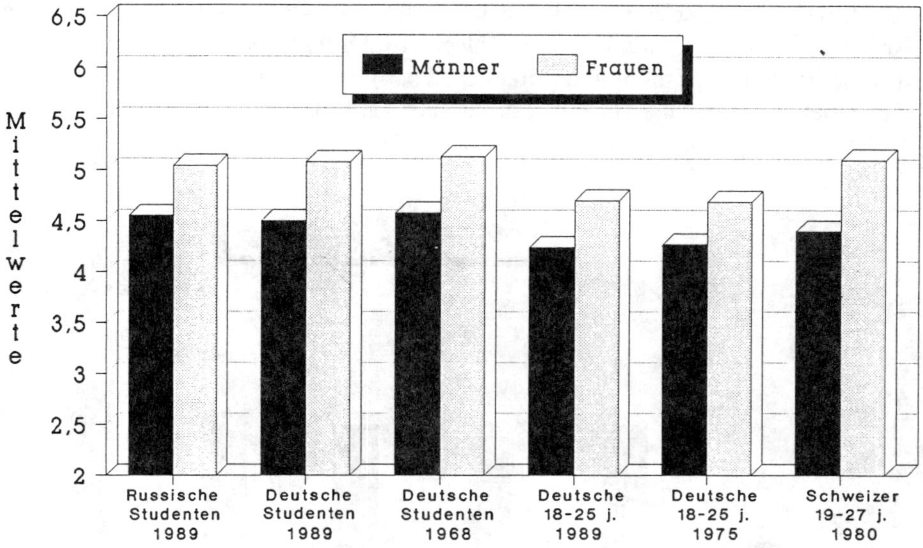

Abbildung 4: Item 32 (Ich glaube, ich mache mir verhältnismäßig oft große Sorgen um andere Menschen)

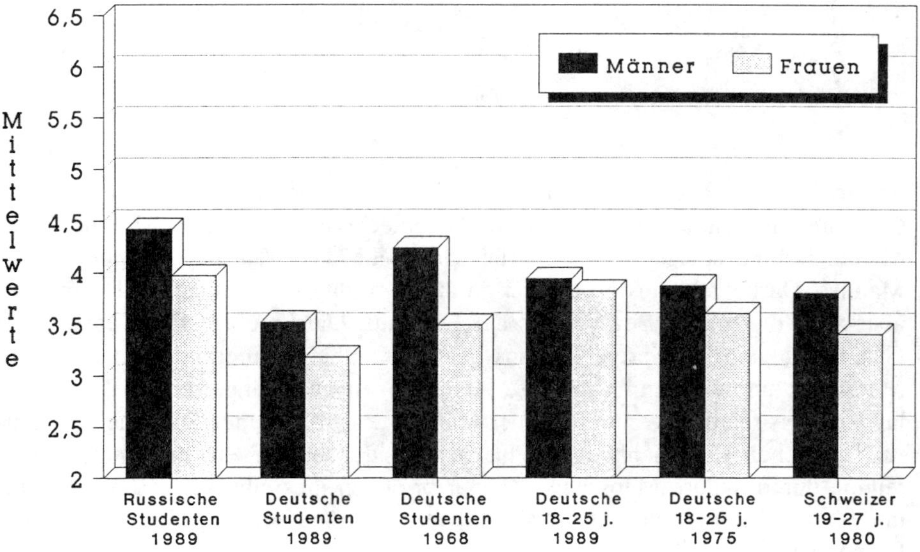

Abbildung 5: Item 4 (Ich glaube, eine Änderung meiner äußeren Lebensbedingungen würde meine seelische Verfassung sehr wenig beeinflußt)

Dazu paßt auch der Befund, daß sich in allen Stichproben - mit Ausnahme der schweizerischen, bei der keine Geschlechterdifferenzen auftraten - die Männer geduldiger sehen als die Frauen (Item 1, Abb. 6). Die Geduld der Männer kann als Selbstbeherrschung, die Ungeduld der Frauen als Spontaneität verstanden werden.

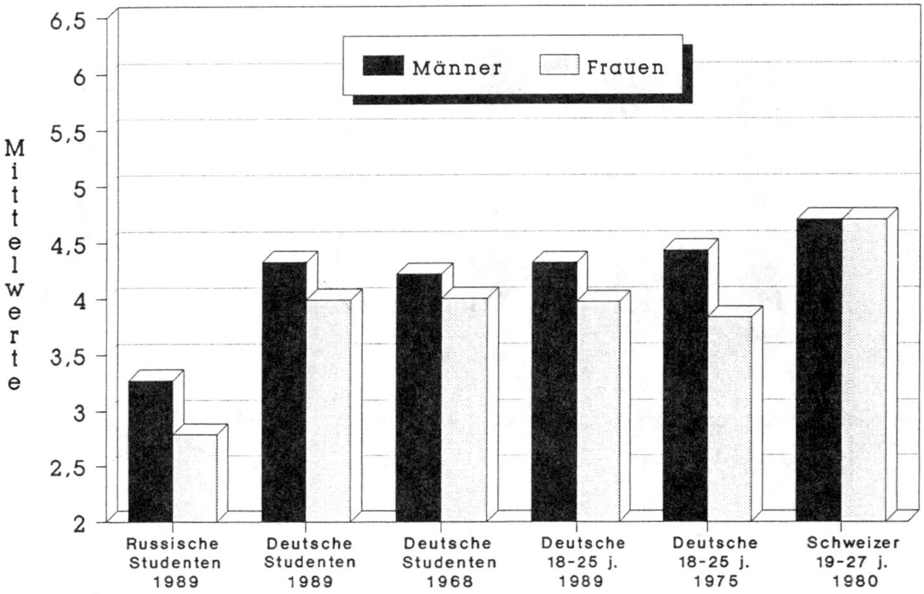

Abbildung 6: Item 1 (Ich habe den Eindruck, ich bin eher geduldig)

Erwartungsgemäß legen die Frauen in allen sechs Gruppen mehr Wert darauf, schön auszusehen, als ihre männlichen Geschlechtsgenossen (Item 27, Abb. 7). In diesem Befund spiegelt sich sicherlich die Rolle der Frau als Sexualobjekt des Mannes. Darüber hinaus drückt sich in dieser traditionell weiblichen Eigenschaft aber auch die soziale Bezogenheit der Frau aus. Die Frau empfängt eben einen Großteil ihres Selbstwertgefühls aus der unmittelbaren Interaktion mit anderen Menschen, und sie kann sich diese Abhängigkeit auch eingestehen. Umgekehrt läßt sich das relative Desinteresse der Männer an ihrer eigenen Schönheit als Versuch verstehen, sich unabhängig zu machen von der subjektiven emotionalen Beurteilung durch andere Menschen. Männer beziehen ihr Selbstwertgefühl eher aus mittelbaren Interaktionen, hauptsächlich aus der Anerkennung ihrer erbrachten Leistungen.

Was die Wertschätzung ihrer Attraktivität, die eingestandene Ängstlichkeit, Nachdenklichkeit, Depressivität und Beeinflußbarkeit und den Altruismus anbelangt, sind die Frauen dem traditionellen Geschlechtsrollenstereotyp verpflichtet. Dieses Ergebnis spricht dafür, daß es tatsächlich so etwas wie universelle Grundkomponenten einer "weiblichen Lebensperspektive" gibt, die relativ unabhängig sind von dem jeweiligen politischen System und auch von anderen sozialen Faktoren. Umgekehrt beweist dieses Ergebnis auch die Existenz einer "typisch männlichen Lebensperspektive", die sich durch einen gewissen Stoizismus und durch Ich-Bezogenheit auszeichnet. Im Unterschied zu den Frauen stellen sich die Männer als weniger ängstlich, weniger nachdenklich und weniger depressiv dar. Offenbar haben die Männer weniger Zugang zu ihrer eigenen Gefühlswelt und damit geht einher, daß ihnen auch das Wohl ihrer Mitmenschen weniger am Herzen liegt.

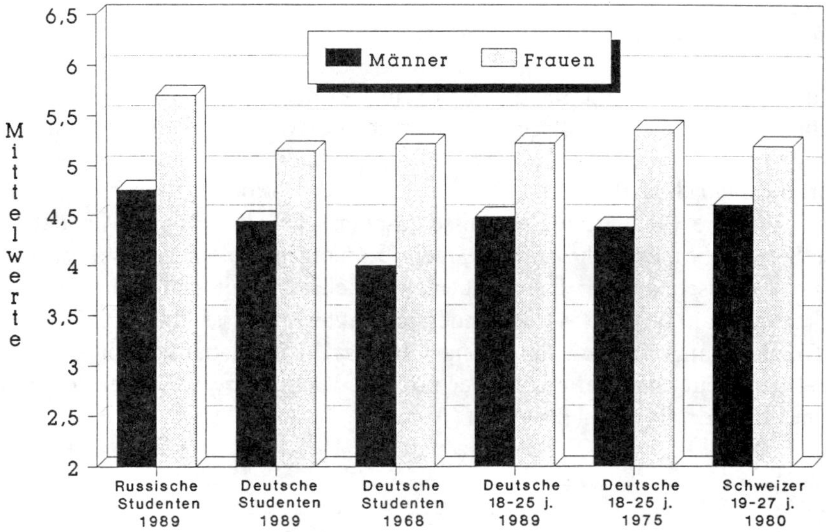

Abbildung 7: Item 27 (Ich glaube, ich lege sehr viel Wert darauf, schön auszusehen)

Unter psychosomatischen Gesichtspunkten ist bemerkenswert, daß die Variablen Ängstlichkeit, Bedrücktheit, Nachdenken über innere Probleme und sich sorgen um andere Menschen die Leitvariablen für neurotische und psychosomatische Erkrankungen darstellen. So mag es auf den ersten Blick erscheinen, als seien die Männer psychisch "stabiler", widerstandsfähiger und gesünder als die "labilen" und sensiblen Frauen. Diese Deutung wird aber äußerst fragwürdig, zieht man die höhere Anfälligkeit der Männer für chronische Verschleißerkrankungen und ihre geringere Lebenserwartung in Betracht. Die Männer entwickeln offenbar weniger Leidensdruck und zeigen nach außen hin eine größere Ausgeglichenheit, die jedoch auch als massive Verdrängungstendenz interpretierbar ist. Richter hat das bereits 1974 auf die Formel gebracht: Die den Männern anerzogene "Unfähigkeit zum Leiden" wirke "in hohem Maße krankheitsgefährdend" (Richter 1974, S. 50), während die Frauen sich psychosomatisch gesünder verhielten, indem sie die Fähigkeit zu leiden entwickelten.

In diesem Zusammenhang ist auch ein Detail-Ergebnis aus der Vergleichsuntersuchung zwischen Russen und Deutschen interessant: Sowohl die russischen als auch die deutschen Frauen spüren aufgrund ihrer größeren emotionalen Offenheit und ihrer besonders ausgeprägten sozialen Sensibilität bestimmte gesellschaftliche und politische Mißstände und Gefahren deutlicher als die Männer. Dies zeigt sich u.a. bei Fragen nach der Reformbedürftigkeit beider Gesellschaften, nach der Lage benachteiligter sozialer Gruppen und nach der Schädlichkeit von Atomwaffen (vgl. Andreeva u.a. 1990, S. 45).

Vergleich deutscher und russischer Studierender

Die transkulturellen Unterschiede sind sehr viel massiver als die Geschlechtsunterschiede. Da die transkulturellen Unterschiede zwischen deutschen und russischen Studenten bereits an anderer Stelle (vgl. Andreeva et al. 1990, Wirth und Schürhoff 1990a,b,c, 1991) eingehend beschrieben wurden, sollen hier nur noch einmal kurz die wichtigsten Ergebnisse zusammengefaßt werden: "Auf der deutschen Seite sieht man mehr Aktivität, mehr 'Kampfgeist', mehr Selbstbeherrschung - auf der russischen mehr Passivität, mehr Nachgiebigkeit und Sichgehenlassen" (Andreeva et al. 1990, S. 54). Besonders charakteristisch ist etwa die Frage nach der Durchsetzungsfähigkeit der eigenen Interessen im Lebenskampf. Etwa zwei Drittel der Deutschen berichten über positive, während zwei Drittel der Russen über negative Erfahrungen berichten (Abb. 8).

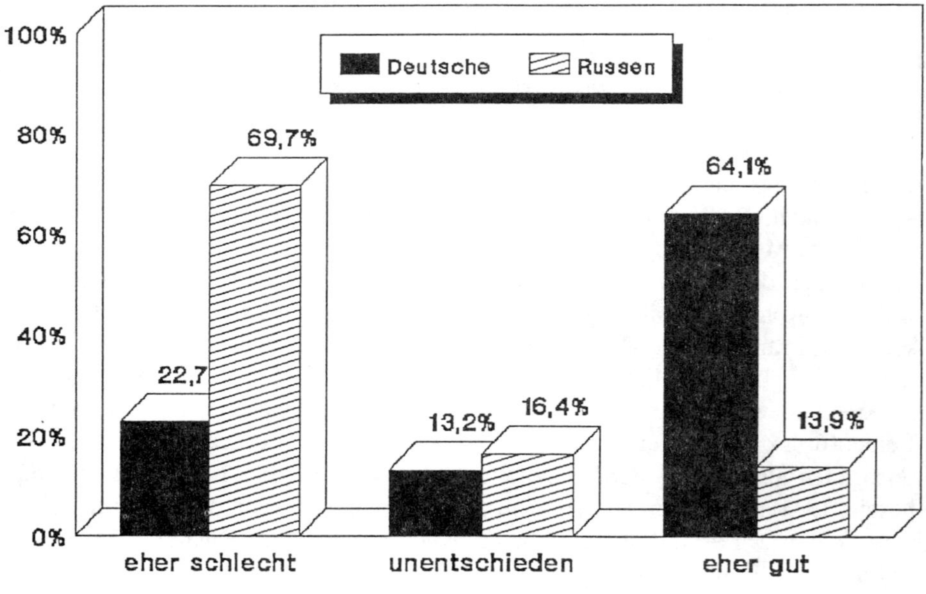

Abbildung 8: Item 33 (Es gelingt mir eher schlecht, meine Interessen im Lebenskampf durchzusetzen)

Dazu paßt, daß sich die Deutschen auch sehr viel eigensinniger sehen als die nachgiebigeren Russen (vgl. Andreeva et al. 1990, S. 53).

Im folgenden soll es nun um die Items gehen, bei denen Geschlechtsunterschiede bei den russischen und den deutschen Studierenden, nicht aber bei den anderen Stichproben auftreten. Es handelt sich dabei wahrscheinlich um Merkmale, die typisch für das studentische Milieu sind. Bei russischen und bei deutschen Studenten unterscheiden sich die Männer von den Frauen dadurch, daß sie schwerer aus sich herausgehen (Item 19, Abb. 9).

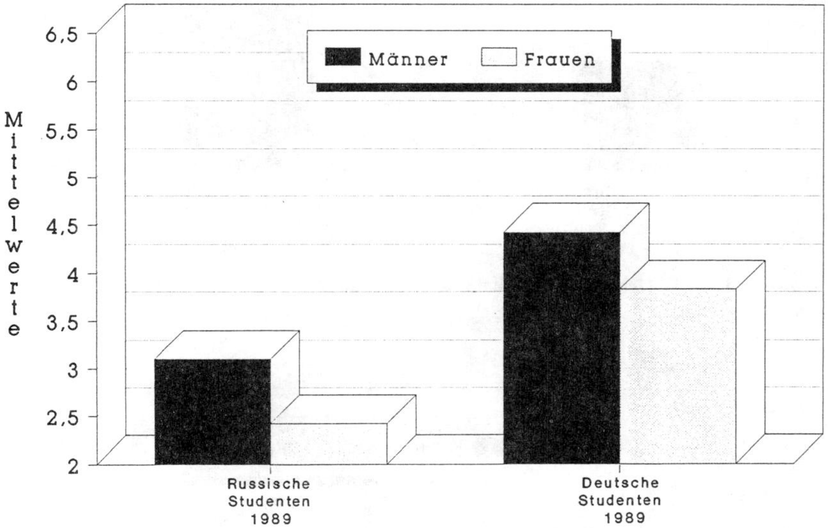

Abbildung 9: Item 19 (Ich habe den Eindruck, ich gehe eher schwer aus mir heraus)

Auch haben es die Männer schwerer, sich für lange Zeit an einen anderen Menschen zu binden (Item 17, Abb. 10, S. 200).

Und im Umgang mit dem anderen Geschlecht fühlen sich sowohl die russischen als auch die deutschen Studenten sehr viel befangener als ihre Kommilitoninnen (Item 40, Abb. 11, S. 200).

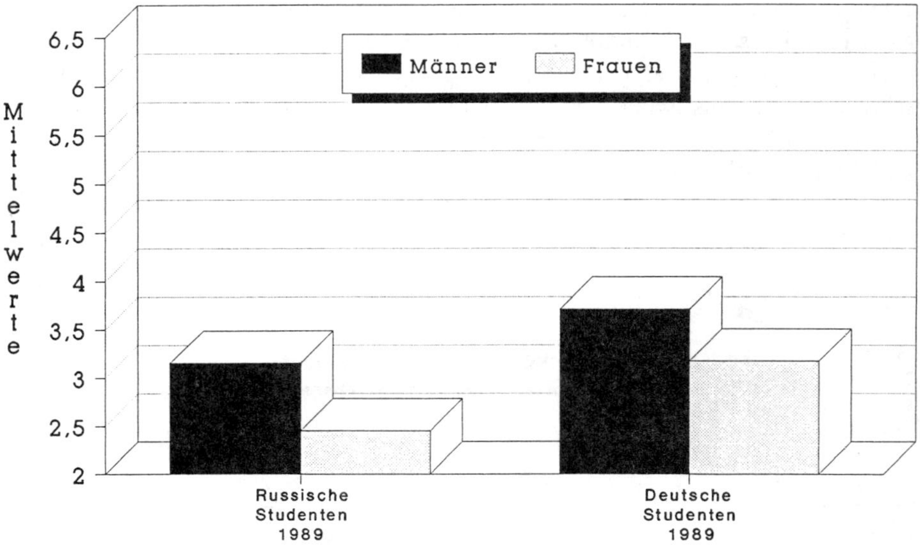

Abbildung 10: Item 17 (Ich glaube, ich habe es eher schwer, mich für lange Zeit an einen anderen Menschen zu binden)

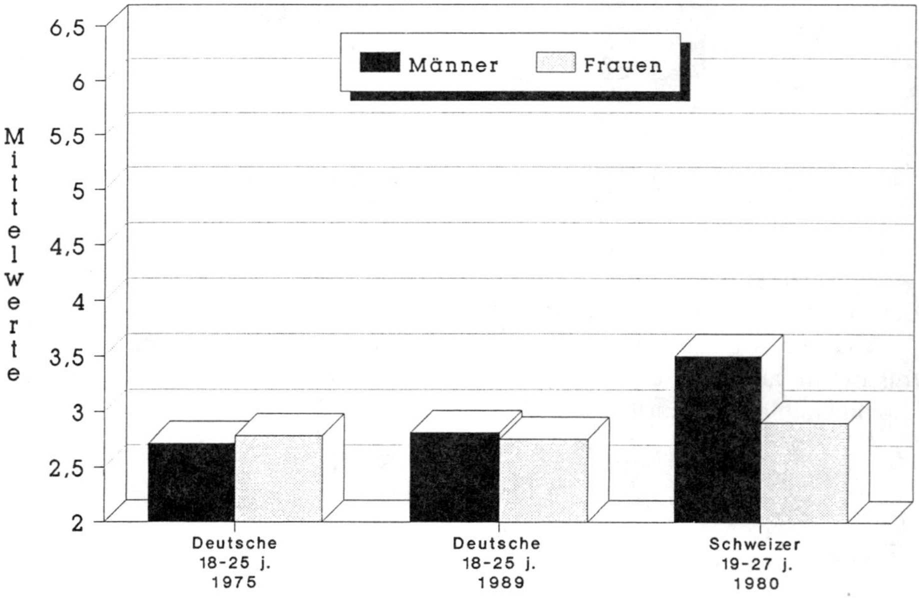

Abbildung 11: Item 40 (Ich fühle mich im Umgang mit dem anderen Geschlecht sehr befangen)

Zudem zeigen sie wenig von ihrem Bedürfnis nach Liebe und glauben, einem Partner nur außerordentlich wenig Liebe schenken zu können (Item 30, Abb. 12).

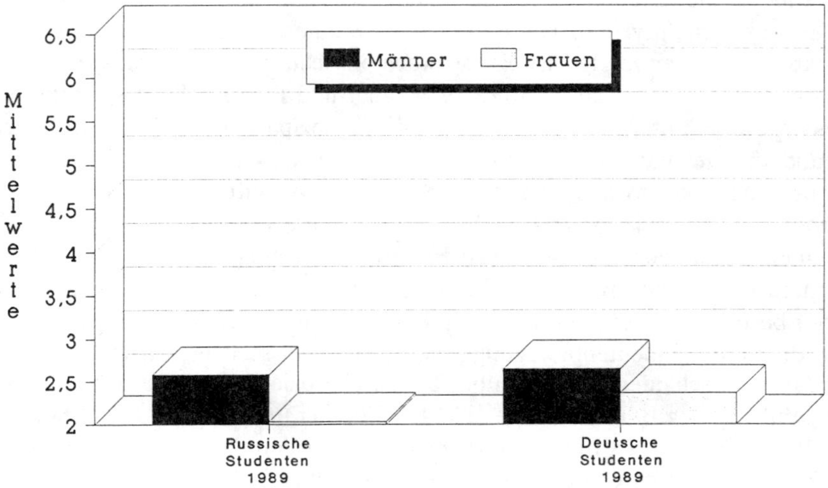

Abbildung 12: Item 30 (Ich glaube, ich kann einem Partner außerordentlich wenig Liebe schenken)

Wie die Abb. 13 zeigt, haben die männlichen Studenten vergleichsweise wenig Vertrauen zu anderen Menschen (Item 10).

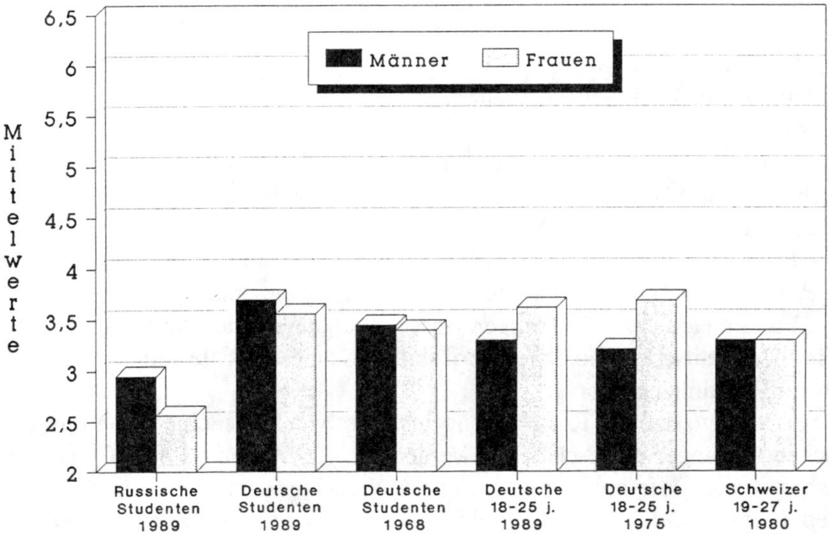

Abbildung 13: Item 10 (Ich glaube, ich habe zu anderen Menschen eher besonders wenig Vertrauen)

Das geringe Vertrauen der männlichen Studierenden ist besonders auffallend, da es bei den anderen deutschen jungen Frauen und Männern eher umgekehrt so ist, daß die Frauen weniger Vertrauen haben als die Männer. Bei den Schweizern tritt hier kein Geschlechtsunterschied auf.

Das spezifische psychosoziale Befinden der Studierenden zeichnet sich dadurch aus, daß die Männer vergleichsweise schwach, unsicher und gehemmt wirken. Dies hat wohl damit zu tun, daß im Studium Männer und Frauen gleichberechtigt aufeinanderprallen. Für die Studentinnen ist die Emanzipation der Frau sehr bedeutsam und für die männlichen Studenten wirkt sich dies als Verunsicherung aus. Man muß also davon ausgehen, daß der Lebensabschnitt Studium ein enormes psychosoziales Konfliktpotential enthält, insbesondere was das Verhältnis der Geschlechter zueinander anbelangt. Seit Ende der sechziger Jahre ist bekannt, daß Studenten spezifischen psychosozialen Belastungen ausgesetzt sind, die sich auch in einer besonderen Anfälligkeit für psychosomatische Symptome ausdrücken. Angeregt durch die Studentenbewegung wurden Ende der sechziger, Anfang der siebziger Jahre verschiedene Studien über die psychosoziale Situation der Studenten durchgeführt (vgl. z.B. Beckmann et al. 1970, Moeller und Scheer 1974, Scheer und Zenz 1973, Wirth 1979). In den siebziger Jahren wurden daraufhin an vielen Universitäten spezielle psychotherapeutische Beratungsstellen für Studierende eingerichtet. In den achtziger Jahren scheint das wissenschaftliche und psychotherapeutische Interesse an den psychosozialen Problemen von Studierenden eher wieder abgenommen zu haben. Unsere Untersuchung ist als ein Hinweis zu verstehen, dem Problem von Studierenden wieder mehr wissenschaftliche und psychotherpeutische Beachtung zu schenken. Interessanterweise scheinen die russischen Studierenden ähnlichen Belastungsfaktoren ausgesetzt zu sein wie die deutschen. Hier wären natürlich genauere Untersuchungen notwendig, bevor man definitive Aussagen macht.

Typisch russische Geschlechterdifferenzen

Im folgenden geht es um einige spezifische Geschlechterdifferenzen, die nur in der russischen Stichprobe auftreten, während sie in den anderen Stichproben entweder gar nicht oder konträr ausgeprägt sind.

Die Russinnen schreiben sich im Vergleich zu ihren männlichen Kommilitonen weniger Anziehungskraft auf andere zu (Item 37), fressen Ärger eher in sich hinein (Item 6) und meiden eher sehr engen Anschluß an einen anderen Menschen (Item 12). Bei den Deutschen und Schweizern sind diese Geschlechterdifferenzen in umgekehrter Richtung ausgeprägt.

Hinzu kommt, daß die Russinnen noch stärker von sich meinen, von ihren Mitmenschen als jünger eingeschätzt zu werden, als die Männer (Item 20). (Im übrigen ist auch die Differenz zwischen den Ländern hier sehr markant: Die Russen meinen, in ihrem Benehmen sehr viel jünger zu wirken als die Deutschen.) Bei den anderen Stichproben ergaben sich hier keine signifikanten Geschlechterdifferenzen. Außerdem haben die Russinnen von sich den Eindruck, eher überordentlich zu sein (Item 21). Diese Geschlechterdifferenz trat 1975 auch in der deutschen Stichprobe auf, ist aber 1989 nivelliert. Die jungen deutschen Frauen gestehen sich heute mehr Unordentlichkeit zu.

Die typisch russischen Geschlechterdifferenzen vermitteln das Bild von einer aggressionsgehemmten und unsicheren Frau. Im Unterschied zu ihren deutschen Geschlechtsgenossinnen haben die russischen Frauen es offenbar noch nicht geschafft, aus ihrer den Männern untergeordneten Rolle auszubrechen und gegen ihre Benachteiligung zu protestieren. Insgesamt sprechen die Geschlechtsdifferenzen im psychologischen Selbstbild für eine gravierende untergründige Spannung zwischen russischen Männern und Frauen, die bislang noch keinen Ausdruck in einer offenen Auseinandersetzung gefunden hat (vgl. Wirth und Schürhoff 1990a,b).

Spezifisch deutsche Geschlechterdifferenzen

Die deutschen und die schweizerischen Männer haben es schwerer als die Frauen, ausgelassen zu sein, während es bei den Russen in dieser Hinsicht keine Geschlechtsunterschiede gibt (Item 29). Bei den deutschen Studenten ist bemerkenswert, daß sie weniger von sich preisgeben als die Studentinnen, während es bei jungen Durchschnittsdeutschen, bei Russen und bei Schweizern hier keine Geschlechtsdifferenzen gibt (Item 15).

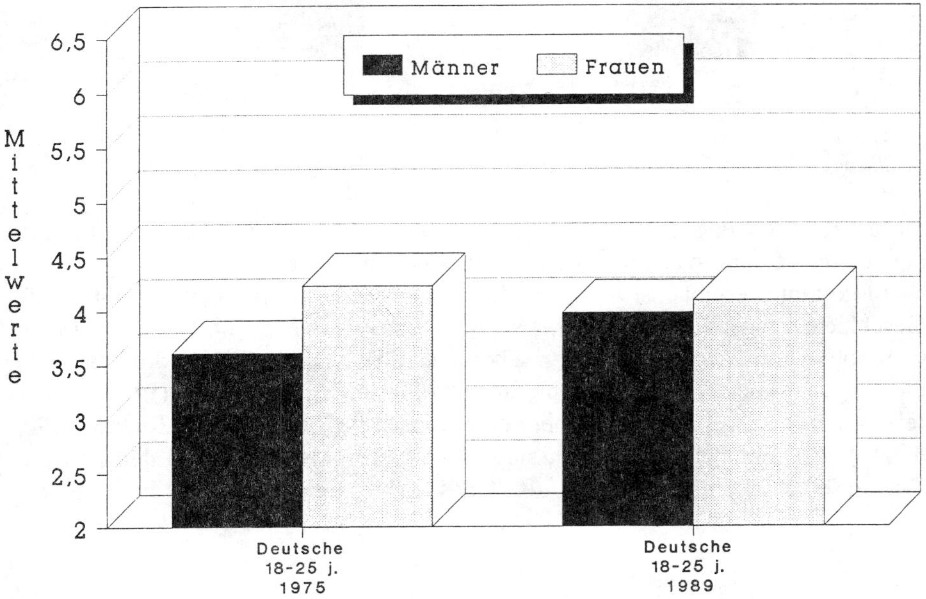

Abbildung 14: Item 18 (Ich glaube, ich bin mit der Wahrheit eher übergenau)

Aufschluß über die Veränderungen des Geschlechtsverhältnisses von 1975 nach 1989 bieten die Geschlechtsunterschiede, die 1975 markant waren, 1989 aber fast verschwunden sind: Während es die Frauen 1975 noch mit der Wahrheit eher übergenau nahmen (Item 18, Abb. 14) und sich im Leben eher besonders viel Mühe gaben, ist dieser Unterschied 1989 geschwunden (Item 24, Abb. 15). Die Frauen können es sich offenbar eher gestatten, mit der Wahrheit etwas großzügig zu sein und müssen sich auch nicht mehr so viel Mühe im Leben machen.

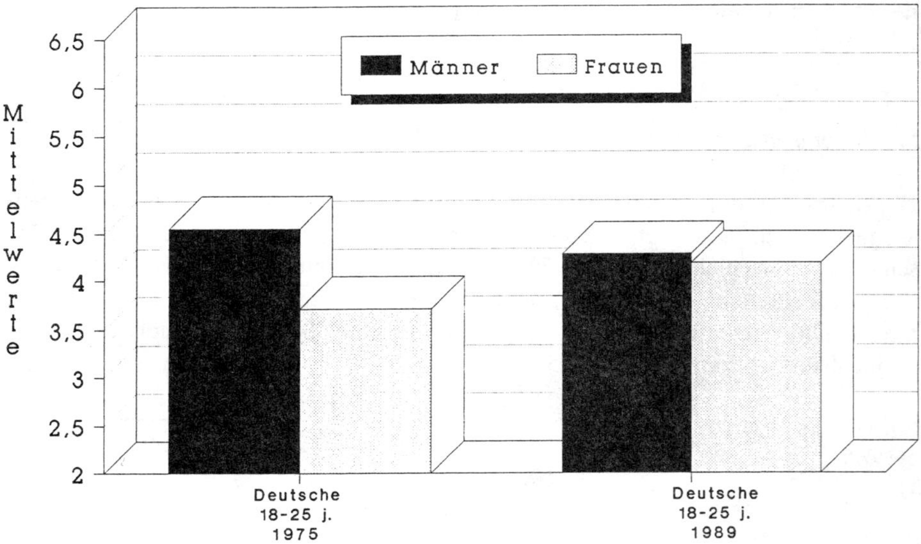

Abbildung 15: Item 24 (Ich habe den Eindruck, ich schaffe mir im Leben eher Bequemlichkeit)

Dazu paßt auch, daß die Geschlechterdifferenz hinsichtlich der Eigensinnigkeit in den letzten 15 Jahren angewachsen ist (Item 31, Abb. 16, S. 205).

Insgesamt ergibt sich der Eindruck, daß sich der traditionelle Geschlechtergegensatz stark/schwach, dominant/gefügig zugunsten der Frauen verschoben hat. Die jungen Frauen sehen sich 1989 nahezu genauso dominant wie die jungen Männer. Ihre Tendenz, andere übertreffen zu wollen (Item 7), hat relativ stärker zugenommen als bei den Männern (vgl. Brähler und Richter 1990, S. 119). Am Ende der achtziger Jahre - so ist das Gesamtbild - fühlen sich die Frauen selbstsicherer und stärker, als sie das noch Mitte der siebziger Jahre taten.

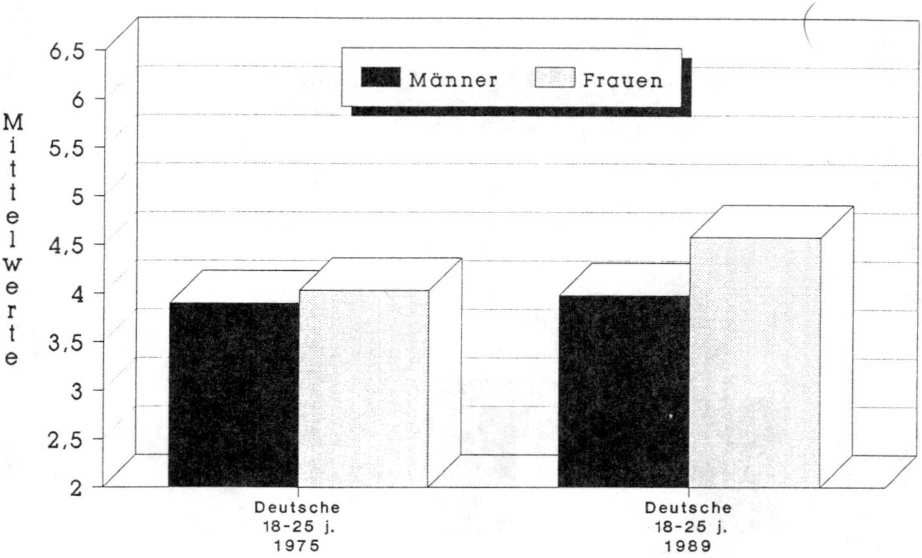

Abbildung 16: Item 31 (Ich glaube, ich benehme mich im Vergleich zu anderen besonders eigensinnig)

Unterschiedliche Geschlechtsdifferenzen in der Schweiz und der BRD

Für die Schweiz treten bei drei Items Geschlechtsdifferenzen auf, die in der BRD 1975 und 1990 nicht nachweisbar sind. Die schweizerischen Männer beschreiben sich im Unterschied zu den Frauen als besonders stark daran interessiert, andere zu übertreffen (Item 7), als befangen im Umgang mit dem anderen Geschlecht (Item 40), und sie geben an, sich seltener Selbstvorwürfe zu machen (Item 29).

Die schweizerischen Frauen glauben eher als die Männer, daß sie sich häufiger Selbstvorwürfe machen. Betrachtet man im Vergleich die beiden deutschen Stichproben, sieht man, daß hier von 1975 bis 1989 eine Angleichung zwischen den Geschlechtern stattgefunden hat (Abb. 17, S. 206). Es könnte also sein, daß die Entwicklung in der Schweiz etwas hinterherhinkt.

Den gleichen Eindruck gewinnt man bei der Frage nach dem Interesse an Konkurrenz (vgl. Abb. 18, S. 206).

Die schweizerischen Frauen sind kaum daran interessiert, andere zu übertreffen, während die schweizerischen Männer starkes Interesse am Rivalisieren zeigen. Der Geschlechtsunterschied geht bei den Deutschen in die gleiche Richtung, ist aber bei den Schweizern besonders deutlich ausgeprägt.

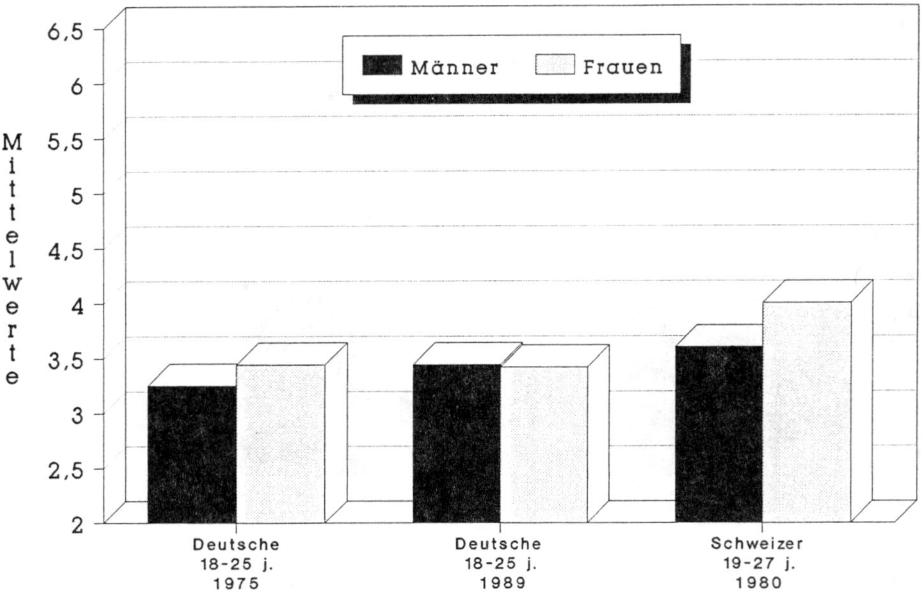

Abbildung 17: Item 29 (Ich denke, ich mache mir immer Selbstvorwürfe)

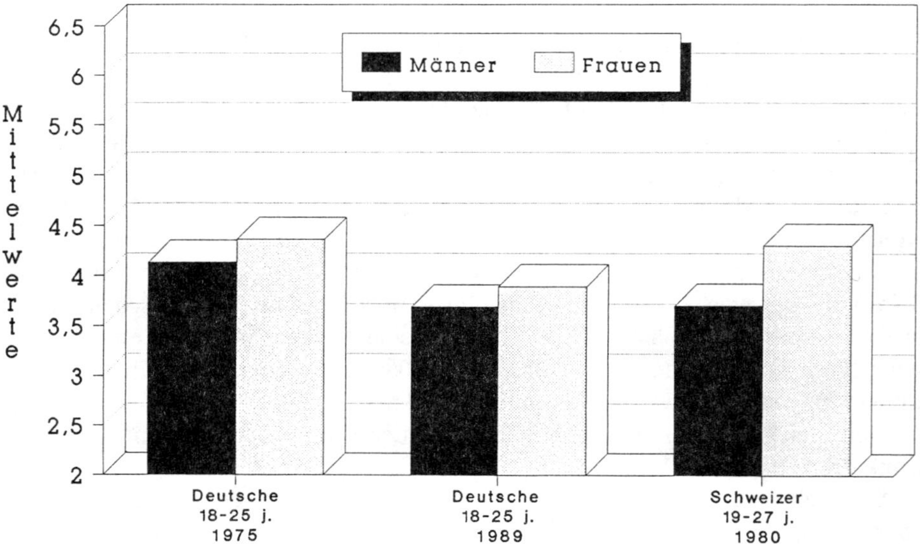

Abbildung 18: Item 7 (Ich habe den Eindruck, ich bin kaum daran interessiert, andere zu übertreffen)

Unterschiedliches ergibt sich auch bei einem Item, das das Thema unserer Untersuchung, nämlich das Verhältnis der Geschlechter zueinander, zum Inhalt hat: Ich fühle mich im Umgang mit dem anderen Geschlecht unbefangen/sehr befangen (Item 40, vgl. Abb. 19).

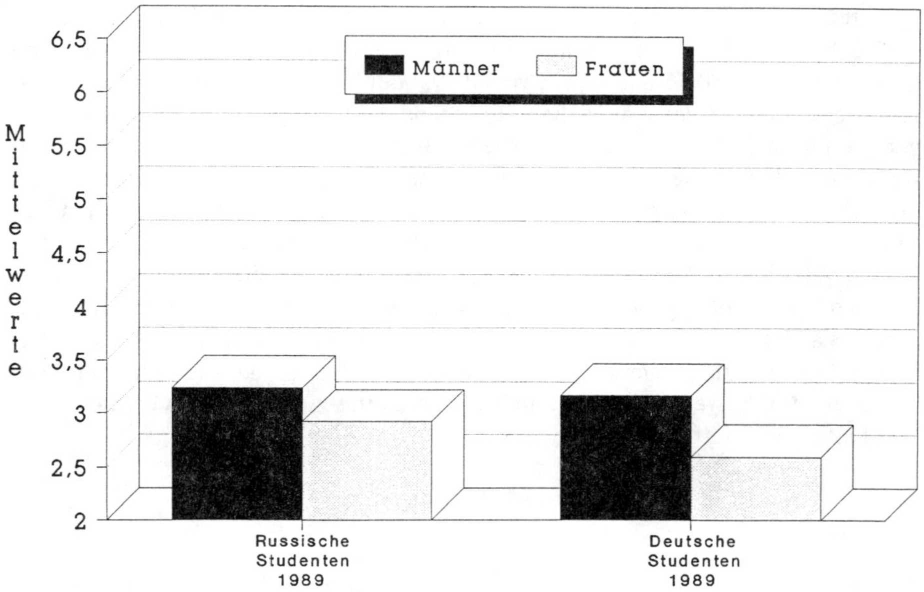

Abbildung 19: Item 40 (Ich fühle mich im Umgang mit dem anderen Geschlecht sehr befangen)

Ins Auge sticht die große Befangenheit der schweizerischen Männer im Umgang mit den Frauen. Das ist ein erstaunliches Ergebnis, bedenkt man, wie wenig gerade die schweizerischen Frauen dazu neigen, die Dominanz der Männer in Frage zu stellen. Offenbar trägt der Verzicht der schweizerischen Frauen aufs Rivalisieren und ihre ausgeprägte Tendenz zu Selbstvorwürfen nicht dazu bei, daß die männlichen Eidgenossen im Umgang mit dem weiblichen Geschlecht unbefangener werden. Auf einer allgemeinen Ebene könnte das auch heißen, daß der unverkrampftere Umgang zwischen Männern und Frauen durchaus davon profitieren kann, daß die Frauen mehr Mut zum Rivalisieren entwickeln.

Resümee

Kommen wir zum Schluß noch einmal auf die Eingangsfragestellung, welche universellen Geschlechtsunterschiede es in den von uns untersuchten Gesellschaften bzw. soziokulturellen Milieus gibt, zurück. Wie unsere Befunde zeigen, existieren einige gravierende psychologische Unterschiede zwischen Männern und Frauen, die übereinstimmend in allen von uns untersuchten Stichproben auftreten. Es läge nahe, in diesem Befund den Beweis dafür zu sehen, daß die psychologischen Geschlechtsunterschiede biologisch bedingt seien. Tatsächlich gehen die meisten Autoren - so auch in diesem Band - implizit davon aus, daß die psychologischen Differenzen zwischen Männern und Frauen zeitstabil und kulturunabhängig seien.

Doch zeigt z.B. der Vergleich zwischen den Geschlechtsunterschieden der Bundesdeutschen von 1975 und denen von 1989, oder auch die besondere psychologische Befindlichkeit der männlichen Studierenden im Vergleich zu den gleichaltrigen Männern aus der Durchschnittsbevölkerung, oder auch die spezifisch russischen Geschlechtsunterschiede, daß die psychologischen Differenzen zwischen den Geschlechtern von gesellschaftlichen Faktoren abhängig sind. Im Zeichen der Frauenbewegung und des stark gestiegenen Bildungsgrads der Frauen, hat sich in der bundesdeutschen Bevölkerung der traditionelle Geschlechtergegensatz schwach/stark, gefügig/dominant mehr und mehr verwischt, was vor allem auf einen Wandel im Selbstbewußtsein der Frauen zurückgeführt werden kann. Offenbar können auch scheinbar stabile, eherne Unterschiede zwischen Männern und Frauen in Bewegung geraten und das Verhältnis zwischen den Geschlechtern nachhaltig verändern.

Literatur

Andreeva, G.M.; Gozman, L.; Richter, H.E.; Schürhoff, R.; Wirth, H.-J. (1990): Russen und Deutsche - Wie denken sie über sich selbst, übereinander und über die Politik? Eine vergleichende sozialpsychologische Studie. In: Richter, H.E. (Hrsg): Russen und Deutsche, S. 21-102. Hoffmann & Campe: Hamburg.

Beckmann, D.; Richter, H.E. (1972): Der Gießen-Test (GT). Ein Test für Individual- und Gruppendiagnostik. Handbuch. Huber: Bern.

Beckmann, D.; Moeller, M.L.; Richter, H.E.; Scheer, J.W. (1970): Studenten. Urteile über sie selbst, über ihre Arbeit und über die Universität. Bericht über ein Forschungsprogramm der Psychosomatischen Universitätsklinik Gießen. Aspekte: Frankfurt.

Beckmann, D.; Brähler, E.; Richter, H.E. (1977): Die Neustandardisierung des Gießen-Test (GT). Diagnostica 23, 287-297.

Beckmann, D.; Brähler, E.; Richter, H.E. (1991): Der Gießen-Test (GT). Ein Test für Individual- und Gruppendiagnostik. Handbuch. 4. überarbeitete Auflage mit Neustandardisierung 1990. Huber: Bern, Stuttgart, Toronto.

Brähler, E.; Richter, H.E. (1990): Wie haben sich die Deutschen seit 1975 psychologisch verändert? Mehr Individualismus, mehr Ellbogen, stärkere Frauen. In: Richter, H.E. (Hrsg): Russen und Deutsche, S. 115-135. Hoffmann & Campe: Hamburg.

Brähler, E.; Wirth, H.-J. (1991): Abwendung von sozialen Orientierungen: Auf dem Weg in einen modernisierten Sozialdarwinismus? In: Heitmeyer, W.; Jacobi, J. (Hrsg): Politische Sozialisation und Individualisierung. Perspektiven und Chancen politischer Bildung, S.77-98. Juventa: Weinheim.

Christen, S. (1986): Untersuchungen zum Gießen-Test. Juris: Zürich.

Moeller, M.L.; Scheer, J.W. (1974): Psychotherapeutische Studentenberatung-Probleme der Klienten - Probleme der Institution. Enke: Stuttgart.

Richter, H.E. (1974): Lernziel Solidarität. Rowohlt: Reinbek.

Richter, H.E. (Hrsg), (1990): Russen und Deutsche. Alte Feindbilder weichen neuen Hoffnungen. Hoffmann & Campe: Hamburg.

Scheer, J.W.; Zenz, H. (1973): Studenten in der Prüfung. Eine Untersuchung zur akademischen Initiationskultur. Aspekte: Frankfurt/Main.

Wirth, H.-J. (1979): Motive sozialen Engagements. Achenbach: Lollar.

Wirth, H.-J.; Schürhoff, R. (1990a): Zur Lage der Frauen in beiden Ländern. In: Richter, H.E. (Hrsg). S. 103-112

Wirth, H.-J.; Schürhoff, R. (1990b): Russische und Deutsche Studentinnen. Eine vergleichende sozialpsychologische Studie. Die Neue Gesellschaft/Frankfurter Hefte 37, 1009-1015.

Wirth , H.-J.; Schürhoff, R. (1990c): "Erinnern hilft vorbeugen." Wie sich Deutsche und Russen mit der Hitler- und Stalin-Zeit auseinandersetzen. Ergebnisse einer vergleichenden sozialpsychologischen Studie. Journal für Sozialforschung 30, 413-423.

Wirth, H.-J.; Schürhoff, R. (1991): Können sich Deutsche und Russen aussöhnen? Ergebnisse einer vergleichenden sozialpsychologischen Studie. Psychosozial 45, S.129-136.

Personenregister

Autorenverzeichnis

Anderson, Ina, Dipl.-Psych., Gustav-Richter-Straße 3, O-8023 Dresden

Born, Petra, Dr. phil., Fachbereich Psychologie der Justus-Liebig-Universität Gießen, Otto-Behaghel-Straße 10, W-6300 Gießen

Brähler, Elmar, Prof. Dr. rer. biol. hum. habil., Zentrum für Psychosomatische Medizin des Klinikums der Justus-Liebig-Universität, Abteilung Medizinische Psychologie, Friedrichstraße 36, W-6300 Gießen

Felder, Hildegard, Dr. biol. hum., Zentrum für Psychosomatische Medizin, Klinik für Psychosomatik und Psychotherapie, Friedrichstraße 33, W-6300 Gießen

Gavranidou, Maria, Dipl.-Psych., Staatsinstitut für Frühpädagogik und Familienforschung, Arabellastraße 1/III, W-8000 München 81

Hollstein, Walter, Prof. Dr. phil., Ahrenshooper Zeile 11, W-1000 Berlin 38

Klesse, Rosemarie, Dr. med., Neustadtscontrescarpe 108, W-2800 Bremen 1

Kupfer, Jörg, Dipl.-Psych., Zentrum für Psychosomatische Medizin des Klinikums der Justus-Liebig-Universität, Abteilung Medizinische Psychologie, Friedrichstraße 36, W-6300 Gießen

Maschewsky-Schneider, Ulrike, Dr. phil., Bremer Institut für Präventionsforschung und Sozialmedizin, Abteilung Epidemiologie, Grünenstraße 120, W-2800 Bremen 1

Schepank, Heinz, Prof. Dr. med., Psychosomatische Klinik des Zentralinstitutes für Seelische Gesundheit, Mannheim, Lehrstuhl für Psychosomatische Medizin und Psychoanalyse an der Fakultät für Klinische Medizin Mannheim der Universität Heidelberg, Quadrat J 5, W-6800 Mannheim 1

Sieverding, Monika, Dr. phil., FU Berlin, Fachbereich Medizinische Grundlagenfächer, Institut für Medizinische Psychologie, Habelschwerdter Allee 45, W-1000 Berlin 33

Sonntag, Ute, Dipl.-Psych., Besselstraße 27, W-2800 Bremen 1

Wirth, Hans Jürgen, Dr. rer. soc., Zentrum für Psychosomatische Medizin, Klinik für Psychosomatik und Psychotherapie, Friedrichstraße 28, W-6300 Gießen